U0674963

养老改革与人口理论经典译丛

AGEING IN EAST ASIA
Challenges and Policies for the Twenty-First Century

Tsung-hsi Fu   Rhidian Hughes

东亚地区的人口老龄化
21世纪的政策和挑战

傅从喜　瑞丹·休斯　编著

三晓峰　译

东北财经大学出版社
Dongbei University of Finance & Economics Press ｜ 大连

Tsung-hsi Fu, Rhidian Hughes: Ageing in East Asia:Challenges and Policies for the Twenty-First Century.
Copyright©2009 Tsung-hsi Fu, Rhidian Hughes.

Authorised translation from the English language edition published by Routledge, a member of the Taylor & Francis Group.

All rights reserved.

本书简体中文翻译版由 Routledge 出版社授权东北财经大学出版社独家出版发行。未经授权的本书出口将被视为违反版权法的行为。未经出版者预先书面许可，不得以任何方式复制或发行本书的任何部分。

辽宁省版权局著作权合同登记号：图字 06-2014-76

图书在版编目（CIP）数据

东亚地区的人口老龄化：21世纪的政策和挑战 / 傅从喜，休斯编著；王晓峰译.
一大连：东北财经大学出版社，2015.11
（养老改革与人口理论经典译丛）
ISBN 978-7-5654-2114-3

Ⅰ．东⋯　Ⅱ．①傅⋯ ②休⋯ ③王⋯　Ⅲ．人口老龄化-研究-东亚　Ⅳ．D731.086

中国版本图书馆 CIP 数据核字（2015）第 226818 号

东北财经大学出版社出版发行
　大连市黑石礁尖山街217号　邮政编码　116025
　教学支持：（0411）84710309
　营 销 部：（0411）84710711
　总 编 室：（0411）84710523
　网　　址：http：//www.dufep.cn
　读者信箱：dufep@dufe.edu.cn
大连住友彩色印刷有限公司印刷

幅面尺寸：170mm×240mm　字数：231千字　印张：12 1/4
2015年11月第1版　　2015年11月第1次印刷
　责任编辑：李　季　吉　扬　　责任校对：贺　欣
　封面设计：冀贵收　　　　　　版式设计：钟福建
　定价：36.00元

版权所有 侵权必究　举报电话：（0411）84710523

　　《东亚地区的人口老龄化：21世纪的政策和挑战》一书，对东亚的8个国家和地区各自的人口老龄化的成因和趋势、老龄化对社会政策的挑战和影响、相关政策的演进和效果等问题开展研究，认为人口老龄化是21世纪东亚国家和地区社会政策所面临的最严峻的挑战之一。东亚国家和地区经历着相似的人口结构和家庭结构的变动，改变了这一地区传统的家庭为主的养老模式，同时政府都效仿欧美国家，制定扩大社会福利供给的政策。社会福利供给遇到问题时，有的东亚国家和地区又采取措施重塑家庭传统养老功能。本书的各位作者对人口老龄化和相关社会政策有专门研究，并且对各自国家和地区的老龄化和相关社会政策有切身的感受，因此，对东亚8个国家和地区的分析提供了很好的共享经验。

　　21世纪中国的经济社会发展将在一个老龄社会的情况下进行，相当长的时期内老龄化成为中国经济社会的常态，应对老龄化的社会政策对于中国的发展至关重要，社会政策既要有积极应对老龄化的作用，同时还要保证我国经济社会平稳较快发展。因此，本书对中国的老龄化和相关政策的理论研究和实践都具有很强的借鉴作用。

　　译者分工如下：
　　第1章 王晓峰 温馨
　　第2章 王晓峰 魏洪英
　　第3章 魏洪英
　　第4章 王晓峰 魏洪英
　　第5章 温馨
　　第6章 王晓峰 武洋
　　第7章 武洋
　　第8章 于雷
　　第9章 温馨
　　第10章 王晓峰 温馨

　　由于译者知识水平的局限，本书翻译涉及的有些内容尚需商榷，我们将在今后继续努力提高。

王晓峰

2015 年 9 月

本书中所讨论的东亚国家和地区称不上可以形成任何地理上或文化上的统一体；然而它们都经历着巨大的经济发展。这些国家和地区共同的经历同它们与所谓的"西方"世界的差异使得一系列共同探究它们社会政策的文章应运而生。当然，这也导致了关于它们属于不同"社会政策"政体的激烈辩论，或者至少不能被并入艾斯平-安德森（Espring-Andersen）的政体类型学，施世俊和古允文在本书的相关章节中探讨了这一话题。

就本书的具体话题——老龄化——而言，这些国家和地区的特别之处在于即使它们共同经历着世界性的由于出生率和死亡率的下降所导致的朝着"老龄化社会"发展的人口转变，这一过程对它们来说也尤为惊人。尽管这里所研究的国家和地区间有差别（日本正在人口转变的路上，而在中国人口转变还未到来，马来西亚和泰国以及其他国家处于这两个极端之间），但总体上可以说大多数欧洲国家经历的长期而缓慢的变化，在东亚地区却是迅速地进行着。此外，日本仍为部分例外，像本书相关章节所强有力地论证的那样，人口转变是在仍在发展中的社会服务（不成熟的养老金项目、有限的公共护理系统）的背景下发生的，迫使日本难以负担得起在现代全球经济环境下的快速发展。

韩国和中国台湾地区经历着最为巨大的变化，但到一定时刻（作为独生子女政策的结果）中国大陆也将会经历巨大的改变。我们意识到了人口的减少以及老年人口数相对于中青年人口数的快速增长。对于这些情况是否算得上真正的问题也许存在着争议。另外我质疑过针对这一问题既不参考经济背景也不参考文化模式的单纯人口学分析（Hill，2007，第6章），我很乐意声明本书采用广泛的而不是狭隘的观点来分析问题，并且不仅仅单纯地附和"危机"言论。

这一话题在本书中已经作出系统的处理，首先对这些趋势的存在进行辨别，接着研究养老金和社会照料的问题，最后对当前体系进行概述并且研究变化、问题和挑战。

就养老金而言，从宏观经济层面来看，所有养老金都是正在工作的人与退休人口之间的交换（Pensions Commission，2005，p.164），与此同时欧洲公共养老金的创始人认为通过工作年限内的保险金来增强养老金权益是非常重要的，私人养老金

"专款"显然有相似的效果。但是这些构想的成功实现在很大程度上依赖于大量捐助人以及少量领取养老金的人的长期存在。本书所涉及的国家和地区（包括日本），快速的人口转变紧随近期的经济发展而来，这种方式的养老金权益增长是不可能实现的。因此我们发现韩国正在努力研究一个合适的专款计划（即使我必须说试图预测未来50～60年的投入似乎是合理而又荒谬的计划）。处理这个问题的一个计划——储备基金——由新加坡开创并且现已被马来西亚和中国香港特别行政区采纳。但是这种强制性的存款方法在面对基金其他用途时出现了运作问题，同时也面临着保障低收入工作者足够高的扣除额进而使他们能够得到更多合理津贴的困难。

这些问题意味着需要寻找其他方法来解决养老金问题。显然延长工作年限的做法有可取之处，其中一些国家和地区（主要是中国台湾地区）目前领取养老金的退休年龄很低。因此本书的相关章节记述了这一问题的变化，以及消除针对老年的歧视所做的努力。但是另一些章节也呈现出因缺乏适合老年人的工作而使这种努力遭受挫败的情况。

在几乎所有这些国家和地区中，来自于家庭的抚养对于预防老年期的贫困是至关重要的。家庭养老的可持续性在本书的所有章节中都做了研究。本书将从社会照料问题的角度评论这一可持续性。关于人口转变最根本的问题涉及家庭的规模变小，而且可能不要孩子或者相对晚生育的成年人的数量增加。这些问题必然逐渐削弱家庭照料老年人的模式，即使诸如国内迁移或缺乏可以容纳三代人的住处（在日本，这种问题尤为突出）等情况不会使问题更加复杂化。关于家庭政策的研究显示，即使政府可以成功地降低出生率，但是要提高出生率会遇到很大的困难（Therborn，2004）。

在东亚国家和地区中关于家庭养老的争论集中于女性的角色。在传统社会，对于女性的期望有两个——生育子女和照顾老人，而现代对于女性的期望只有提高劳动力市场参与率。此外被视为所研究的所有这些国家和地区（值得注意的是泰国除外）传统文化特征的"孝道"，本意是指儿子对其父母的义务，但实际上意味着儿媳妇对父母的照料（韩国所特别研究的紧张关系的根源）。具有讽刺意味的是，鉴于缺乏足够多的青壮年人口来满足劳动力市场的需要，已婚女性却是劳动力的主要来源。即使政客们可能会规劝——日本这一案例有争议——女性履行生育子女和照顾老人的角色，这仅会对劳动力市场造成很小的影响，不必将保障来自于其他国家和地区的劳动力或减轻妇女劳动力市场参与压力的政策视为重点。这些差异意味着社会政策的改变。与移民相关的政策更为复杂，并且这些国家和地区非常不情愿为移民劳动力打开国门；与家庭生活相关的（这是必须解决的问题，因为政府似乎无论如何都不能抑制妇女的志向）似乎产生了有关位于生命周期两端人群的社会关照的新的政府举措。在照料老年人方面，日本已经实施社会护理保险制度，并处于领先位置。对人们进行关于儒家的家庭义务的教导，似乎不那么有效；除非人们认可这样一种观点：在现代世界，彻底延续联合家庭角色的这一值得称赞的目标只能通过有效的公共家庭供养政策才能送到。

我将本书誉为关于东亚国家和地区老龄化发展的学术性报告，将问题分国家和地区汇集，并且明确展现正在面临的挑战。这是我们都会面对的挑战，并且我们可以与世界其他国家和地区相互学习借鉴。

麦克·希尔

目 录

表目录

图目录

撰稿人目录

卡尼特·邦德汉姆·查隆，公共卫生部政策与策略局高级研究员

安吉丽·陈（Angelique Chan），新加坡国立大学社会学系副教授

陈小红（Hsiao-hung Nancy Chen），"台湾国立政治大学"社会学系教授

周记李，香港大学社会工作与社会管理系副教授

傅从喜，"台湾国立中正大学"社会福利系助理教授

麦克·希尔（Michael Hill），泰因河畔纽卡斯尔大学社会政策名誉教授

瑞丹·休斯（Rhidian Huges），伦敦国王学院荣誉高级讲师

黄圭振（Gyu-Jin Hwang），悉尼大学社会学与社会政策系社会政策
专业讲师

古允文（Yeun-wen Ku），"国立台湾大学"社会工作系教授

吕宝静，"台湾国立政治大学"社会管理与社会工作研究所教授

冯辛翁，马来亚大学市场营销专业副教授、商务与会计学院
副院长（研发）

戴维·R.菲利普斯（David R. Phillips），亚太老龄化研究机构理事会主席、
岭南大学社会学与社会政策系社会政策首席教授

依拉克·帕萨亚皮伯，伦敦卡姆登区城市大学生活质量研究员

施世俊（Shih-Jiunn Shi），"国立台湾大学"国家发展研究所助理教授

萨姆瑞特·斯瑞瑟姆·隆索特，布拉掭拉渡（Bumrasnaradura）
传染病研究所健康保健系统研究室主任

东古·阿赞·哈米德，马来西亚博特拉大学老年学研究所主任

所 道彦（Michihiko Tokoro），大阪市立大学人类生命科学研究所副教授

缩略词目录

ADL   Activities of Daily Living   日常生活活动

CEPD   Council for Economic Planning and Development
经济计划与发展委员会

CME   Coordinated Market Economy   协调的市场经济

CSSA   Comprehensive Social Security Assistance   综合社会保障援助

CPF   Central Provident Fund   公积金

DPP   Democratic Progress Party   民进党

EPF   Employees Provident Fund   雇员准备基金

EU   European Union   欧盟

FIES   Family Income and Expenditure Survey   家庭收入与支出调查

GDP   Gross Domestic Product   国内生产总值

GEI   Government Employees' Insurance   政府雇员保险

GESSI   Government Employees' and School Staffs' Insurance
政府雇员与学校教职员保险

GNI   Gross national income   国民总收入

HOAA   Higher Old Age Allowance   高龄老人津贴

IADL   Instrumental Activities of Daily Living   日常生活辅助活动

IMF   International Monetary Fund   国际货币基金组织

KMT   Kuomintang   国民党

LFPR   Labour Force Participation Rate   劳动力参与率

LI   Labour Insurance   劳动保险

LTC   Long Term Care   长期护理

LTCI   Long Term Care Insurance   长期护理保险

LME   Liberal Market Economy   自由市场经济

MoHW   Ministry of Health and Welfare   卫生与福利部

MIAC   Ministry of Internal Affairs and Communications   总务省

MHLW   Ministry of Health, Labour and Welfare   卫生、劳动与福利部

MLIEA   Middle-Low-Income Elderly Allowance   中低收入老年人津贴

MHLSS   Ministry of Labour and Social Security   劳动与社会保障部

MPKSM   Central Welfare Council Peninsular Malaysia
马来西亚半岛中央福利委员会

MPF   Mandatory Provident Fund   强制性公积金

MSI   Military Servicemen's Insurance   军队军人保险

NACCE   National Advisory and Consultative Council for the Elderly
国家老年人建议与咨询委员会

NACSCOM   National Council of Senior Citizens Organizations Malaysia
马来西亚国家老年公民组织委员会

NESDB   National Economic and Social Development Board
国家经济与社会发展理事会

NACA   National Advisory Council on the Aged   国家老年人顾问委员会

NGO   Non Governmental Organization   非政府组织

NHIC   National Health Insurance Corporation   国民健康保险公司

NIE   Newly Industrialized Economies   新兴工业经济体

NOAA   Normal Old Age Allowance   普通高龄津贴

NPE   National Policy for the Elderly   国家老年人政策

NSO   National Statistical Office   国家统计部

NPI   National Pension Insurance   国民养老金保险

OAA   Old Age Allowance   老年人津贴

OECD   Organisation for Economic Co-operation and Development
经济合作与发展组织

OFA   Older Farmer's Allowance   老年农民津贴

ORSO   Occupation Retirement Scheme Ordinance   职业退休计划条例

OMC   Open Method of Coordination   开放的协调方法

SAR   Special Administrative Region   特别行政区

SSI   School Staff's Insurance   学校教职员保险

SOCSO   Social Security Organization   社会保障机构

SOE   State-owned Enterprises   国有企业

SBWT   Skim Bantuan Warga Tua （Elderly Assistance Scheme）
老年人援助项目

TPFR   Total Period Fertility Rate   时期总和生育率

TVE   Township and Village Enterprises   乡镇企业

UN   United Nations   联合国

UNESCAP   United Nations Economical and Social Commission for Asia and the Pacific

联合国亚太经济社会委员会

UK　United Kingdom　联合王国

VoC　Varieties of Capitalism　各类资本主义

WHO　World Health Organization　世界卫生组织

第1章

导言：东亚地区人口老龄化的挑战

傅从喜　瑞丹·休斯

人口老龄化给福利国家带来相当多的挑战，东亚国家和地区也不例外。人口统计显示，除日本外，东亚国家和地区老年人口的比例不像西方国家那样高。然而人口预测表明，东亚国家和地区的老龄化速度是快于西方国家的。通常东亚国家和地区政府在提供福利方面仅是扮演补充性的角色，照顾老年人的责任主要由家庭来承担。然而生育率的普遍下降和家庭结构的变化给政府很大压力，政府需要承担更多的责任，并且确保对人口老龄化做出适当且有效的回应。

东亚的多数国家和地区已经制定新的政策以满足老年人的需求，这些需求包括健康、社会关怀、金融、雇用和住房等方面。本书的核心是研究老龄化形成的原因和老龄化趋势，以及分析老龄化给公共社会政策带来的挑战和影响。在分析东亚国家和地区的政策时，需要研究重要的决策和理论政策环境。

1.1　东亚地区的两代新工业化国家

在过去的40年间，许多东亚国家和地区经济上的卓越表现得到广泛的认可（世界银行，1993）。在过去的20年间，一些东亚国家和地区加入了高速经济增长"俱乐部"。世界银行认定了8个高速发展的亚洲经济体（世界银行，1993）。其中，日本在第二次世界大战结束后经济迅速崛起，被世界银行认定为东亚地区经济快速增长的典范。在20世纪70年代，韩国、中国台湾地区、中国香港特别行政区和新加坡开始发展经济，并且成为第一代的新兴经济体（NIE）。20世纪80年代末期开始，马来西亚、泰国和印度尼西亚效仿韩国等第一代新兴经济体，并且被世界银行认定为第二代新兴经济体（世界银行，1993）。中国即使不在世界银行所认定的新兴经济体之列，但也作为一个重要的新经济体在东亚地区和国际舞台上崛起。20世纪80年代末期开始，中国经济高速发展并且在近期实现了两位数的经济增长。

本书所研究的东亚地区是广义的东亚地区，包括中国、日本、韩国、中国台湾地区、中国香港特别行政区、新加坡、泰国和马来西亚。按照世界银行的标准，除中国外，其他国家和地区都被认定为高速发展的亚洲经济体。严格来说，尽管这些国家和地区并不全部位于东亚地理范围内，但它们的确具有相似的经济高速增长的经历。中国经济尚处于发展的早期阶段，在这一阶段经济很可能会大幅增长，中国经济增长率近来由 2003 年的 9.9% 增长到 2005 年的 10.1%（联合国，2008a），并且针对老年人的赡养体系进行了重大的改革。此外，中国"高龄老年人口"的比例在世界上是最高的。在 2000 年，世界上 80 岁及以上人口的16.3% 居住在中国（Kinsella and Velkoff，2001）。印度尼西亚尽管也被认定为第二代新工业化国家之一，但是由于其经济和社会保障模式相对不发达，因此不在本书研究之列。

对于经济学家而言，一个重要的问题是东亚地区的经济增长模式是否不同于西方国家经济增长模式。相应地，对于比较东亚地区不同福利制度的研究者来说，他们所研究的重点是福利的不同形式以及将东亚地区福利形式与西方福利形式进行比较。在本书所研究的亚洲国家和地区中，福利资本主义有很多相似的特征。其中三个主要特征包括：政府强调家庭是福利的主要供应者，社会支出水平较低，以及经济增长优先于社会福利供应的政策和策略（Aspalter，2002；Goodman et al.，1998；Gough and Wood，2004；Tang，2000）。这些特征历来就使东亚国家和地区有别于西方国家，最主要的原因是西方政府在社会福利供给方面扮演强有力的角色，然而东亚国家和地区的政府在承担福利责任方面只扮演补充性的角色。

然而，从东亚地区近来社会政策的发展变化可以看出福利形式的趋同，并且越来越向西方福利发达国家的形式发展。日本在 2000 年采用长期护理保险制度（LTCI）；中国台湾地区在 1994 年施行国民健康保险方案，2008 年施行国民养老金保险制度；韩国在 1988 年开始实施国民养老金计划；中国香港特别行政区在 2000 年建立强积金，这些都意味着福利的发展。这些新建立的体系非常相似，个别方案几乎与西方国家的福利形式一样。这些福利形式都将主要责任分配给政府，大大增加非商品化程度（人们寻求资源时对市场的依赖程度降低了）和不亲密程度（指的是人们不太可能向家人寻求帮助）。随着东西方差异逐渐缩小，东亚国家和地区开始面对那些西方国家早已经历的相似的政策挑战。人口老龄化，以及由此引发的其他社会经济问题是东亚地区社会政策发展最大的挑战。

1.2　东亚地区的人口老龄化趋势

人口老龄化对于工业化国家而言是严峻的挑战。根据世界银行（联合国，2008b）统计，发达地区 60 岁及以上老年人口占总人口的比例为 20%（或者说每五个人中有一个是老年人）。人口老龄化所带来的影响如此巨大，以至于一些评论家认为所谓的发达地区人口"老龄化"比诸如冲突、恐怖主义和全球化等问题更为严峻（Peterson，1999）。然而这些观点也许有几分夸张，但是相关数据表明老年人越来越长寿却是不争的事实，并且这些人口发展趋势影响着全世界的社会保障体系的改革。

在欧洲，养老金几乎占所有社会救济金的一半。2002 年，在 25 个欧盟（EU）国家中平均养老金支出占社会支出的 41.5% 或国内生产总值的 12.5%（欧盟统计局，2005）。东亚地区老年人口的比例以及他们的社会保障支出没有欧洲高，但东亚地区对老年人口公共支出大幅增加。例如，在日本，发放给老年人的政府资助的现金救济金在 13 年内增长了 18 倍，从 1990 年的 1 779 927 百万日元增加到 2003 年的 34 809 848 百万日元。同期，韩国对老年人发放的政府资助的现金救济金从 1 113 319 百万韩元增加到 7 936 523 百万韩元，增长了 6 倍（经济合作与发展组织，2008）。预计，这些对老年人的公共支出会继续增长，因为经预测老年人口会继续快速增长。

表 1-1 为选定的东亚国家和地区与世界上其他不同地区 60 岁及以上人口的比例。2006 年 60 岁及以上人口占世界总人口的 11%。可知老年人口比例与经济发展之间的联系并不出人意料——越发达的地区老年人口的比例越大。据表 1-1 显示，除日本外，东亚地区老年人口的比例低于更加发达地区的平均水平。日本是全世界老年人口比例最高的国家之一，在 2000 年老年人口数量已经超过 15 岁以下的少年儿童人口（Kinsella and Velkoff，2001）。表 1-1 所传达的另一重要信息是东亚国家和地区人口老龄化的快速发展。在过去的 35 年间，除马来西亚和中国外，东亚国家和地区 60 岁及以上人口的比例增长了一倍还多。

表 1-1 人口老龄化的趋势

	60 岁及以上人口所占比例（%）				2000—2030 年老年人[1]增加百分比（%）	预计老年人口比例从 7% 增加到 14% 所需年数（年）
	1970	1980	1990	2006		
世界	—	—	—	11	—	—
较发达地区	—	—	—	20	—	—
欠发达地区	—	—	—	8	—	—
最不发达地区	—	—	—	5	—	—
日本	10.6	12.9	17.4	27	54	26（1970—1996）
韩国	5.4	6.0	7.7	14	216	
中国	6.8	7.4	8.6	11	170	27（2000—2027）
中国台湾地区	5.8	6.8	9.8	13	130	26（1993—2018）

续表

	60岁及以上人口所占比例（%）				2000—2030年老年人[1]增加百分比（%）	预计老年人口比例从7%增加到14%所需年数（年）
	1970	1980	1990	2006		
中国香港特别行政区	6.5	10.0	12.6	16	—	—
新加坡	5.7	7.2	8.4	13	372	27（2001—2028）
马来西亚	5.5	5.7	5.8	7	277	—
泰国	4.9	5.2	6.3	11	197	22（2003—2025）
加拿大	11.4	13.3	15.5	18	126	65（1944—2009）
澳大利亚	12.3	13.7	15.5	18	108	73（1938—2011）
美国	14.1	15.6	16.5	17	102	69（1944—2013）
德国	19.9	19.3	20.4	25	63	—
法国	18.1	17.2	19.1	21	56	115（1865—1980）
英国	18.7	20.1	21.1	21	54	45（1930—1975）
瑞典	19.6	21.9	22.8	24	45	85（1890—1975）

①定义为65岁及以上人口。

数据来源：United Nations，2008b；Taiwan Ministry of Interior Affairs，http：//www.moi.gov.tw/stat/index.asp；Kinsella and Velkoff 2001，figure 2-4；Taiwan CEPD 2006.

　　欧洲和北美经济发达的国家老年人口比例增加一倍，即老年人口的比例从7%增加到14%，用了多于半个世纪的时间。然而，东亚地区的日本、中国、新加坡、中国台湾地区和泰国用了不到30年的时间便实现了老年人口比例的倍增。即使东亚地区老年人口的比例相对低于西欧以及南美国家老年人口比例，但是东亚国家和地区正逐渐缩小这个差距。预计东亚国家和地区老年人口的比例会变得更高。表1-1还显示出在2000年到2030年期间，新加坡、马来西亚、韩国、泰国、中国以及中国台湾地区的老年人口比例增加幅度将会在130%到372%之间。相反，同期德国、法国、英国和瑞典的老年人口比例增加幅度会在45%到60%之间。显然，东亚国家和地区必须对这些趋势做出有效的政策回应。

　　人们寿命的延长以及生育率的下降加剧了东亚地区人口变化。据表1-2显示，在过去35年间东亚国家和地区人口预期寿命均在增加。人口寿命的提高归因于医疗的进步、营养的改善、教育水平的提高以及公共卫生体系的发展。韩国人口预期寿命增长幅度是最大的，在过去35年间预期寿命延长了14.2年。预计从21世纪开始，日本和中国香港特别行政区人口会是最长寿的，其预期寿命超过81岁。

表1-2 部分国家和地区的生育率变化、出生时预期寿命变化

		1970—1975	1975—1980	1980—1985	1985—1990	1990—1995	1995—2000	2000—2005
总和生育率（出生数/妇女数，‰）	日本	2.1	1.8	1.8	1.7	1.5	1.4	1.3
	韩国	4.3	2.9	2.2	1.6	1.7	1.5	1.2
	中国	4.9	3.3	2.6	2.5	1.9	1.8	1.7
	中国台湾地区	3.3	2.7	2.2	1.8	1.8	1.7	1.3
	香港特别行政区	2.9	2.3	1.8	1.3	1.2	1.1	0.9
	新加坡	2.6	1.9	1.7	1.7	1.8	1.6	1.4
	马来西亚	5.2	4.2	4.2	4.0	3.6	3.3	2.9
	泰国	5.0	4.0	3.1	2.4	2.1	2.0	1.9
出生时预期寿命（年）	日本	73.3	75.5	76.9	78.3	79.5	80.5	81.9
	韩国	62.6	64.8	67.2	69.8	72.2	74.6	76.8
	中国	63.2	65.3	66.6	67.1	68.1	69.7	71.5
	中国台湾地区 男	67.5	69.0	70.1	73.4	74.3	75.5	77.1
	女	72.4	74.0	75.1				
	香港特别行政区	72.4	73.6	75.5	76.2	77.6	80.0	81.5
	新加坡	72.0	70.8	71.8	73.6	75.8	77.2	78.6
	马来西亚	69.5	65.3	68.0	69.5	70.7	71.9	73.0
	泰国	63.0	63.1	64.9	67.2	68.7	69.0	69.7

数据来源：United Nations，2008a.

东亚国家和地区生育水平短期内的大幅下降是前所未有的社会现象。据表1-2显示，除泰国外，所研究的8个国家和地区的总和生育率都低于更替水平。日本、韩国、中国台湾地区和中国香港特别行政区的总和生育率水平被认为是"低中之最低"——每个妇女生育的孩子数少于或等于1.3个。拥有"低中之最低"生育率的国家和地区在几年内每年出生人数可能会减少50%，并且在不到45年内人口将会减半（Kohler et al.，2002，2006）。低生育率国家正面临着需要增加儿童人口的严峻挑战，恢复到更替生育率水平似乎很难实现，人口老龄化的加速发展是不可避免的。因此改善针对老年人的社会政策对东亚地区政府而言至关重要。

人口老龄化的快速发展将会大大提高老年人口的抚养比。老年人口抚养比定义为每100名20~64岁的人所对应的65岁及以上的老年人口数。预计在2000年到2030年间，日本老年人口抚养比将从27%增加到52%，韩国老年人口抚养比预计将从11%增加到33%，泰国老年人口抚养比将从11%增加到27%，新加坡老年人口抚养比将从10%增加到23%（Kinsella and Velkoff，2001）。对老年人的照顾和扶养将会给劳动年龄人口带来沉重的负担。

1.3　家庭养老的变化

人口变化给传统的家庭养老模式带来了越来越大的压力。如果生育水平如预测的那样继续降低，老年人在晚年可依靠的成年子女会越来越少。例如，1990年韩国60岁的妇女平均有4.4个孩子，生育孩子数的减少意味着韩国老年人在不久的将来只能依靠一两个孩子来养老（East-West Center，2002）。在1995年到2000年间，年龄达到65岁的日本妇女是20世纪第一批平均只有两个存活子女的妇女（Feeney and Mason，2001；East-West Center，2002）。中国台湾地区有能力供养老年人的成年子女数也在大幅减少。2002年进行的台湾地区调查显示，65岁及以上男性人口平均有4.04个孩子，而50到54岁的男性人口平均只有2.72个孩子（Taiwan DGBAS，2003）。

传统家庭养老功能发生变化的原因，不仅仅在于生育率的下降，还在于代际和对老年人供养的态度发生的变化。1950年的日本约2/3女性期望在晚年依靠子女来供养自己，然而到了1992年只有16%的妇女有这种期望（Ogawa，1994，引自联合国，2005）。表1-3显示老年人对代际态度的变化。该表显示在日本、韩国和泰国，认为和子女居住在一起是最好选择的老年人口的比例大大下降；认为在晚年应该将子女视为收入来源的老年人口比例也大幅降低；与1981年相比，2001年日本和韩国将子女视为主要收入来源的老年人越来越少。中国台湾地区（Fu，2008）和新加坡（Chen，1999）的调查也显示出相似的趋势。

表 1-3　　　　　　部分国家对于 60 岁及以上老年人代际关系的态度　　　　　单位：%

国家	年份	同意以下观点的百分比：		
		整个家庭居住在一起 是最好的	老年人应该可以 依靠其家庭	主要收入来源是子女 供养的百分比
日本	1981	59.4	18.8	29.8
	2001	43.5	7.9	12.0
韩国	1981	83.3	49.4	78.2
	2001	38.4	19.5	59.4
泰国	1981	58.6	61.4	—
	2001	61.1	41.9	—

资料来源：Sagaza 2003，quoted in United Nations，2005.

1.4　政策制定的演进和面临的挑战

　　东亚地区传统家庭养老功能的削弱已经改变了人们对于供养老人的期望，越来越多的家庭求助于政府来供养家里的老人。东亚国家和地区的政府意识到民众越来越不信服这样一种言论——现有的家庭模式致使政府不必对老年人提供养老服务。伴随着人们对政府扮演供养者的角色越来越大的期待而来的是民主化更加广泛地发展。显而易见，这些态度的改变已经促进第一代新兴经济体朝着政府主导的养老计划方向发展。

　　本书所研究的国家和地区都已建立了包括针对工伤、疾病和针对老年人的现代社会供养制度。表 1-4 展示所研究的 8 个国家和地区各自第一部社会保障法实施的年份，该表清晰地表明，除个别工伤保险外，东亚地区社会保障的发展是战后现象（Hort and Kuhnle，2000）。该表还表明，除日本外，其他东亚国家和地区从 20 世纪 90 年代起对法规进行了若干次的修正。这些变化意味着这些地区的政府开始承担起赡养老年人的责任。

　　尽管东亚地区社会保障体系正逐渐完善，然而对于第一代新兴经济体而言，针对老年人的政府资助的养老模式的发展仍面临着一些挑战。首先，尽管在一些国家和地区民主在发展，但民主制度还不够健全，政策制定在很大程度上被政府内部政治精英集团所掌控。这些国家和地区政府不具备充分满足老年人晚年生活需求的能力依然是主要的政策挑战。中国香港特别行政区和新加坡民主发展的不完善有重要的相关背景因素——香港特别行政区 2000 年引进的私人管理储备金以及新加坡 1995 年实施的赡养父母法令。这两项制度都将供养老年人的责任指配给雇主、个

表1-4　　　　　　　　部分亚洲国家和地区社会保障方案的实施时间

	工伤	疾病	老年	失业	家庭
中国香港特别行政区	1953	1968	1973（1988,1993,1995,2002）[①]	1971	1971
韩国	1953	1963	1986（1989,1993,1995,1997,1998,1999,2000）[①]	1995	—
马来西亚	1929	1951	1951（1969,1991,2001）[①]	—	—
新加坡	1929	1983	1953（2001,2002,2003,2004,2005,2006）	—	—
中国台湾地区	1929	1950	1950（1958,1988,1994,2000,2001,2003）	1988	—
泰国	1972	1990	1990（1991,1998,1994,1999）[①]	1990	1990
中国	1951	1951	1951（1953,1978,1995,1997,1999,2005）[①]	1986	—
日本	1911	1922	1941（1954,1959,1985）[①]	1947	1971

①括号内数字代表条例修订的年份。

资料来源：Hort and Kuhnle，2000；ISSA，2004.

人或者家庭，因此使政府免于承担赡养老年人的责任。至于日本、韩国以及中国台湾地区，这些以成熟的民主体制为特征的国家和地区，是否所有阶层的人都可以对政策议程产生影响还保有疑问。这些国家和地区在过去很长一段时间内都将经济发展策略置于首位，并且这些国家和地区的工会已经不能够对政策的制定产生影响。在这种情况下政府是否能够消除不同社会阶层之间的不平等，是否能够进一步加强社会对最弱势老年人群的接纳还很难说。

第一代新兴经济体经济增长的放缓意味着对老年人保障机制发展的担忧越来越多。日本、韩国、中国香港特别行政区和新加坡在20世纪90年代都经历了经济负增长（联合国，2008a），这些经济衰退给社会福利发展带来负面影响。例如，2001年中国台湾地区领导人宣布"优先发展经济并暂缓社会福利发展"的策略（Lai，2003）。不仅第一代新兴经济体有这种顾虑，第二代经济体也有。马来西亚和泰国在20世纪90年代的经济危机中都遭受了重创，而且经济增长水平一直都没恢复到经济危机爆发之前的水平。与1990年到1996年间8.9%～10%的经济增长率相比，在1999年到2006年之间，马来西亚经济增长率从0.3%增长到8.9%。泰国经济增长率从1990—1996年间的5.9%～9.25%下降到1999—2006年间的2.2%～7.1%。因此，在这一地区对于经济增长的担忧持续增加，并且这种情况将会大大降低每个国家和地区全力应对人口老龄化挑战的能力。

1.5 关于本书

本书致力于探究人口老龄化的成因和趋势，并且探讨老龄化对公共社会政策带来的挑战和影响。诚然本书不是第一部论及东亚地区人口老龄化和政策发展问题的书。例如，菲利普（Philips，2000）主编的"亚太地区的老龄化"（Ageing in the Asia-Pacific Region），评述了东亚和南亚地区老龄化政策，该书对这一地区所面临的老龄化相关问题做出了很好的分析并且个案研究涵盖了 13 个国家和地区。多林（Doling）等人合著的"老龄化问题：欧洲政策的经验教训"（Ageing Matters：European Policy Lessons from the East）（Doling，et al.，2005），与来自亚洲和欧洲国家的政策专家携手针对亚洲和欧盟国家的政策发展进行了深入分析。撰稿人着眼于东西方之间社会经济条件和政策发展的差异，对需要共享的知识进行了有效的分析。本书以已有研究为基础，致力于以新的方式分析政策发展并且提供对当前政策回应的最新信息。

在第 2 章，施世俊和古允文提供了理论框架用以分析老年人养老体系的发展。首先阐述东亚地区福利制度的三个关键特征：儒教、经济发展置于首位的观念，以及政府在福利供给方面不情愿的角色。接下来探讨福利，结合这一概念，围绕着福利市场、社区、家庭、志愿组织以及政府在老年人养老方面所应承担的责任进行探讨。本章为读者提供非常有价值的解释性框架，这一框架有助于强调文化、唯生产力的性质、政治民主化以及福利机构促进老龄化政策发展的重要作用。

在第 3 章，陈小红（Hsiao-hung Nancy Chen）和傅从喜分析了中国人口变动趋势以及政策挑战。他们表明中国的独生子女政策将会以前所未有的速度引发人口老龄化，并且对社会保障安排带来严峻的政策挑战。他们研究了中国老年人的一些特征，重点研究老年人的就业状况、居住模式以及收入来源。随后作者综述了包含退休金和医疗保健在内的中国老龄化政策的发展。本章作者认为，当前老年人保障系统所面临的一个关键挑战是中国老年人将未富先老，这一情况使得制定适当政策以应对老龄化显得更加重要。尽管在政策计划方面已经投入了大量的精力，但作者坚定认为需要对现行制度进行彻底改革。

在第 4 章，作者所道彦（Michihiko Tokoro）讨论了日本的老龄化政策。首先研究人口老龄化的趋势以及传统家庭养老体系的削弱，其次分析日本老年人群在经济上处于相对劣势的地位。本章对日本近期养老金改革的重要特征进行了讨论，这些特征包括最低养老金保障以及养老金支出自动控制系统。作者还评述了源自西方的"长期护理保险制度（LTCI）"的发展。最后，指出人口老龄化所面临的严峻政策挑战，这些政策挑战包括延续家庭生育政策以鼓励生育，提供更好的社区照料以分担家庭照顾老年人的责任，加强新引进的长期护理保险制度的长期可持续性，以及重获公众对于日本老年人养老体制的信心和支持。

在第5章，黄圭振（Gyu-Jin Hwang）探讨了韩国的老龄化政策，研究人口和劳动力市场结构的变化。作者阐述了非正式家庭供养网络在照料老年人方面所发挥的作用越来越小。本章还对韩国养老金制度和新的长期护理保险制度（LTCI）方案进行了分析。黄圭振表明，韩国现行养老金制度模式强化了政府应当主动提供福利救济金，而不是简单地充当调控者的观念，这应被视为韩国老龄化政策的重要发展。黄圭振特别指出韩国政府虽有效地应对了老年人的需求，但对正在工作的一代人来说是向其施加额外的财政负担，这对于未来的发展将是严峻的挑战。

在第6章，傅从喜和吕宝静讨论了中国台湾地区老龄化政策的发展。他们首先描述中国台湾地区应对老龄化政策发展的背景，讨论包括家庭养老体系的衰落、经济发展的放缓、平均退休年龄的降低和越来越激烈的政治竞争。其次，作者论述了中国台湾地区应对老龄化政策的发展，这些发展包括增加税收补充的老年人津贴、建立国民养老金保险和长期护理制度，以及为老年劳动者提供大规模公共服务就业方案。最后，作者指出中国台湾地区社会政策制定的关键特征，这些特征包括针对政策发展问题的解决策略和学习政策导向的重要性。

在第7章，周记李对中国香港特别行政区退休收入保障机制的发展进行了全面的评述。大多数香港特别行政区老年人在资金方面并没有做好退休的准备，此外，家庭养老功能的削弱将不可避免地增加人们对政府供养老年人的期望。作者描述了三种收入维持计划：税收补充的老年人津贴、私人管理强制储备基金（MPF）项目和非正式供养。这三种收入维持计划与世界银行所提倡的"三支柱"模式相一致（世界银行，1994）。作者提出今后将面临的政策挑战，这些挑战包括确保税收资助项目是否具有财政上的可持续性，强制储备基金的置换率变动，当家庭养老功能削弱时非正式资金养老体系的可靠性，以及金融市场越来越多的风险问题。

在第8章，安吉丽·陈（Angelique Chen）分析了新加坡老龄化政策的挑战和革新。她指出新加坡政府在发展老年人口政策方面不仅仅保障老年人的权益，还致力于加强老年人的价值观建设以及提升老年人在社会中的地位。作者强调了支撑新加坡相应社会政策的意识观念：有义务照顾老年人的是家庭而不是政府。她分析了新加坡长期护理制度和中央储备基金（CPF）制度的发展，这两项制度是新加坡最重要的保障老年人收入的计划。作者还指出了妇女在资金方面的弱势地位，以及迫切需要政府给予老年人长期护理模式更多关注。

在第9章，冯辛翁，戴维·R.菲利普和东古·阿赞·哈米德论述了马来西亚老龄化政策的进展和前景。他们指出马来西亚还没进入老龄化社会，到20世纪90年代中期时老年人还没完全被认为应当领取社会救济金。作者对马来西亚应对人口老龄化相关的金融保障、社会服务、社区关怀和机构关怀政策的发展进行了全面的分析，展望马来西亚老龄化政策的未来发展，包括提供更优质的服务，以及使城乡间老年人服务和设施的配置均衡发展。

最后，在第10章，依拉克·帕萨亚皮伯，萨姆瑞特·斯瑞瑟姆·隆索特和卡尼特·邦德汉姆·查隆研究了泰国应对老龄化政策发展面临的挑战。他们强调这样一个事实：在泰国承担照顾人们晚年生活首要责任的是家庭而不是政府。他们还强调另一个事实：在泰国老年人广受尊重，政府承认并且提升老年人的价值，包括子女对父母感恩的传统。作者还对泰国老年人收入保障体系和长期护理供给模式进行分析，指出泰国老龄化社会所面对的关键性挑战主要体现在家庭结构、家庭功能，以及长期护理服务的低水平发展上。

本书研究认为，人口老龄化应被视为东亚国家和地区社会和公共政策发展所面临的最严峻挑战之一。东亚国家和地区经历着相似的人口和家庭结构的变化，这些变化将不可避免地改变或削弱这一地区传统的"家庭作用强、政府作用弱"这一养老模式的平衡。东亚所有国家和地区都效仿西方模式来扩大社会福利供给，尤其是针对老年人的津贴和长期护理。同时，一些国家和地区政府正采取特殊措施重塑家庭观念和家庭传统养老功能。东亚所有国家和地区都刚刚经历或正在面临人口的快速增长，其后果是对经济增长、劳动力市场结构、社会保障供给、家庭关系和代际责任的重大影响。东亚地区，以及国际上有政策经验的国家需要共享经验，我们希望本书能够对进一步的研究有所帮助。

1.6　参考文献

王悦.东亚新兴经济体经济周期特征分析[J].亚太经济，2012（5）.

马春华.变动中的东亚家庭结构比较研究[J].学术研究，2012（9）.

Aspalter, C. (ed.) (2002) *Discovering the Welfare State in East Asia*, Westport, CT：Praeger.

Billari, F.C. (2008) 'Lowest-low fertility in Europe：exploring the causes and finding some surprises', *The Japanese Journal of Population*, 6 (1)：2–18.

Chen, A. (1999) 'The role of formal versus informal support of the elderly in Singapore：is there substitution?', *Southeast Asian Journal of Social Science*, 27 (2)：87–110.

Doling, J.F., Malby, T.et al., (2005) *Ageing Matters：European Policy Lessons from the East*, Aldershot：Ashgate.

East-West Center (2002) *The Future of Population in Asia*, Honolulu：East-West Center.

Eurostat (2005) *Social Protection Expenditure in the EU25 Accounted for 27.7% of GDP*, News Release, 20 October 2005, available online at<http：//epp.eurosttat.ec.europa.eu> (accessed 24 November 2008).

Feeney, G.and Mason, A. (2001) 'Population in East Asia'.In A.Mason (ed.) *Population Change and Economic Development in East Asia：Challenges Met*,

Opportunities Seized, Stanford, CA: Stanford University Press.

Fu, T. (2008) 'Do state benefits impact on intergenerational family support? The case of Taiwan', *Journal of Intergenerational Relationships*, 6 (3): 330–354.

Goodman, R., White, G.et al., (eds) (1998) *The East Asian Welfare Model: Welfare Orientalism and State*, London: Routledge, pp.27–74.

Gough, I.and Wood, G. (eds) (2004) *Insecurity and Welfare Regimes in Asia, Africa and Latin America: Social Policy in Development Contexts*, Cambridge: Cambridge University Press, pp.169–201.

Holliday, I.and Wilding, P. (eds) (2003) *Welfare Capitalism in East Asia: Social Policy in the Tiger Economies*, Basingstoke: Palgrave Macmillan.

Hort, S.E.O.and Kuhnle, S. (2000) 'Growth and welfare?: A first look at the recent East and Southeast Asian experience', PROSEA Occasional Paper no.28, Taipei: Academia Sinica.

ISSA (International Social Security Association) (2004) *Social Security Programmes Throughout the World: Asia and the Pacific*, available online at<http: //www.socialsecurity.gov/policy> (accessed 24 November 2008).

Jones, C. (ed.) (1993) *New Perspectives on the Welfare State in Europe*, London: Routledge.

Kinsella, K.and Velkoff, V.A. (2001) *An Aging World: 2001*, Washington, DC: US Government Printing Office.

Kohler, H.-P., Billari, F.C.et al., (2002) 'The emergency of lowest-low fertility in Europe during the 1990s', *Population and Development Review*, 28 (4): 641–681.

Kohler, H.-P., Billari, F.C.et al., (2006) 'Low fertility in Europe: causes, implications and policy options'.In F.R.Harris (Ed.) *The Baby Bust: Who Will Do the work? Who Will Pay the Taxes?* Lanham, MD: Rowman & Littlefield Publisher, 48–109.

Ku, Y-W and Finer, C.J. (2007). 'Development in East Asian welfare studies', *Social Policy and Administration*, 41 (2): 115–131.

Lai, L-Y. (2003) 'Economic first, social welfare matters more: impacts and directions of social policy at a time of globalisation', *Community Development*, 102: 45–62, In Chinese.

OECD (2008) *Social Expenditure Statistics*, Availble online at<http: //stats.oecd.org/brandedviewpilot/default.aspx? datasetcode=socx_det> (accessed 24 November 2008).

Ogawa, N. (1994) 'Changing attitudes about care of the elderly in postwar Japan'.In *The Population and Society of Postwar Japan*, Tokyo: Mainichi Newspapers, pp.133–165.

Peterson, P.G. (1999) 'Graying dawn: the gloal ageing crisis', *Foreign Affairs*, 8 (1): 42-55.

Philips, D.R. (ed.) (2000) *Ageing in the Asia-Pacific Region: Issues, Policies and Future Trends*.London: Routledge.

Ramesh, M. (2004) *Social Policy in East and Southeast Asia: Education, Health, Housing, and Income Maintenance*, London: Routledge.

Sagaza, H. (2003) 'Living arrangements of the elderly in Japan'.In *Ageing in Japan 2003*, Tokyo: Japan Ageing Research Centre, pp.105-121.

Taiwan CEPD (Council for Economic Planning and Development) (2006) *Projections of the Population of Taiwan Area, from 2006 to 2055*, Taipei: CEPD.

Taiwan DGBAS (Directorate-General of Budget, Acccounting, and Statistics) (2003) *Reports on Older People's Living Status Survey in Taiwan Area*, Taipei: Taiwan DGBAS.

Tang, K.-L. (2000) *Social Welfare Development in East Asia*, Basingstoke: Palgrave Macmillan.

United Nations (2005) *Living Arrangements of Older Persons Around the World*, New York: United Nations.

United Nations (2008a) *National Trends in Population, Resources, Environment and Development: Country Profiles*, available online at<http://www.un org/esa/population/publications/countryprofile/profile.htm> (accessed 24 November 2008).

United Nations (2008b) *Population Ageing 2006*, available online at<http://www.un.org/esa/population/publications/ageing/ageing2006chart.pdf> (accessed 24 November 2008).

World Bank (1993) *The East Asian Miracle: Economic Growth and Public Policy*. New York: Oxford University Press for the World Bank.

World Bank (1994) *Averting the Old Age Crisis: Policies to Protect the Old and Promote Growth*.Oxford: Oxford University Press for the World Bank.

第 2 章

东亚地区老龄化透视：制度的嵌入

施世俊　古允文

2.1　引言

　　最近几十年来，东亚地区社会福利的发展吸引了众多学者的关注。受到艾斯平-安德森（Esping-Andersen）的西方不同类型福利国家研究的启发，学者们围绕东亚地区福利体制是否具有独特性这一观点展开了学术争论。随后，东亚社会政策分析学者一直聚焦于东亚的福利国家和地区的对比研究，并希望为这个区域群体找到一个合适的标签（Ku，2007）。然而，对比研究主要集中在东亚地区福利的整体领域，很少有学者关注单一政策领域如老龄化和养老保障的系统化对比研究。

　　之所以如此，一个可能的原因是亚洲社会的性质，在这一社会体系中，家庭通常被看做是老年人晚年生活的最终归宿。然而，现在看来这似乎不大可能。由于儒教思想的家庭供养其成员这一观念在逐渐弱化，特别是在政府干预作用显著扩大并进入家庭传统领域的情况下，使得老年人的生活供养这一问题更为突显。对于老龄化政策的研究已在东亚国家和地区的政府层面展开，或者至少在一些国家和地区已经开始执行。尽管针对东亚地区社会福利特点的学术研究已经取得了丰硕的成果，然而从任何比较研究的视角出发，对于老龄化政策的本质仍缺少一个清晰的思路。

　　本章首先描述东亚地区福利体制的特点，然后总体上分析东亚地区人口结构转变、家庭福利功能的改变及其对东亚地区的影响。为了更好地理解不同政策的起源及作用后果，本章把制度分析方法引进老龄化政策当中。公共部门同私人部门之间的福利组合将是一个强有力的分析框架，在这一框架下我们将审视不同国家和地区之间制度结构的相似性与差异性。通过上述异同点的比较我们可以看出老年人福利在各部门之间是如何分配的，同时这也是东亚地区社会老龄化政策争论的核心问题。

2.2　东亚地区社会福利的特点

　　随着学者们对东亚地区社会福利开展研究以及研究兴趣的增长，不同的研究者给出不同的观点，并提出各自对社会福利的独特见解，以下讨论并归纳学者们总结出的一些共同特点：

1. 政策导向：东亚地区的福利国家和地区已被广泛地描述为以家庭为中心、勤勉、传统慈善以及专制等特性。所有这些均表明政府在社会福利的实际提供中处于边缘角色。

2. 系统特征：尽管政策引导福利，但东亚地区已经形成一些重要的福利机构体系。这些机构优先考虑教育、职业保险计划以及按财产审查的贫困补助，因此东亚福利表现出现有的社会分层与传统慈善相结合的特点。

3. 制度解读：尽管一些学者认为东亚地区的福利是保守的，但更多的研究认为与艾斯平-安德森研究提出的西方福利国家体制类型形成一致是困难的，因此，有学者将东亚地区福利重新命名为家庭户式、生产主义、发展取向、儒家思想甚至是混合型的福利模式（Ku 2007）。

东亚地区最显著的特色源自于这一地区的文化环境，尤其是来自于儒教思想的熏陶。这并非一个新的解释，在 20 世纪 80 年代就已经出现这样的解释了，这一时期东亚地区的福利研究还在孕育阶段。香港的一位社会政策学者在其研究中强调了东西方社会福利观念的显著差异，并指出中国社会中家庭成员间纽带关系的重要性（Chow, 1987）。类似地，琼斯（Jones）的观点是"家庭户式"福利国家的思想根植于儒教思想当中，她阐述了家庭户作为关键单位和理想模式如何被安排成为社会整体的一部分，提出孝顺确保应有的向上尊重，宗法责任确保适当的照顾和向下保护（Jones, 1990）。到目前为止，文化的解释一直激励着学者们努力研究东亚地区福利（Rieger and Leibfried, 2003）。对东亚的比较福利研究经过长期讨论之后，里格和利弗瑞德（Rieger and Leibfrid）坚持认为"当我们回首社会政策的实质时，所不同的是东亚社会所有方面均反映了儒教价值观，就如同西方社会所有方面均反映我们所熟知的犹太基督价值观一样"（Rieger and Leibfried 2003：334）。

东亚地区各国家和地区政策的主要特点是把经济发展作为核心价值，经济发展优于社会政策和收入再分配。例如，霍利德（Holliday）认为，日本、韩国、中国香港特别行政区以及中国台湾地区均有一个共同特性——"生产主义的福利资本主义"。生产主义的福利资本主义有两个中心环节，一是增长导向，二是包括社会政策在内的政府政策的各个方面均服务于经济目标或工业目标（Holliday, 2000：709）。此外，他认为东亚地区可以分为三种不同类型："促进型"（如中国香港特别行政区）、"普遍发展型"（尤其在日本、中国台湾地区、韩国）、"排他发展型"（如新加坡）。换句话说，这些国家和地区在"社会政策服从经济政策"方面具有明显的相似性。

东亚社会政策的另一特点是国家不愿提供社会福利。由于社会政策的欠发达，东亚地区在福利的公共支出方面未能扮演西方国家那样的角色，这意味着低福利支出是政策提供的结果，而不是归因于需求。此外，低福利支出并不意味着削弱政府实力，因为政府在发展领域的干预力量足够强大。因此，东亚国家和地区不应该像自由主义福利国家那样被判定为需要大规模的私人福利和养老金市场。东亚国家和地区要求家庭而不是市场来承担更多的家庭成员的福利责任。

在医疗、教育、住房以及社会保险行业的比较研究中，霍利德和维尔汀（Holliday and Wilding，2003：161-170）指出，东亚福利在以下六个方面是高度相似的：政治目的永远摆在首位；经济增长和充分就业是福利的主要推动力；生产主义福利是目标；政府规避福利；家庭承担主要的福利功能作用；政府的作用强大但有限。这些均导致了东亚地区福利的特殊性，在全球化和人口变化的形势下，有些学者开始质疑这一政策的可持续性。例如，高夫（Gough）就曾质疑生产主义福利体制类型的可行性：

因其脆弱性人们公开质疑这一制度的可持续性。东亚国家和地区是脆弱的，首先是外部因素及其影响，这归因于东亚国家和地区经济的开放性以及地缘战略位置。其次是福利组成中的家庭成分妨碍了商品化、城镇化以及人口变化的过程。因此该制度破坏其长期可持续性的前提条件非常大。

高夫（Gough，2004：191）

上述观点完全适用于东亚地区老龄化程度最严重的日本。如图2-1所示，日本老年人口的比例接近20%，然而亚洲其他国家和地区的这一比例还不到10%。日本老龄化程度如此之高，因此很难依赖家庭为老年人提供福利（参见第4章）。在东亚社会，家庭成员之间的纽带关系为老年人提供最主要的福利。然而，由于人口结构的转变，源于家庭成员之间纽带关系的福利提供能力已经开始下降。正如埋田孝文（Uzuhashi）指出，"福利社会的陈旧观念正处于破产边缘，家庭规模的小型化以及越来越多的女性外出工作，导致家庭再也无力为其成员提供护理服务"（Uzuhashi，2001：123）。

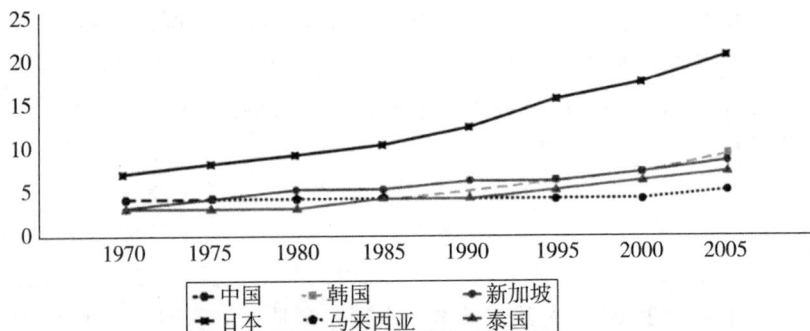

图2-1　亚洲部分国家和地区65岁及以上老年人口比例（%）

资料来源：Data retrieved from the World Development Indicators（WDI），World Bank.

到2005年时，本书所研究的东亚地区除日本以外的其他国家和地区的老年人口比例依然低于10%，老年人口比例自1970年到2005年几乎翻了一番。这一趋势至少有以下三个影响：第一，老龄化一直是东亚地区常见的人口现象。不仅包含像日本这样成年型人口的国家，而且也包含相对年轻型的国家。战后婴儿潮一代现在已经成年，并且构成经济活动人口的主要部分，然而很快他们将退出劳动力市场。第二，随着老年人口的增长，老年抚养比也会相应增加，这意味着劳动年龄人口的负担将加重。虽然生育更多的孩子能够缓解这一问题，但这一想法在东亚地区似乎行不通。尤其在日本、中国台湾地区、韩国以及中国香港特别行政区，新生婴儿的数量都大幅度下降。例如，在20世纪80年代，台湾地区每年新出生的婴儿数量是40万人，而目前的数量仅有那时的一半（Ku，2001）。第三，老龄化进程在未来将表现得更为重要。年轻一代数量的下降将减少未来的劳动人口。随着婴儿潮一代逐渐变老，老年人口的增加使其老龄化规模迅速扩大。在这样的老龄化进程中，家庭是否能够像以往一样承担起老年人的福利责任，对于政策制定者和老龄化政策来说这是一个关键问题。

2.3 老龄化政策的制度安排

在东亚地区，老年人的福利需求越来越突出。从社会政策分析的角度来看，谁该为老年人的福利负责是一个重要问题。然而，对于这一问题看法在公众预期和政府政策之间存在分歧。例如，中国台湾地区"内政部统计局"开展的一项全岛调查（DSMIA，2000），从6 297名50岁及以上的被访者中，我们可以发现社会福利的公众期望。在询问关于福利措施这一问题时，被访者认为政府应做出更多努力，其中有45%的被访者认为应该优先考虑老年人的福利。这一数值远远高于排在第二位的社会救助。另有24%的被访者认为应优先考虑社会救助。通过这一组数据的对比表明，台湾地区居民已经意识到政府在老年人福利中所承担的角色的重要性，并且居民期望政府为改善老年人现状做出更多的努力。调查也突出了这样一个事实，年轻人对老年人的态度基本上保持一致。例如，37%的受访者赞同老年人福利服务的发展。显然，这些问题涉及每一代人。

类似地，在台湾地区的另一项包括495位老年人的调查数据显示，有37.3%的受访者希望退休后的生活可以自立，无论自立是依靠个人储蓄、家庭供养还是企业年金。然而，如果人们不能负担这些费用，他们认为政府是最可靠的经济支持来源，可以通过诸如社会救助（37.2%）和社会保险（16.5%）等法定程序获得支持。更重要的是，有超过58%的老年人认为，政府不应放弃其提供福利的作用（Ku，2000）。

在体制方面，福利组合这一概念在不同领域的政策研究中影响越来越大。例如，从福利供给的不同部门看，包括法定部门、商业部门、志愿者以及非正式部门等，福利供给由这些部门所承担（e.g.Johnson，1987）。艾斯平-安德森的福利制度分析，被认为是自由的、保守的和社会民主主义的，这也揭示了各种社会福利提供的组合对商品化、社会分层、阶级联盟以及历史制度的不同影响（Esping-Andersen, 1990）。从这个意义上讲，福利组合的概念不仅可以用来作为解释政府在政策制定中的特定背景下的分析工具，而且在比较分析中也是有用的。艾斯平-安德森阐述了目前不同福利组合的状况以及不同的政策取向，尤其是阐述了四个不同部门机构（即市场、社区、家庭和政府）配置间的区别。

2.3.1　市场

在东亚地区福利体制中，生产主义意味着经济增长优先于福利增长，这一体制特别强调了市场的重要性，即便是政府监管也不例外。福利市场确实同东亚经济技术的生产主义有着密切联系，其原因至少表现为以下三点：第一，来自不同行业的多个服务提供商意味着政府在公共财政上可以释放它的福利负担和压力。第二，私人部门同公共部门相比具有效益和效率双重优势，在资源有限的情况下考虑到这一点是非常重要的。第三，更多的服务提供商意味着消费者拥有更多的选择并且获得更多的授权服务，这对自食其力的消费者来说是有利的。

然而，市场的私有化能否是摆脱福利危机的唯一出路还未知，西方福利国家仍在审视这一观点（Esping-Andersen, 1996）。但我们应注意一些问题，首先是政府的角色。作为政策制定者，市场的私有化意味着政府可以利用福利津贴来推动这一过程，这体现出理论与实践之间的差距结构。同时要考虑到市场的缺陷，尤其是在提供社会福利存在利益动机的情况下。尽管在理论上利益之间的竞争能够保证效益和效率，然而竞争可能触犯福利消费者中边缘群体的利益，边缘群体没有足够的资源来对自己的服务需求进行付费。在一个纯粹市场的社会中，利润越多越好，并且没有正式的机制来调节合理的利润水平。因此，私人的非营利组织往往会降低其服务成本，例如，为实现利润最大化这一目标而使用不合格的人手，这将会大大影响服务质量。

2.3.2　社区

权力下放是指自上而下的福利发展，即从中央政府到地方政府直至社区。社区照顾或以社区为基础的社会福利服务，由于其可及性和可接受性的优点一直被人们所提倡。然而，我们也需要慎重考虑以下三个问题：

第一，社区是否准备好承担福利责任；

第二，社区是否有权自作决定；

第三，享有服务的人们是否满意这一改变。

第一个问题涉及社区的能力，包括资源和基础设施。由于不同社区具有不同程度的能力，因此，社区不能完全取代政府的福利角色。第二个问题涉及社区的权力。如果社区依赖于政府的资源和监管，那么公众参与程度必将下降，并且这将进一步损害社区服务的可接受性。第三个问题涉及消费者的满意度。如果消费者真的不希望这种改变发生，那么社区服务将被社会遗弃。反之，如果社区未能承担服务提供者这一角色，那么福利分权将会给家庭带来更多的压力。

2.3.3　家庭

需要进一步研究的问题是妇女在家庭中的角色。作为传统的照顾者，女性是家庭服务的核心力量。在东亚地区目前依旧如此。例如，中国台湾地区政府对家庭的分工范围内进行的调查显示，男性养家糊口的家庭责任和妇女理家的发展趋势依旧存在。特别是照顾老人和孩子是女性的首要任务（DGBAS，1999）。女性劳动参与的提高给她们的工作事业和家庭角色带来压力。反过来，对家庭的照料和其他福利功能都将受到限制。虽然家庭的作用并未殆尽，但在现代社会，我们必须意识到家庭福利的局限性。尤其是人口转变、家庭规模以及经济结构等方面的变化制约了家庭原有的照顾和支持功能。把女权主义思想同老龄化政策联系在一起显然是重要的，因为这会使家庭尽快实现其功能，尤其是缓解女性面临的困境。

志愿机构的慈善组织是东亚地区社会福利的重要来源，亚洲国家和地区的民主性也增加了志愿组织的数量，这意味着不仅在福利方面而且在政策倡导方面，公众参与的机会均大大增加。但志愿组织通常面临一个可持续性问题，尤其是财政的稳定性。许多志愿机构依赖政府的扶持。例如，在台湾地区的一项调查显示，社会捐赠（39.9%）被列为是志愿机构的第一收入来源，政府补贴排在第二（28.7%）（Shih，1997）。社会捐赠与经济环境密切相联，经济的不景气将导致志愿服务资金的减少。因此，无固定收入的志愿组织很难制订一个长期的计划并扩大其服务能力，这反过来又限制志愿组织发挥其福利功能作用。志愿组织从政府获得固定的收入，然而这一收入渠道使得志愿组织面临政策上的两难。为从政府手中竞投合约，志愿组织必须遵从政府的引导。如果这样做将有可能导致志愿组织丧失其独立性、志愿组织发生变化以及导致志愿组织仅在资金可达的地方起作用，而在资金不可达的地方失去其服务职能（Lewis，1993）。因此，对于志愿组织仔细界定其角色和功能是重要的，尤其是其同公共部门间的界线以及联系。以上这些问题意味着使志愿服务成为一种为人们所需要的、普遍的和全面的网络确实是困难的。因此，有必要共同努力以整合不同的福利提供者。

2.3.4　政府

学者们经常提到国家或政府不愿介入福利提供的这一特点，但同时我们也观察到公众在提供老年人福利方面的作用不断扩大，尤其体现在养老和医疗这两个政策领域。米奇利（Midgley）把这归因于社会政策制定的渐进模式（Midgley，1986）。更具体地讲，这是民主化后其合法性退化的产物。当我们提到 20 世纪 90 年代中国台湾地区和韩国的福利扩张时，显然民主是一个重要的考虑因素（Ku，1995；Kwon，1999）。唐（Tang）认为，韩国和中国台湾地区的成功经验表明，民主是影响社会福利发展的一个至关重要的因素（Tang，2000）。然而笼统地讲，伊莫加特（Immergut）提醒我们要重视制度安排的重要性："政治体制虽不能预先确定任何具体的政策结果，但政治体制可以建立战略环境，在这一战略环境中政策行动者可以做出自己的选择"（Immergut，1992）。一些学者将现有的制度安排追溯到殖民主义时期，从而关注不同殖民权力的来源，例如，英国之于中国香港特别行政区和新加坡，日本之于中国台湾地区和韩国（Jones，1990；Tang，1998）。但学者们更多的关注是在当代政策制定的不同政治背景以及法律制定和监管领域的决策者身上，包括：政党、利益集团、社会运动以及阶级联盟等。韩国学者权（Kwon）的"历史制度主义"，把政治活动和政策制定看做是政府和政党制度的体制结构条件（Kwon，1999）。也有学者在研究中国台湾地区和韩国医疗政策时采取了类似的方法（Wong，2004），并通过研究20世纪80年代和90年代福利轨迹，分析出政策路径依赖的逻辑供应关系，从而揭示了政治竞争的重要性，尤其是在医疗保险领域这一思想体现得更为明显。

2.4　对东亚地区福利制度和老龄化政策的再思考

　　东亚地区福利制度的特点以及福利在各个部门机构之间的制度安排为我们提供了一个分析框架，在此框架下我们可以比较特定国家和地区的老龄化政策，并且以此理论为依据解释老龄化政策之间的异同点。第一，文化内容中强调儒教思想的作用，并突出东亚地区福利国家和地区中家庭的重要性，因此，在老龄化政策中重点突出家庭主义（Jones，1990，1993；Rieger and Leibfried，2003）。第二，尽管二者研究内容不同，但学者们指出，东亚国家和地区生产主义的本质是关注经济增长而非社会公民福利（Holliday，2000，2005；Holliday and Wilding，2003）。因此，老龄化政策受制于经济发展战略，而经济发展战略趋向于由家庭及个人面对公共责任。第三点要说明的是，重视政治民主化因果关系的重要性，可以解释福利扩张这一现象，因为社会政策确实已经成为加强民主化国家政治合法性的有效手段。这为同样民主化的东亚国家和地区（如韩国和中国台湾地区）老年人开支的增加提供了一个线索（Ku，1995，1997；Kwon，1998；Tang，2000）。第四点的解释也有相同之处，即全球资本主义竞争的约束使得国家有能力承担更多的社会福利责任。通过这一方式，我们可以看出施加在中国台湾地区的老龄化政策发展的外部压力（Ku，2003，2004）。

　　总而言之，这些理论解释都强调了东亚福利国家和地区在体制扩张能力的重要方面，然而我们一旦将此分析聚焦于单一的政策上，很快就会遇到如何确定其具体的发展变动这一挑战。借助以上关于东亚福利国家和地区福利体系特点的描述，不能自动地描绘出老龄化政策的发展历程，前者似乎对后者的政治演变很少做出解释。问题在于理论描述的逻辑少于分析所聚焦的本质。在试图确定构成东亚福利模式的首要因素时，这些方法往往集中在国家和地区之间的制度同质化上。从而对具体的动态的老龄化政策未能给出充分的解释。为缩小这一差距，建议关注更为详细的东亚地区老龄化政策的制度分析方法，因为体制的发展是更全面地了解政治以及社会的关键。

呼吁关注政治制度并不完全是新提出的想法，早年一些学者已经运用相关理论强调东亚国家福利制度安排的突出特点（Kwon，1999；Tang，1998，2000；Hwang，2006），以及医疗政策的显著性（Wong，2004）。然而，这些研究主要关注的或者是在国家体制背景下韩国福利政策制定的历史发展进程（Kwon，1999；Hwang，2006），或者是在关于中国台湾地区和韩国医疗政策的研究中，强调医疗政策在政治竞争中政策反馈的作用（Wong，2004），也有研究强调了东亚国家或地区社会政策发展殖民主义的历史遗留问题（中国香港特别行政区和新加坡受过英国的殖民统治）（Tang，1998）。尽管主题不同，但这些研究均突出了东亚社会政策发展体制的重要性。

博洛尼（Bonoli）和新川（Shinkawa）近期计划做一项雄心勃勃的尝试，从全球角度为东亚国家和地区的养老金政策的发展注入新的动力，同时这一尝试也是相当有吸引力的（Bonoli and Shinkawa，2005）。在他们的工作中，呈现了对已有的西欧养老金政治学研究的令人感兴趣的扩展（Bonoli，2000，2003）。博洛尼和新川从制度的方法出发，认为人口老龄化的相互作用以及养老金制度的体制结构，是对存在不同老龄化政策的最好解释。他们调查了三个东亚国家和地区，并将日本和韩国归为俾斯麦类型（Bismarckian Lite family），而把中国台湾地区作为全民退休金制度尚未建立的不完整实例。对养老金改革的严密审查，揭示了这三个国家和地区间人口、经济以及政策发展还处于不同阶段，这将对养老金政策的发展产生深远的影响（Bonoli and Shinkawa，2005）。正是在这一论断的背景下，他们谨慎地摒弃了一个具有特色的东亚福利模式的构想，并且在这个区域主张养老金政策的差异化。

以上制度的研究都强调了制度对社会政策的重要性。作为核心政治领域，我们相信通过制度主义视角对老龄化政策的分析，同样可以为政策的实施产生启发，原因有两个方面。首先，鉴于东亚老龄化国家和地区的发展趋势，老龄化政策已经不同程度地受到瞩目。然而，在这一地区传统的家庭是主要的服务提供者。重组老年人福利供给，政府在承担更多的社会福利责任上面临的压力越来越大。政府到底是充当财政支持者，还是政策监管者？这就引起了对老龄化的政治态度变化这一问题，比如，为应对人口骤减这一共同挑战，东亚国家和地区的老龄化政策需要达到何种程度。更近一步，在应对人口老龄化时，我们相信政策决策过程根本上是以国家和地区的各自不同的历史和制度背景为基础进行的。只有充分考虑这些才能解释老龄化政策的结果。强调老龄化政策的背景特征，是为寻求方法以体现对人口挑战的政治制度化回应。从这一分析视角，我们可以清晰地看出东亚国家和地区的老龄化政策的不同制度发展。

2.5　社会政策研究中的制度分析

在社会科学中，"制度"这一概念被广泛应用并且其含义宽泛。其在新制度主义的标题下涵盖了广泛的学术领域，尽管这些学术领域包含各种不同的学科背景，但它们具有相似的知识重点。制度主义的影响是如此普遍，以至于学者们做出多番努力来识别不同方法之间的共同特征（DiMaggio and Powell，1991；Hall and Taylor，1996；Immergut，1998；Rhodes et al.，2006）。尽管制度看似多样化，但普遍的理解认为，制度是一种"嵌入政治或政治经济组织结构的正式和非正式的规章、准则、规范和公约"（Hall and Taylor，1996）。事实上，即使是在社会政策研究中，"福利国家"这一术语已经表明，如果对于政治制度没有一个很好的理解，那么探求社会政策的本质也将会是徒劳的。在众多有关第二次世界大战后福利国家的兴起、发展以及改革的解释中，福利机构在社会政策发展方面的重要性已经得到了广泛的认可。

2.5.1　社会政策中的利益与制度

最近几十年，有关福利国家与养老政策的研究主要是集中在制度分析上（Bonoli and Shinkawa，2005；Ku，2007；Myles and Quadagno，2002；Peng and Wong，2008；Pierson，2000）。制度分析的中心是制度，制度被认为是决定相关机构行为的有组织规则的一种持久存在，制度既是社会政策成果的重要自变量，也是依赖于政策发展的因变量。尽管制度中存在着权力关系，但是政治机构的思想倾向和利益诉求对政策的形成产生巨大影响，最终使得权力关系协调平衡机构设置，并引导着机构使政策走向向着某一模式发展。政治制度和社会政策一旦确立，对于所涉及的人来说二者的互动规则也随之被确定，随后他们的战略考虑和规范认知也将基本确立。对研究人员来说，探究政治体制结构、思想表达和政治机构利益取向之间的相互作用是至关重要的。学者们在进行制度分析时，通常认同这些制度因素是必不可少的，但学者们在有关制度影响的范围与程度方面仍然存在着分歧。

当初受到国家中心主义方法的促进，所谓国家中心主义方法是将国家制度结构用于社会政策发展的分析，政治制度的论证一直不断关注政治制度在宏观政治现象中的解释作用（Skocpol，1985；Skocpol and Amenta，1986）。政治制度最初目的只是作为克服多元主义和新马克思主义理论中的无视国家这一明显缺点的一种替代方法，（历史的）制度的描述先后改变了其分析核心，从国家这一比较狭义的概念转移到政治制度（政体）这一更为广义的理解上。比较和历史研究这一学科试图根据对政治背景和权力中心的制度影响来解释政治进程。政策制定被认为是互惠和路径依赖的过程，由此制度的初步建立便创造了特定的利益集团，而这些利益集团将会制约政策的后续发展（Skocpol，1992）。学术对制度的偏好，在养老金政策领域中也有体现。在养老金政策领域中，有多项研究探讨的便是制度对老龄化政策制定的影响。例如，奥尔洛夫（Orloff）探讨美国、英国以及加拿大的养老金政策，并得出这样的结论，制度中最为重要的三种解释因素分别是：国家能力（在税收征管方面）、政党和官僚机构的运作模式、早期政策的反馈效应（Orloff，1933）。林奇（Lynch）试图从历史制度主义的视角探讨西方福利国家的发展阶段定位情况。她认为伴有公民身份或职业原则的社会计划体制和政治竞争是辨认西方福利国家不同发展阶段社会消费模式的关键因素（Lynch，2006）。学者们还采用历史制度主义方法探究东亚福利国家和地区，并指出在历史背景下政治联盟和民主化对社会政策发展均有意义（Kim，2006；Kwon，1999；Wong，2004；Yang，2004）。这在韩国和中国台湾地区尤为突出，这两个地区已经对福利计划延伸的政治、经济和社会变革做出响应。

艾斯平–安德森（1990）在高级福利资本主义类型研究方面的开创性工作，进一步推动了学术界对于福利国家制度的研究。艾斯平–安德森从具体制度结构中的阶级变动和国家制度之间的相互作用方面解释了福利国家发展的不同轨迹。之后，学者们（包括东亚地区的学者们）更加关注嵌入在特定政治和社会结构中的社会保障制度的多样性。继艾斯平–安德森的研究之后，大量研究开始试图从理论与实证两个层面探讨不同福利家庭中这种体制特性是否存在（Arts and Gelissen，2002）。对这些学者甚至是对艾斯平–安德森来说，这种区别对了解福利国家的发展是必不可少的。虽然并不是所有学者都同意艾斯平–安德森的三个世界类型学说，但恐怕很少有人会反对它的启发价值。此外，后续有关福利国家改革的研究已经认可了艾斯平–安德森的分类法，这种分类法很好地解释了为什么不同福利体制在应对全球化压力时会表现出不同的轨迹（Huber and Stephens，2001；Iversen and Wren，1998；Scharpf and Schmidt，2000）。具体的改革路径与独特的制度逻辑和福利制度中内在的政治因素有很大关系。福利国家制度的系统惯性可以使其在经济紧缩时期支撑下去。制度分析表明，福利国家非但没有完全屈服于环境的挑战，反而一直在寻求利用自身的体制优势来适应新的环境。

部分不满足于艾斯平–安德森的福利国家类型分类的学者，努力尝试确定东亚福利体制的独特类型（Ku，2007）。他们批评"福利国家"是与西方国家普遍实行的资本主义民主相伴的狭隘认识。因为在西方国家自动地将其他国家排除在讨论之外。如果研究人员仅仅将注意力集中在国家的制度供给上，那么他们一定会忽略东亚国家和地区作为管理者的特点。东亚地区在这一领域的贡献主要集中在东亚福利国家和地区的历史发展以及制度安排同西方国家有所不同，这明显表现在对家庭福利、分类区别的社会保险制度以及对核心雇员（公务员、现役军人等）的保障方案的强调上。

这些研究结果表明，随着时间的推移，福利国家的制度基础已经具有自我强化和抵抗能力。在"新政治"专栏中，皮尔逊（Pierson）提出了一个有影响力的观点，认为福利国家形成之后的政治，与福利国家形成发展阶段的政治，二者之间有着本质区别（Pierson，1994，2001）。在福利国家形成和发展的过程中，政治家们因引进新的社会安排而邀功；反之，削减社会福利的政治家们则备受指责。此外，政策反馈的政治效应，或者是在长期规划和养老金政策制度中显现的"锁定"效应，对政策制定过程来说非常重要。最近，欧洲福利国家养老金制度改革的研究探索出了一种促进改革进程形成的方式。在这一方式下改革进程由制度设置、协商一致的政治策略和以往改革的遗留问题共同推动而形成。这样不仅可以摆脱路径依赖，还可以将拥有成熟的养老金现收现付制的国家同那些主要采用基金制养老金方案的国家区别开来（Bonoli，2003；Hinrichs，2001；Myles and Pierson，2001）。他们认为，在随后的时期内，不同的出发点将对政策轨迹产生本质上的影响。基于这些见解，我们能够更好地了解西欧养老金制度中隐含的不同改革逻辑。

在社会政策领域，对政治行动者的战略互动的压力，也引起了对政治过程中组织行为者作用的关注。权力方认为，普惠式福利国家的形成与劳工运动及相关的力量二者之间的关系，便是一个经典的案例（Esping-Andersen，1985；Korpi，1989）。后来福利国家发展的分类模式得到修正，修正后的模式不仅重视斯堪的纳维亚半岛的农民（Baldwin，1990）、拥有宗教背景的多阶级政党（van Kersbergen，1995），而且还寻求权力与路径依赖的结合（Huber and Stephens，2001）。此外，最近的研究超越了由先前学者提出的资本家和劳工之间对立的传统观念，对福利国家的资本主义基础进行深入研究。在这一新的研究方向，学者们主张，企业可能并不总是像传统设想的那样妨碍了福利扩张，一旦企业认识到，社会安排可以帮助企业将劳动成本转嫁给公众，或帮助其削弱采用低工资、低价格战略的竞争对手的实力，企业宁愿寻求形成跨阶级联盟（Mares，2003；Swenson，2002）。这种视角最近被应用于东亚社会和养老政策的研究之中，于是学者开始探索商业力量和社会保障之间的因果关系（Choi，2008；Estevez-Abe，2008；Sook，2004）。

总之，尽管不同组织行动者有各种缺陷，但他们对制度起源和福利国家变化的影响是毋庸置疑的。出于对组织利益的考虑，组织有可能支持或反对社会政策，这对福利国家紧缩政治同样很重要。这类研究包括：日本养老政治中所涉及的政治家是如何试图通过实现养老裁员从而避免责任的（Shinkawa，2005）；中国台湾地区在不同政策阶段的行动者是如何达成养老金政策结果的（Lin，2002，2005）；韩国的政治家如何应对不断变化的人口结构和社会变革，从而体现出养老金改革的制度路径，促进国家养老政治的建立（Hwang，2006，2007）。政府官员和主要利益集团之间的合作或冲突，可以在很大程度上控制养老金政策的紧缩力度。

最近，针对发达经济体的经济和社会政策体制的适应性研究，给制度分析方法带来了一个新的转折点。"资本主义类型"（VoC）分析方法既强调资本主义在生产体制和福利安排等不同制度形式的互补性，同时也承担着协调国家同产业、企业之间的责任（Hall and Soskice，2001；Hancke et al.，2007）。基于以上观点，一个独特的类型——涵盖大部分欧洲大陆国家的"协调市场经济"（CME）类型——被分离出来，这一独特类型不同于主要包括英国和美国的"自由市场经济"（LME）类型。"资本主义类型"分析方法认为，市场经济体制的互补性将在多个方面产生比较制度优势的不同逻辑，从而引起经济和社会领域的多元化表现。一般来说，社会政策与老龄化（或养老政策）的特点更要权衡好制度中劳资关系、金融部门以及行业企业组织的背景。因此，协调市场经济下的社会养老福利已成为一个有效的政策工具，它鼓励员工学习专业技能，从而支持雇主追加投资来提升培训计划。相反，"自由市场经济"下的法定养老方案是刻意保持适度，以维持一个灵活的劳动力市场。在这个灵活的劳动力市场中，技能的形成更多的是落在个人身上而不是企业上。本质上讲，"资本主义类型"分析方法强调的是制度的稳定性，而不是改变性。因为市场经济体制的互补性会使得包括养老金改革在内的任何激进政策难以实施。任何社会政策改革只有符合生产和福利制度的大背景才能取得成功。

"资本主义类型"分析方法的思想不仅使得"生产体制"和"福利制度"的关系突显出来，而且它近来越来越支撑东亚的社会政策。事实上，在东亚福利国家国有企业的地位早已稳固，这几乎是司空见惯的。但 VoC 方法的最新研究给国家鼓励并支持由大企业替代公共福利项目的职业福利计划的设立方式提供了一种新的见解（Choi，2008；Sook，2004）。此外，企业部门的偏好取决于国家的政治制度和技能体系之间的配置，因为后者在很大程度上影响了前者的发展战略（Estevez-Abe，2008）。在这些条件下，大企业有充足的理由看好职业培训计划或公共福利带来的好处以支持长期忠诚的雇佣关系，如日本和德国（Streeck and Yamamura，2001）。这些研究表明，尽管 VoC 思想在东亚社会政策的应用尚处于起步阶段，但这一理论方法有很大的解释潜力，值得学者进一步探讨。

总的来说，学者们争辩的焦点在于福利国家应该扩张福利还是紧缩福利。目前，学者们的兴趣已经集中在政治体制对社会政策发展的影响上。现有关于养老制度改革的研究成果进一步支持了这一观点，因为不同的养老体系导致了不同的发展轨迹。与此同时，学者们注意到，尽管体制特征影响政策制定、政治竞争，比如决策者之间的观念斗争和利益冲突，但它始终扮演着重要的角色。这些使得制度研究聚焦在政治制度互动过程中的利益和有关社会政策的理念上。

2.6　社会政策中的思想与制度

受组织社会学的新制度主义启发，观念制度主义标志着认知向社会科学转变，与认知不同，社会科学强调在制度中要遵守规则（DiMaggio and Powell，1991）。从本质上讲，制度蕴含着公开承认规范这一理念，而这种理念给社会行为赋予了意义。政治制度实施的规范和程序影响到了其成员，促使这些成员根据恰当的逻辑来做出决定（March and Olsen，1989）。有效识别既定理念可以大大提高政治行动者决定的合法性，因为在其他人看来，他们的行为是一致的。然而下面要介绍的已有的规范性观念、政治机构再现了制度中相应的规范，后续的相应事件又强化了它们的规范权力。

　　制度的这种观念层面已经逐渐被社会政策学者所认识（Beland，2005；Berman，2001；Blyth，1997；Campbell，2002；Hall，1993；Lieberman，2002）。然而早期的研究关注的是福利国家制度建设的历史渊源，却很少有人注意到福利制度规范性这些基础因素，而这些因素同制度建设的历史渊源是同等重要的，最近该因素引起了研究者的特别关注。在福利国家制度变迁的基础上，这一领域的研究人员突出强调了规范性观念的重要性。思想和制度的相互作用影响了福利国家的出现（Hall，1989；Rueschemeyer and Skocpol，1996）。社会行动者的理念是坚持认为他们那个时代的社会问题是真实存在的，且这种社会观念深深地植根于福利国家的制度特质之中[1]。通常现代化进程中的"社会问题"被认为是全神贯注的智力思维和政治话语的过程，关注智力思维与政治话语的社会问题成为随后几十年里福利国家发展的主要参考框架（Heclo，1995；Kaufmann，2003）。里格尔（Rieger，1992）采用马克斯·韦伯（Max Weber）的"择亲"（*Wahlverwandtschaft*）术语来表示福利国家同相应的"社会问题"之间的密切关系，认为福利制度在很大程度上是对某些指导政治机构集体行动的社会观念（社会知识）的具体体现。

　　然而财政紧缩的压力越来越大，不同规范背景的学术和政治阵营之间的思想斗争引领了近几十年福利国家的改革轨迹。在这个过程中，激进改革需要必要的智慧以排除政治障碍，现有福利制度的固有思想成为激进改革的敌手。通常情况下，福利国家制度变迁的结果取决于已有思想是否有实力战胜新的挑战。在一定政治环境下的国家改革对于一些思想战胜其他思想起着重要的作用（Blyth，2002；Cox，2001；Taylor-Gooby，2005）。政策思想的兴衰取决于它们在制度设置中的嵌入程度以及它们之间的互动过程。一旦政策思想长期出现在公开辩论中，那么依据制定政策辩论的背景、限制他们认为相关的替代品的范围，政策思想便会适应行动者的认知图。因此，观念制度主义学者认为"思想的路径依赖"指的是制度连续性的理解力方面（Blyth，2001，2002；Cox，2004）。

　　在改革阶段，政策思想的争论表现在话语上，即行动者对问题与旨在解决政策问题的政治方案的争辩上。由政治家提出的话语结构和内容的分析，在以思想为中心的制度主义中占据着主要位置（Beland，2007；Schmidt，2002，2006；Shi，2006）。从本质上讲，话语牵涉了认知维度这一概念，这里所说的认知维度主要由社会问题和社会问题旨在解决的适当的政策方案在内的主观感知构成。然而话语的规范性却较少关注政策解决方案实施的效果，反倒更多地关注社会价值体系的合理性。在政治沟通中，如果不存在冲突，那么话语的多样化被用来传达不同问题以及相应的政策建议。话语的成功取决于它们遵守社会规范的程度，并且它的成功使其获得合法权而去否定其他竞争政策思想。因此，为评估社会政策思想的影响，对某种制度环境中的政治行动者之间的话语互动分析是必要的。

对话语作用的重视，同样也引起了欧盟社会政策研究的共鸣。由于欧盟政治体制中存在着权力分化，且成员国不愿让渡自己在这一领域的主权，所以超国家层面的社会政策的统一性是不可行的 (Leibfried，2005)。为了获得在话语领域的影响力，欧盟已经制定了相应的治理模式，即开放协调方法 (the open method of coordination，OMC)。该方法旨在鼓励其成员国之间自愿合作且遵守欧盟指引，从而免去法定处罚。但事实上，OMC 这一话语治理方法，可以让欧盟开展充分表达话语的新思想运动，从而使得各成员国的社会政策以欧盟为基准 (Jacobsson，2004)。因此，尽管欧盟怀疑其成员国可能掩盖其不遵守规则的行为，但 OMC 的扩散效应仍然得到了学者们的广泛认可 (Borras and Jacobsson，2004；de la Porte and Pochet，2002；Schmidt，2006)。

欧盟的思想治理方针也体现在其养老政策当中。从形式上讲，欧盟从 2002 年开始在养老保障领域推出 OMC，并指出养老改革的必要性。此外，欧盟认为养老改革要实现养老保障的现代化、公共和私人养老金的可持续性、养老福利的充足性以及养老系统对不断变化的社会模式的适应性等中心目标。通过基准确定、指标建设以及国家行为的定期审查等方式，欧盟已开始运行这种具有自我强化功能的话语机制，从而指导成员国的养老改革符合规范。一定程度上是由于缺乏可靠的统计数据来证明观念的影响程度，因此学者们始终还是怀疑整个过程的真实效果。但欧盟至少已经掌握了一个论坛，且该论坛的诡辩思想能够为左右国家养老政治提供理论基础 (Eckardt，2005；Schmahl，2005)。

欧洲的经验揭示了作为国家政策变化根源的外部行动者的思想影响力之大。东亚国家和地区也期望欧洲同行们的政策思想能够为自身解决人口老龄化提供指导。这样的背景给国际组织提供了一个参与发展中国家养老改革政策咨询报告的机会。为了扩大他们的知识和政治影响力，学者们正致力于研究东亚国家和地区政策思想的扩散。著名的例子是世界银行在 1994 年出版的《避免老龄化危机：保护老年人与促进增长的政策》(*Averting the Old Age Crisis：Policies to Protect the Old and Promote Growth*)，此书一经出版立即引起一场有关养老改革的国际争论 (Queisser，2002)。事实上，早在 20 世纪 90 年代，世界银行以独特的新自由主义的方法得到了参与东欧和中国养老改革的政策制定者们的广泛支持。之所以会得到广泛支持，部分原因是该方法与这些国家的替代社会主义福利思想有关。另外，国家决策者的认知框架在一定程度上决定了其对外国思想的接受程度。因此，现有的制度框架和行动者对某些政策取向的偏好可以深刻地影响政策制定过程中引进政策思想的机会[2]。

综上所述，我们认为思想是一个必要的推进器，其作用不仅表现在政策模拟上，而且也体现在政策创新上。在东亚环境下意识到观念和制度之间的联系，可以保证社会和老龄化政策的变革富有成效，因为政策的学习可以从外至内发生。事实上在一些东亚国家和地区中，政策制定者更倾向于回首自身的历史经验而不是借鉴外国经验。尤其在这种环境下，政治精英的参考的认知框架对引领政治方向有着重要作用，并且对政策制定产生深远影响。东亚社会政策的研究者已经运用这一方法进行初步尝试，但结果仍不全面（Hwang，2006；Lin，2001；Shi，2006）。从传统的生产发展主义转向更为成熟的国家福利主义，思想影响这一主题比以往需要更多的理论阐述和实证证明（Kim，2008；Kwon，2005；Peng and Wong，2008）。因此，这一领域有足够的空间开展进一步的探讨。

2.7 结论

东亚是老龄化进程的后发地区，大体上这一地区的福利是在其历史和文化背景下发展起来的，特别是针对现有的体制安排。市场、社区、家庭、志愿机构以及政府之间的机构配置使我们对特定国家和地区的老龄化政策有了一定的了解，本章同样揭示了老龄化政策的导向，尤其是谁该为老年人福利承担更多责任。像政治、利益以及思想观念等制度安排可以帮助我们解释老龄化政策的变革，这些制度安排特点如下：

（1）随着时间的推移发生变化并且相应的解释也随之变化；

（2）政治进程设置和修改政策议程；

（3）政治和社会联盟支持或反对政策革新；

（4）外部行动者的参与，例如国际组织。

总之，无论是欧洲的还是东亚的福利国家和地区，研究理念在政策制定过程中的作用越来越大，学者们已经着手展现理念影响的范围以及程度。尤其针对东亚的老龄化政策，理念这一视角可能至关重要，因为政策的学习往往需要观念的扩散和制度的同构。同理，我们也应该探讨政策构想方式，最重要的是政治行动者应给出相应的解释。因为政策的结果基本上是关于特定社会问题和解决方案的人的认知产物。同时，如果我们想要更好地理解东亚的老龄化政策，那么制度环境同政治争论同等重要。因此，分析东亚的社会政策和老龄化政策，从制度分析方法中获益颇大，其中，制度分析方法强调了政治的变化，制度塑造了政治能力和关键参与者的认知取向。

2.8 注释

1.作为政治意识形态的基督教教义（天主教以及新教）和福利国家的诞生二者之间的历史关系是一个特例（Kaufmann 1998；van Kersbergen 1995；Manow 2002）。众所周知，在任何国家社会政策形成之前，基督教组织的穷人救济制度为福利的提供发挥了重要作用。

2.例如，林（Lin，2001）分析了中国学者是如何趋向于感知西方福利国家。他在研究中揭示，中国学者相比于他们的斯堪的纳维亚同行，更倾向于对斯堪的纳维亚的福利制度的可持续性持批评态度，从而忽略了深深植根于它的历史发展中的文化价值观（团结互助、公平）。之所以存在这样的偏见，部分原因是中国福利改革中新自由主义学说的作用。

2.9 参考文献

胡仕勇.制度嵌入性：制度形成的社会学解读[J].理论月刊，2013（3）.

郭林，费中正.制度嵌入性与个体化社会政策：全民医保的社会整合研究[J].学海，2014（1）.

徐艳晴.艾斯平-安德森的社会福利方法论[J].苏州大学学报，2011（4）.

Arts, W.and Gelissen, J.（2002）'Three Worlds of Welfare Capitalism or More? A State-of-the-Art Report', *Journal of European Social Policy*, 12, 2, 137-158.

Baldwin, P.（1990）*The Politics of Social Solidarity.Class Bases of the European Welfare State 1875-1975*, Cambridge: Cambridge University Press.

Béland, D.（2005）'Ideas and Social Policy: An Institutionalist Perspective', *Social Policy and Administration*, 39, 1, 1-18.

Béland, D.（2007）'The Social Exclusion Discourse: Ideas and Policy Change', *Policy and Politics*, 35, 1, 123-139.

Berman, S.（2001）'Ideas, Norms, and Culture in Political Analysis', *Comparative Politics*, 33, 1, 231-250.

Blyth, M.（1997）'Any More Bright Ideas? The Ideational Turn of Comparative Political Economy', *Comparative Politics*, 29, 2, 229-250.

Blyth, M.（2001）'The Transformation of the Swedish Model: Economic Ideas, Distributional Conflict, and Institutional Change', *World Politics*, 54, 1, 1-26.

Blyth, M.（2002）*Great Transformations: Economic Ideas and Institutional Change in the Tweniteth Century*, Cambridge: Cambridge University Press.

Bonoli, G.（2000）*The Politics of Pension Reform: Institutions and Policy Change in Western Europe*, Cambridge: Cambridge University Press.

Bonoli, G.（2003）'Two Worlds of Pension Reform in Western Europe', *Comparative Politics*, 35, 4, 399-416.

Bonoli, G.and Shinkawa, T.（2005）*Ageing and Pension Reform Around the World: Evidence from Eleven Countries*, Cheltenham: Edward Elgar.

Borrás, S. and Jacobsson, K.（2004）'The Method of Open Coordination and New Governance Patterns in the EU', *Journal of European Public Policy*, 11, 2, 185-208.

Campbell, J.L. (2002) 'Ideas, Politics, and Public Policy', *Annual Review of Sociology*, 28, 21-38.

Choi, Y.J. (2008) 'Pension Policy and Politics in East Asia', *Policy and Politics*, 36, 1, 127-144.

Chow, N.W.S. (1987) 'Western and Chinese Ideas of Social Welfare', *International Social Work*, 30, 1, 31-41.

Cox, R. (2004) 'The Path-dependency of an Idea: Why Scandinavian Welfare States Remain Distinct', *Social Policy and Administration*, 38, 2, 204-219.

Cox, R.H. (2001) 'The Social Construction of an Imperative: Why Welfare Reform Happened in Denmark and the Netherlands but Not in Germany?', *World Politics*, 53, 3, 463-498.

Department of Statistics, Ministry of Interior Affairs (DSMIA) (2000) *A Survey of the Livelihood Conditions for the Taiwanese Citizens, 2000*, Taipei: DSMIA. (In Chinese)

DiMaggio, P.and Powell, W.W. (1991) 'Introduction', in W.W. Powell and P. DiMaggio (eds) *The New Institutionalism in Organizational Analysis*, pp.1-38, Chicago: University of Chicago Press.

Directorate-General of Budget, Accounting and Statistics (DGBAS) (1999) *A Survey on Social Development in Taiwan, 1998*, Taipei: DGBAS. (In Chinese)

Eckardt, M. (2005) 'The Open Method of Coordination on Pensions: An Economic Analysis of Its Effects on Pension Reforms', *Journal of European Social Policy*, 15, 3, 247-267.

Esping-Andersen, G. (1985) *Politics against Markets*, Princeton, NJ: Princeton University Press.

Esping-Andersen, G. (1990) *The Three Worlds of Welfare Capitalism*, Cambridge: Polity Press.

Esping-Andersen, G. (1996) 'After the Golden Age? Welfare State Dilemmas in a Global Economy', in G.Esping-Andersen (ed.) *Welfare States in Transition: National Adaptations in Global Economies*, pp.1-31, London: Sage.

Estevez-Abe, M. (2008) *Welfare and Capitalism in Postwar Japan: Party, Bureaucracy and Business*, Cambridge: Cambridge University Press.

Gough, I. (2004) 'East Asia: The Limits of Productivist Regimes', in I.Gough and G.Wood (eds) *Insecurity and Welfare Regimes in Asia, Africa and Latin America: Social Policy in Development Contexts*, pp.169-201, Cambridge: Cambridge University Press.

Hall, P.A. (ed.) (1989) *The Political Power of Economic Ideas: Keynesianism across Nations*, Princeton, NJ: Princeton University Press.

Hall, P.A. (1993) 'Policy Paradigms, Social Learning, and the State: The Case of Economic Policymaking in Britain', *Comparative Politics*, 25, 3, 275-296.

Hall, P.A. and Taylor, R.C.R. (1996) 'Political Science and the Three New Institutionalisms', *Political Studies*, 44, 4, 936-957.

Hall, P.A. and Soskice, D. (2001) 'An Introduction to Varieties of Capitalism', in H.A.Hall and D.Soskice (eds) *Varieties of Capitalism: The Institutional Foundations of Comparative Advantage*, pp.1-68, New York: Oxford University Press.

Hancke, B., Rhodes, M.et al., (2007) *Beyond Varieties of Capitalism: Conflict, Contradiction, and Complementarities in the European Economy*, Oxford: Oxford University Press.

Heclo, H. (1995) 'The Social Question', in K.McFate, R.Lawson et al., (eds) *Poverty, Inequality, and the Future of Social Policy: Western States in the New World Order*, pp.665-691, New York: Russell Sage Foundation.

Hinrichs, K. (2001) 'Elephants on the Move: Patterns of Public Pension Reform in OECD Countries', in S.Leibfried (ed.) *Welfare Stare Futures*, pp.77-102, Cambridge: Cambridge University Press.

Holliday, I. (2000) 'Productivist Welfare Capitalism', *Political Studies*, 48, 4, 706-723.

Holliday, I. (2005) 'East Asian Social Policy in the Wake of the Financial Crisis: Farewell to Productivism?', *Policy and Politics*, 33, 1, 145-162.

Holliday, I.and Wilding, P. (eds) (2003) *Welfare Capitalism in East Asia: Social Policy in the Tiger Economies*, Basingstoke: Palgrave Macmillan.

Huber, E.and Stephens, J.D. (2001) *Development and Crisis of the Welfare State: Parties and Policies in Global Markets*, Chicago: University of Chicago Press.

Hwang, G.-J. (2006) *Pathways to State Welfare in Korea: Interests, Ideas and Institutions*, Aldershot: Ashgate.

Hwang, G.-J. (2007) 'The Rules of the Game: The Politics of National Pensions in Korea', *Social Policy & Administration*, 41, 2, 132-147.

Immergut, E.M. (1992) *Health Politics: Interests and Institutions in Western Europe*, Cambridge: Cambridge University Press.

Immergut, E.M. (1998) 'The Theoretical Core of the New Institutionalism', *Politics and Society*, 26, 1, 5-34.

Iversen, T.and Wren, A. (1998) 'Equality, Employment, and Budgetary Restraint: The Trilemma of the Service Economy', *World Politics*, 50, July, 507-546.

Jacobsson, K. (2004) 'Soft Regulation and the Subtle Transformation of States:

The Case of EU Employment Policy', *Journal of European Social Policy*, 14, 4, 355–370.

　　Johnson, N. (1987) *The Welfare State in Transition: The Theory and Practice of Welfare Pluralism*, Brighton: Wheatsheaf.

　　Jones, C. (1990) 'Hong Kong, Singapore, South Korea and Taiwan: Oikonomic Welfare States', *Government and Opposition*, 25, 4, 447–462.

　　Jones, C. (1993) 'The Pacific Challenge: Confucian Welfare State', in C.Jones (ed.) *New Perspectives on the Welfare State in Europe*, pp.198– 217, London: Routledge.

　　Kaufmann, F.-X. (1988) 'Christentum und Wohlfahrtsstaat', *Zeitschrift für Sozialreform*, 34, 2, 65–89.

　　Kaufmann, F.-X. (2003) *Varianten des Wohlfahrtsstaats: Der deutsche Sozialstaat im internationalen Vergleich*, Frankfurt/M: Suhrkamp Verlag.

　　Kersbergen, K.van (1995) *Social Capitalism: A Study of Christian Democracy and the Welfare State*, London and New York: Routledge.

　　Kim, S. (2006) 'Towards a Better Understanding of Welfare Policy Development in Developing Nations: A Case Study of South Korea's Pension System', *International Journal of Social Welfare*, 15, 1, 75–83.

　　Kim, Y.-M. (2008) 'Beyond East Asian Welfare Productivism in South Korea', *Policy and Politics*, 36, 1, 109–125.

　　Korpi, W. (1989) 'Power, Politics, and State Autonomy in the Development of Social Citizenship: Social Rights during Sickness in eighteen OECD Countries since 1930', *American Sociological Review*, 54, 3, 309–328.

　　Ku, Y.-W. (1995) 'The Development of State Welfare in the Asian NICs with Special Reference to Taiwan', *Social Policy and Administration*, 29, 4, 345–364.

　　Ku, Y.-W. (1997) *Welfare Capitalism in Taiwan: State, Economy and Social Policy*, Basingstoke: Macmillan.

　　Ku, Y.-W. (2000) 'A Survey of Economic Security for the Elderly in Taiwan', *Health, Welfare and Environment Magazine*, 12, 43–45. (In Chinese)

　　Ku, Y.-W. (2001) 'To Be or Not To Be a Taiwanese Welfare State: Lessons from Recent Experience', in C.J.Finer (ed.) *Comparing the Social Policy Experience of Britain and Taiwan*, pp.27–47, Aldershot: Ashgate.

　　Ku, Y.-W. (2003) 'Social Security', in I.Holliday and P.Wilding (eds) *Welfare Capitalism in East Asia: Social Policy in the Tiger Economies*, pp.128–160, Basingstoke: Palgrave Macmillan.

　　Ku, Y.-W. (2004) 'Is There a Way Out? Global Competition and Social Reform in Taiwan', *Social Policy and Society*, 3, 3, 311–320.

Ku, Y.-W.with C.J.Finer （2007）'Developments in East Asian Welfare Studies', *Social Policy and Administration*, 41, 2, 115-131.

Kwon, H.-J. （1998）'Democracy and the Politics of Social Welfare: A Comparative Analysis of Welfare Systems in East Asia', in R.Goodman, G.White and H.-J.Kwon （eds） *The East Asian Welfare Model: Welfare Orientalism and State*, pp.27-74, London: Routledge.

Kwon, H.-J. （1999） *The Welfare State in Korea: The Politics of Legitimation*, Basingstoke: Macmillan.

Kwon, H.-J. （ed.）（2005） *Transforming the Developmental Welfare State in East Asia*, New York: Palgrave Macmillan.

Leibfried, S. （2005）'Social Policy: Left to the Judges and the Markets?', in H. Wallace, W.Wallace and M.A.Pollack （eds） *Policy-Making in the European Union*, pp.243-278, Oxford: Oxford University Press.

Lewis, J. （1993）'Developing the Mixed Economy of Care: Emerging Issues for Voluntary Organizations', *Journal of Social Policy*, 22, 2, 173-192.

Lieberman, R.C. （2002）'Ideas, Institutions, and Political Order: Explaining Political Change', *American Political Science Review*, 96, 4, 697-712.

Lin, C.-W. （2002）'The policymaking Process for the Social Security System in Taiwan: The National Health Insurance and National Pension Program', *The Developing Economies*, XL, 3, 327-358.

Lin, C.-W. （2005）'Pension Reform in Taiwan: The Old and the New Politics of Welfare', in G.Bonoli and T.Shinkawa （eds） *Ageing and Pension Reform Around the World: Evidence from Eleven Countries*, pp.182-207.Cheltenham: Edward Elgar.

Lin, K. （2001）'Chinese Perceptions of the Scandinavian Social Policy Model', *Social Policy and Administration*, 35, 3, 321-340.

Lynch, J. （2006） *Age in the Welfare State: The Origins of Social Spending on Pensioners, Workers, and Children*, Cambridge: Cambridge University Press.

Manow, P. （2002）'The Good, the Bad, and the Ugly: Esping-Andersens Sozialstaats-Typologie und die konfessionellen Wurzeln des westlichen Wohlfahrtsstaates', *Kölner Zeitschrift für Soziologie und Sozialpsychologie*, 54, 2, 203-225.

March, J.and Olsen, J. （1989） *Rediscovering Institutions: The Organizational Basis of Politics*, New York and London: Free Press.

Mares, I. （2003） *The Politics of Social Risk: Business and Welfare State Development*, Cambridge: Cambridge University Press.

Midgley, J. （1986）'Industrialization and Welfare: the Case of the Four Little Tigers', *Social Policy and Administration*, 20, 3, 225-238.

Myles, J.and Pierson, P. (2001) 'The Political Economy of Pension Reform', in P.Pierson (ed.) *The New Politics of the Welfare State*, pp.305–333, Oxford: Oxford University Press.

Myles, J.and Quadagno, J. (2002) 'Political Theories of the Welfare State', *Social Service Review*, 76, 1, 34–57.

Orloff, A. (1993) *The Politics of Pensions: A Comparative Analysis of Britain, Canada, and the United States, 1880—1940*, Madison, WI: University of Wisconsin Press.

Peng, I.and Wong, J. (2008) 'Institutions and Institutional Purpose: Continuity and Change in East Asian Social Policy', *Politics and Society*, 36, 1, 61–88.

Pierson, P. (1994) *Dismantling the Welfare State? Reagan, Thatcher and the Politics of Retrenchment*, Cambridge: Cambridge University Press.

Pierson, P. (2000) 'Three Worlds of Welfare State Research', *Comparative Political Studies*, 33, 6/7, 791–821.

Pierson, P. (ed.) (2001) *The New Politics of the Welfare State*, Oxford: Oxford University Press.

Porte, C.de la and Pochet, P. (eds.) (2002) *Building Social Europe through the Open Method of Coordination*, Brussels: PIE-Peter Lang.

Queisser, M. (2000) 'Pension Reform and International Organizations: From Conflict to Convergence', *International Social Security Review*, 53, 2, 31–45.

Rhodes, R.A.W., Binder, S.A.et al., (eds) (2006) *The Oxford Handbook of Political Institutions*, Oxford: Oxford University Press.

Rieger, E. (1992), Strategien der Institutionenbildung. Über die Bedeutung von Wahlverwandtschaften im Prozess der Entstehung des Wohlfahrtsstaates', *Journal für Sozialforschung*, 32, 2, 157–175.

Rieger, E.and Leibfried, S. (2003) *Limits to Globalization: Welfare States and the World Economy*, Cambridge: Polity Press.

Rueschemeyer, D.and Skocpol, T. (eds) (1996) *States, Social Knowledge, and the Origins of Modern Social Policies*, Princeton, NJ: Princeton University Press.

Scharpf, F.W.and Schmidt, V.A. (eds) (2000) *Welfare and Work in the Open Economy: From Vulnerability to Competitiveness Vol.1*, Oxford: Oxford University Press.

Schmähl, W. (2005) *Nationale Rentenreformen und die Europäische Union - Entwicklungslinien und Einflusskanäle*, ZeS Working Paper 03/2005, University of Bremen.

Schmidt, V.A. (2002) *The Futures of European Capitalism*, Oxford: Oxford University Press.

Schmidt, V.A. (2006) *Democracy in Europe: The EU and National Policies*, Oxford: Oxford University Press.

Shi, S.-J. (2006) 'Left to Market and Family-Again? Ideas and the Development of the Rural Pension Policy in China', *Social Policy and Administration*, 40, 7, 791–806.

Shih, C. - Y. (1997) 'The Implementation of Privatization: Current Status, Problems, and Strategies', *Community Development Journal* (*Quarterly*), 80, 37–55. (In Chinese)

Shinkawa, T. (2005) 'The Politics of Pension Reform in Japan: Institutional Legacies, Credit Claiming and Blame Avoidance', in G.Bonoli and T.Shinkawa (eds) *Ageing and Pension Reform Around the World: Evidence from Eleven Countries*, pp.157–181.Cheltenham: Edward Elgar.

Skocpol, T. (1985) 'Bringing the State Back: Strategies of Analysis in Current Research', in P.B.Evans, D.Rueschemeyer and et al., (eds) *Bringing the State Back In*, pp.3–43, Cambridge: Cambridge University Press.

Skocpol, T. (1992) *Protecting Soldiers and Mothers: The Political Origins of Social Policy in the United States*, Cambridge, MA: Harvard University Press.

Skocpol, T.and Amenta, E. (1986) 'States and Social Policies', *Annual Review of Sociology*, 12, 131–157.

Sook, W. - M. (2004) 'Explaining Early Welfare Policies in South Korea: Focusing on the Nexus between the State and the Business Sector', *Development and Society*, 33, 2, 185–206.

Streeck, W.and Yamamura, K. (eds) (2001) *The Origins of Nonliberal Capitalism: Germany and Japan in Comparison*, Ithaca and London: Cornell University Press.

Swenson, P.A. (2002) *Capitalists Against Markets: The Making of Labor Markets and Welfare States in the United States and Sweden*, Oxford: Oxford University Press.

Tang, K.-L. (1998) *Colonial State and Social Policy: Social Welfare Development in Hong Kong 1842—1997*, Lanham, MD: University Press of America.

Tang, K. - L. (2000) *Social Welfare Development in East Asia*, Basingstoke: Palgrave Macmillan.

Taylor - Gooby, P. (ed.) (2005) *Ideas and Welfare State Reform in Western Europe*, Basingstoke: Palgrave Macmillan.

Uzuhashi, T.K. (2001) 'Japan: Bidding Farewell to the Welfare Society', in P. Alcock and G.Craig (eds) *International Social Policy*, pp.104– 123, Basingstoke: Palgrave Macmillan.

Wong, J. (2004) *Healthy Democracies: Welfare Politics in Taiwan and South*

Korea, Ithaca, NY: Cornell University Press.

Yang, J.-J. (2004) 'Democratic Governance and Bureaucratic Politics: A Case of Pension Reform in Korea', *Policy and Politics*, 32, 2, 193–206.

第 3 章

中国老年人的收入保障：人口老龄化的挑战

陈小红　傅从喜

3.1　引言

　　无论是从领土面积还是从人口规模来看，中国都是一个大国。中国的领土面积仅次于俄罗斯、加拿大和美国，位居世界第四位。作为世界上人口最多的国家，其人口数约占世界总人口的 1/5。到 2007 年，其人口已超过 13.2 亿，这一人口规模远超过欧洲和北美人口总和（美国人口普查局，2008）。仅仅是上面提及的面积和人口这两个因素已经足以使中国成为世界上举足轻重的国家。

　　1949 年新中国成立之初，中国意图建立一个以马克思主义学说为基础的共产主义国家，人们"各尽其能、按需分配"。直到 20 世纪 80 年代后期，中国采取严格的计划经济制度，自由市场几乎不存在，由国家分配工作，并且由政府或国有企业（SOEs）提供社会保障。直到 1978 年经济改革，中国才实行对外开放。

　　1978 年开始实行的对外开放政策给中国带来了显著的经济增长。据统计数据显示，1978 年至 2004 年，在城市地区未经调整的人均收入增加了 27 倍，在农村地区增加了 22 倍（Zhao and Guo，2007）。在过去的 5 年，全球经济增长的约 1/4 源于中国经济的贡献（国际货币基金组织，2008）。

　　然而，在取得巨大经济成就的背后，中国也面临着严峻挑战。快速的经济增长给诸如劳动力市场、家庭、社会生活等领域带来了巨大变化。这些变化共同导致中国迫切需要建立一个完善的社会保障体系。人口老龄化进一步使这一问题变得复杂。

　　中国政府充分认识到，建立一套完善的养老保障制度以应对人口老龄化的重要性。在过去的 10 年间，国家成立了高层委员会和促进组织，就人口老龄化问题制定重大战略和方针。中国在收入保障体系和医疗保健体系领域也都进行了重大改革，法律也作出相应修订以加强家庭赡养老人的义务。

　　本章主要包含四部分，第一部分是中国的人口发展趋势和老年人口基本状况，第二部分对中国重要的老龄化政策进行分析，第三部分针对未来中国老龄化政策所面临的挑战进行讨论，最后是结论。

3.2 中国的人口发展趋势和老年人口基本状况

3.2.1 独生子女政策和人口老龄化

相比于西方国家和东亚的其他国家和地区，中国的人口结构还是相对年轻的。2005年，中国人口的年龄中位数是32.6，位列世界第57位（联合国，2008）。2000年人口普查数据显示，65岁及以上老年人口数量占总人口的7.1%，而20世纪70年代中期这一比例为4.9%（Wang and Mason，2007）。尽管目前中国的老年人口比例是适中的，但是老年人口的绝对数量是庞大的。2000年中国65岁及以上老年人口数量已达到8 790万人，同年德国总人口为8 220万人，中国老年人口规模超过德国的总人口规模（联合国，2002；美国人口普查局，2008）。

中国人口迅速老龄化产生的问题已经凸显，根据预测，到2030年65岁及以上老年人口的比例将翻倍，达到14.9%（R.S.England，2005）。这主要是由于预期寿命的延长和生育率下降。中国人口的预期寿命正迅速接近发达国家的水平。在中国，1949年出生的男性和女性当时的预期寿命分别是41.3和44.8岁，1995年这一指标数值分别增长到68.1岁和71.8岁。这表明在不到半个世纪的时间内中国人的平均寿命延长了26年。由于寿命的显著增加，中国人口老龄化的增长速度一直高于总人口的增长速度（R.S.England，2005）。

不可否认，在过去的30年间生育率的骤降是中国人口迅速老龄化的另一重要原因。在新中国建国初期的1950年，总和生育率（TFR）是5.3。从1950年到1970年，由于政治运动和社会变迁，总和生育率在3.3和7.4之间大幅波动。随后，这一指标数值从1970年的5.7持续降低到1990年的2.0，低于更替水平（Tu，2000）。

自20世纪70年代总和生育率的骤降，是中国成功实行计划生育政策的结果。20世纪60年代早期，计划生育在人口高度密集的城市地区推行。1966年因"文化大革命"的爆发而中断，1973年继续推行。当时的计划生育政策包括晚婚晚育、加大生育间隔和少生等。然而，这一计划生育政策很快被1979年颁布的独生子女政策所替代。1984年独生子女政策做出微小的调整，允许夫妇在特定情况下可以生育第二个孩子，例如，居住在农村地区且家中只有一个女儿的夫妇，可以生育第二胎（Tu，2000；Xie，2000）。独生子女政策导致出生人数从1989年的2 407万人下降到2000年的1 411万人（Scharping，2007）。

独生子女政策导致的严重后果之一，是给下一代年轻人在赡养老人时带来巨大负担。大多数农村妇女仍生育2个或更多的孩子，然而，大多数城市妇女尤其是生活在大都市地区的妇女仅生育一个孩子。截至1990年，仅有一个孩子的家庭比例在北京达到56%，在上海高达70%（Du and Pu，2000）。到独生子女这一代长大成人时，"四二一"家庭供养模式这一问题开始显现。这意味着夫妇2人需要负责照顾1个小孩和4个老人，同时还需要为自己的退休养老而储蓄（Du and Tu，2000；Hesketh et al.，2005；Jackson and Howe，2004；Salditt et al.，2007）。另一方面，中国政府在2002年宣布独生子女政策不会有根本性的改变。考虑以上情况，推进和改善老年人的现行养老安排和社会照顾是至关重要的。

3.2.2 老年人的性别差异和城乡差异

在中国，有相当比例的老年人在65岁之后仍然工作。根据中国2000年人口普查资料显示，65岁及以上的人口中，大约34%的男性和17%的女性仍在工作。除这种老年人工作的性别差异之外，城乡老年人劳动参与模式存在明显差异。对居住在城市的65岁及以上的男性来说，其就业率从1990年的19%下降到2000年的14%，同一时期城市65岁及以上女性就业率从1990年的4%增长到2000年的6%。而在农村地区老年男性的就业率从1990年的37%增长到2000年的44%，女性就业率从1990年的9%增长到2000年的23%。2000年，在这些超过65岁仍工作的老年人中，91%的男性和96%的女性都是从事第一产业（农业）（Kincannon et al.，2005）。

对于不再工作的老年人，家庭成为其供养的最重要来源。2000年的人口普查数据显示，77%的老年人与他们的子女生活在一起。从收入来源看，超过57%的老年人依赖子女的经济支持，25%的老年人依靠工资，仅有15.6%的老年人能够得到持续的养老金供养（Huang，2004）。男性老年人和女性老年人对家庭供养的依赖存在差异。不再工作的老年人中，老年男性主要依靠家庭供养的比例是53.2%，老年女性的这一比例是81.9%；仅有40.4%的男性和13.2%的女性依靠退休金作为他们主要的收入来源（Kincannon et al.，2005）。这表明，在中国目前的老年收入保障制度中存在覆盖率不足和性别不平等的问题。

正如上面已提到的，城乡老年人收入来源也存在差异。表3-1是中国在20世纪90年代初进行的一次大规模的全国性调查的汇总结果，表明了家庭经济供养老年人的重要性以及性别差异。同时也表明了城乡养老保险制度存在的巨大差距。在城市地区，90%的老年男性和超过50%的老年女性领取养老金。相比之下，在农村地区仅有10%的老年男性和不到1%的老年女性领取养老金。考虑到中国针对城市劳动者已经建立起一套老年人收入保障体系，而农村还没有类似的收入保障体系，得到这样的调查结果就不足为奇了。基于人口变动趋势和目前的老年人收入保障方式存在明显的局限性，可以预见传统的家庭赡养老年人的功能将减弱，因此，需要做出相应的变革。

表3-1	中国老年人收入来源				单位：%
收入来源	城市		乡村		合计
	男性	女性	男性	女性	
养老金	92.6	54.5	11.3	0.7	38.8
子女援助	36.5	55.8	64.5	80.5	59.9
其他亲属援助	2.4	4.7	11.0	13.2	7.9
社区援助	1.0	2.0	24.5	27.3	13.9
国家援助	90.1	75.6	21.0	10.6	45.8
其他	4.7	4.1	2.6	1.2	3.1

资料来源：Survey of 20 803 people conducted by Yan Hao（Hao，1997：209，table 3）.

3.3 老龄化政策

20世纪70年代之前，中国存在明显的城乡二元结构，严格的户籍制度将城乡分割成两个系统。在政府的严格管理之下，城乡之间几乎没有人口迁移流动（Wang and Mason，2007），城乡之间经济发展差别显著。根据中国社科院的一项全国调查结果显示，2002年城乡居民人均可支配收入比为3.1∶1（中国社科院，2006）。最穷省份贵州的人均国内生产总值（GDP）仅为最富城市上海的8%（Garcia，2004）。世界银行的评价显示，2002年中国有1.61亿人每天生活花费不足1美元，这些人中的99%居住在农村地区（世界银行，2003）。

此外，中国在20世纪80年代后期开始实施的社会保障制度改革主要集中在城市地区，没有包括乡村人口。尽管从农村到城镇的人口迁移流动的控制不像以前那样严格，但城乡社会保障制度仍存在巨大差别。

3.3.1 城市养老金制度改革

1951年，"劳动者保险条例"生效，这是中国最初的养老金制度。其最初是设定成针对城镇职工的社会保险体系。1969年财政部要求国有企业停止收缴仅仅来自于每个企业营运资金的社会保险费，停止发放养老补助金以及其他工作相关福利（Sun and Suo，2007）。1978年经济改革之前，由工作单位提供职工的终身就业保障和各种福利，包括职工的退休金。工作单位被强制承担职工养老金的全部财务责任，将其作为运营成本的一部分，而职工在工作年限内不需要缴纳任何费用（Chow and Xu，2003；Ge，2004）。在计划经济时期所有的大企业均为国有，因此国家不得不承担养老金体制的财政负担。

职工在达到退休年龄（男60岁、女55岁，且工作满20年）时，接受发放终身养老金。这一优厚待遇再加之日益加剧的人口老龄化趋势，使得从 1980 年到 1992 年养老金总额的年增长速度超过 20%。此外，传统的养老保险制度由于职工担心改换工作单位后失去原有福利而阻碍了劳动力的流动性（Sun and Suo，2007）。这些因素不仅削弱了国有企业的竞争力，并且给经济改革带来巨大障碍。

国有企业退休人员的不断增加还给传统的养老保险制度带来另一问题。1978 年，国有企业为了减少企业冗员开始鼓励老员工退休。因此退休人员的数量迅速增加，从 1980 年的 640 万人增加到 1997 年的 2 640 万人。换句话说，1997 年退休人数比 1980 年退休人数增加了 2 000 万人。同一时期，国有企业的在岗职工与退休职工之比，从 12.5∶1 下降到 4.1∶1；然而养老金支出占工资总额的百分比增加三倍，从 6.3% 增加到 20.7%（Smyth，2000）。对于一些拥有大量退休人员的老企业，养老金支出甚至超出现有职工工资总额（Barkan，1990）。于是，很快出现了对养老金制度的财政可持续能力担忧的讨论。

20 世纪 80 年代中期，中国政府实行经济改革，要求国有企业保持财政收支平衡和财政独立，因为传统方式的企业为职工提供养老金的负担已难以承受。社会保障的财政负担加重、市场竞争的加剧，使得许多国有企业财政上出现赤字：1992 年 26% 的国有企业出现赤字，到 1996 年这一数字增加到 50%（Chow and Xu，2003；Chen，2003）。经济改革之后，国有企业关于养老金面临的财政困难产生两大主要问题：第一，一些国有企业不愿意或没有能力填补以前的养老金空缺，这引起一定的社会动荡；第二，国有企业破产或私有化时，缩减退休人员福利资金缺口成为企业重组的阻碍（Huang，2004；Smyth，2000）。在这种情况下，实行彻底的养老金制度改革不可避免。

在 1986 年政府宣布其养老金改革办法之前，已在一些城市和企业中推行试点改革。例如，1981 年在上海建立的社会保险制度为集体企业受雇员工提供医疗和养老金，其把来自企业的统筹基金预留为退休养老金。广东、福建、山西、江苏、辽宁和四川等省份也尝试了类似的试点改革（Chow，2000；James，2002）。

1986 年，当民政部研究室提交 2 份研究报告后，政府颁布了其改革提案。提案阐明了社会保障制度改革的依据、设想和原则（Chow，2000）。同年，国务院 77 号文件正式宣布，在地区一级范围的养老金统筹应该实行现收现付制。然而，仅仅在地区一级范围采取统筹措施来解决这一难题是不够的，较高的抚养比使得许多地区一级范围缺乏资金来源支付其养老金。在一些重工业地区，退休人员与在职职工之比超过 1/3（James，2002）。在这些地区要保持财政上可行的养老金方案是不切实际的，除非养老保险资金的统筹范围更大，覆盖更多的缴费者。此外，在地区一级范围统筹养老金造成的养老保障体系碎片化，加深了地区之间的不平等。但是，鉴于中国各地区的差距，政府坚持认为建立单一或统一的养老金制度是不切实际的（Chow，2000）。

中国养老金制度的重大改革始于 20 世纪 90 年代。从 1991 年到 2000 年，政府颁布4份国务院文件，在文件中阐明了中国养老金制度改革的原则和方向。1991年国务院33号文件呼吁建立省级统一的且能够覆盖所有类型职工的养老金制度。其目的是为所有类型的职工提供三个层次的养老金。第一层是由政府、企业、职工个人出资的现收现付的固定收益的基本养老金，第二层是由企业提供的补充津贴，第三层立足于自愿的个人养老金储蓄账户体系（Chow and Xu，2000）。

1995年，中国政府推出多支柱养老保险制度。这一制度包含两部分内容：基于现收现付基础上的公共管理的固定收益制度，缴费责任明确的个人积累制度。然而，对国家的多支柱制度究竟应该是什么样仍然缺乏共识。因此，1995年国务院6号文件为各地区提供两种选择：一是把更多重点放在由企业和雇主为职工开设的个人储蓄账户，二是使利益明确的社会统筹承担更重要的角色（Chow and Xu，2003；James，2002）。

自1995年起由于企业大量冗员的增加和养老金体系抚养比增加所带来的问题，使得政府加大了对养老金改革的力度。国有企业裁员导致在职职工数量大幅减少。1993年的裁减人员数量为300万人，1999年达到1 100万人（Chow and Xu，2003）。人们发现很难从雇主那里保留他们的社会保障利益。为员工提供持续保障这一困难成为国有企业重组的进一步障碍。此外，养老金体系抚养比的增加扩大了养老基金的亏空（Zhao and Xu，2002）。

针对存在的这些问题，1997年政府颁布国务院26号文件。文件中提出实行两个层级的养老金制度：责任明确的基本福利制度和前期积累的个人储蓄账户。第一层强调建立统一的养老保障体系的重要性，为所有类型企业员工提供基本养老金。基本养老金相当于各地区平均工资的20%，需要缴费15年。第二层的安排包含缴费率统一设定为11%的个人储蓄账户。个人储蓄账户的缴费责任由企业和员工个人共同分担。开始缴费率的设定为员工个人承担相当于工资的4%，其余8%由企业承担。最终，员工个人承担的缴费率增长到8%，企业承担的部分减少为3%（Chow and Xu，2003；James，2002；Ge，2004）。这一养老金制度方案依据不同养老金福利把职工分为3组——"老人"、"中人"、"新人"。1997年之前退休的员工，即"老人"，继续依据原有规定得到退休金。新员工作为"新人"，将遵从新的养老保障制度，根据新规定领取基本养老金和个人账户津贴。在职员工，即"中人"，按照原有规定和新制度分别得到部分福利。劳动和社会保障部作为一个新的部门于1998年设立，以便监督这一新制度的执行（James，2002；Wang，2006）。

这一新制度面临几个难题。第一个难题涉及国有企业没有能力支付其余的社会保障金。这导致达标率的下降，也就是说员工和企业为这一方案事实上缴纳费用的百分比从1997年的90%下降到1998年的77%（Chow and Xu，2003）。第二个难题是由于地方上资金管理不善导致的养老金账户空账。因为这一制度两个层级的缴费存在政府同一银行账户中，地方政府经常挪用基金以弥补基本养老金的不足（Wang，2006）。第三个困难是基金投资不力导致的低回报（James，2002；Wang，

2006）。

2000 年国务院 42 号文件出台，带来了养老金制度的一些重要变化。根据 42 号文件，个人账户的规模从工资额的 11% 减为 8%，全部由个人缴纳承担。为弥补个人账户的减少，该方案提高了基本养老金水平。员工缴纳超过 15 年养老金后，可以领取最高相当于当地平均工资 20% 的额外津贴。此外，个人账户部分被从基本养老保险基金中明确区分开来，个人账户部分成为完全基金（Chow and Xu，2003；Ge，2004；Zhu，2002）。此外，假若农民工已缴费超过 15 年并达到退休年龄，他们将同城镇职工一样领取养老金（Zhu，2002）。

42 号文件也出台了一系列试点政策。试点 2001 年首先在辽宁省启动。辽宁省作为中国老工业基地之一，存在大量老国有企业，因此其养老金债务高于其他省份。试点很快扩展到另外 13 个省份（Chow and Xu，2003；Ge，2004；Zhu，2002）。关于是否应建立一个全国统一的、社会统筹的、覆盖所有类型企业员工的基本养老保险方案的争论仍在继续。值得关注的是由于各地区人口结构和经济发展的差距，这一制度很可能导致地区之间的再分配。至此为止，即使大量的试点方案已被实施和评估，中国的养老保险制度仍然是一个以城市为基础的、在地区一级运营的分散的系统。

3.3.2　农村养老保险制度的试行

在中国农村地区尚未建立普遍的养老保险制度。批准于 1978 年的农村人民公社工作条例，推动了农村养老金计划的启动。人民公社工作条例规定了一个基本核算单位，例如一个财务状况良好的生产队，可以为其成员提供养老给付。基于这一准则，在一些富裕的农村地区引进了老年津贴计划，以便为乡镇企业退休人员和基层农村退休干部提供福利。然而，这样的养老方案所覆盖的人群数量有限（Leisering et al.，2002）。

正如本章前面所讨论的一样，在中国农村地区，家庭在赡养老人方面起着最重要的作用。由于 20 世纪 70 年代末开始的一系列社会经济和政策的变化，对农村原有的养老保障方式提出挑战。这些变化包括：快速的人口老龄化，社会价值观和家庭结构的变化，以及户籍制度的松动（Wang and Mason，2007；Leisering et al.，2002）。人口和家庭结构的变化，意味着赡养老人的社会安排对许多老年人来说变得越来越重要。户籍制度的松动，带来了大规模的农村人口向城市的迁移流动，以便寻找更好的就业机会和社会保障。所有这些变化，再加之经济改革后农村地区经济状况的改善，促进了农村地区养老保险制度的发展。

自 20 世纪 70 年代末，农村基层地方政府和村庄为农民开启了老年福利计划。到 1984 年年底，有 1 330 个乡镇和 9 410 个村庄已经引进了养老金计划。这些计划是在没有中央政府的要求下自发实施的（Leisering et al.，2002）。国家的"第七个五年计划（1986—1990）"成为国家强调加强农村社会保障作用的第一个官方文件。1987年，国务院授权民政部对农村地区老年人实施社会保障计划的试点。实际上试点计划在1986年之前已经开始。截至1989年年中，在民政部的指导下，19个省份的190个县、800个乡镇、超过8 000个村不同程度地参加了试点计划（Leisering et al.，2002；Shi，2006）。

受到试点方案成功的鼓舞，政府决定在1991年扩大试点范围。1991年2月，民政部专门成立了"农村社会养老保险临时办公室"，为试点县成立了临时工作队。扩大试点的主要政策计划包括：覆盖20岁至60岁的所有农村居民，以参保人个人出资缴费为主，而雇主或当地社区可以补贴个人缴费；参保人、雇主或当地社区根据个人期望和能力选择适当的缴费率；对参保人的应付年金，取决于参保人在60岁时在个人账户上积累的资金（Leisering et al.，2002）。尽管这一方案的参保是自愿的，试点方案的目标仍然是覆盖所有劳动年龄的农村居民。大多数基层的党员干部被要求带头参保这一养老保险计划，并鼓励普通农民参保（Leisering et al.，2002；Shi，2006）。尽管有各种努力，民政部在1995年的报告中显示，农村养老保险试点的整体覆盖率不足6%（Shi，2006）。

除覆盖范围有限外，养老金计划在农村地区还面临其他难题。在一些地区干部滥用职权迫使低收入者参保该计划，也有积累的基金被挪用的案例（Shi，2006）。同时还存在对低收入者的持续参保能力的普遍怀疑。尽管基层党员充分利用各种大众媒体来宣扬这一政策，许多农民仍然怀疑保障的承诺是否能够全部兑现，是否投资试点计划比存入银行要好（Leisering et al.，2002；Shi，2006）。

试点计划中存在的资金管理不善、经营不当，使得中央政府的政策制定者反对农村养老保险制度的扩张。政府与经济事务相关的各部部长们质疑试点的前景。1997年年末，成立了一个特别委员会来审查评估商业保险和农村养老保险计划的效果，并且说明与之相关的风险。1998年4月特别委员会提出报告，说明了农村养老保险计划中存在的几种内在风险，并建议农村地区的养老保险政策应该重新定向为私人商业保险而不是推行公共养老保险安排（Leisering et al.，2002；Shi，2006）。

当然，该报告关于农村养老保险制度的争论没有给出最后的结论。民政部依然承诺针对农村地区老年人建立一个基本的公共养老金制度。然而，亚洲金融危机的爆发强化了对养老基金管理不善、经营不当的担忧，导致政治浪潮逐渐转向为反对建立大规模的农村养老保险制度。当农村养老保险政策的制定由民政部授权转交给新成立的劳动保障部（MOLSS）时，农村养老保险制度的进一步发展受到阻碍。劳动保障部把精力集中在城镇养老保险制度改革上，农村养老保险政策的制定被边缘化（Leisering et al.，2002；Shi，2006）。1999年6月，国务院整改大多数地区的农村公共养老保险制度，导致了对已有的农村养老保险计划的激烈反对。截至2006年年末，全国仅有5 370万名农村居民参加某种形式养老保险计划（National Bureau of Statistics，2008）。

农村养老保险制度一直处于试点状态。与此同时，政府重新强调家庭赡养，辅之以社区支持，仍然是农民晚年生活收入保障的主要机制（Shi，2006；Sun and Suo，2007）。自早期的计划出台已经过去了许多年，但国家的农村养老保险制度的方向仍然不明确。

3.3.3　医疗改革

除了老年人收入保障，老年人的健康和社会照料也成为政策的关注点。根据世界卫生组织（WHO）估算，2002年中国人口的完全健康预期寿命是64.1岁。对于已经达到60岁的老年人来说，男性还有13年的健康余年，女性还有15年的健康余年（WHO，2004）。到60岁时，有35%的人可能患有残疾（He et al.，2007）。2000年，中国老龄问题研究中心对60岁及以上老年人进行的一次大规模调查，提供了老年人医疗和社会照料需求方面的详细信息。该调查显示，60岁及以上的老年人在日常生活活动（ADL）健康自评中，有18.85%的人至少有一项活动受限，诸如吃饭、洗澡、上厕所、上下床以及穿衣。日常生活活动中有困难的老年女性比例明显高于老年男性，比例分别是22.53%和14.99%。老年人健康状况确实存在城乡差异，在日常生活活动中存在困难的60岁及以上的城乡老年人的比例分别是14.36%和20.2%（He et al.，2007）。

调查还显示，为老年人提供照料的状况存在很大问题。尽管有将近3/4（74.5%）的老年人报告说他们很容易获得医疗服务，但是在活动受限的老年人中仅有13%的人说接受过援助。换句话说，活动受限的受访老年人中有6/7的人没有得到过任何形式的援助。此外，有较大比例的老年人担心在需要的时候得不到护理照料，城镇和乡村的比例分别为41.9%和36.7%。身体健康的老年人有36.0%担心没钱就医，身体不健康的老年人有61.4%担心没钱就医（He et al.，2007）。这些调查结果突显了老年人的健康和社会照料安排需要扩展。

中国在经济改革之前，城市地区的健康保险包括两个主要体系：公务员和公共机构的政府雇员保险计划；国有企业职工、退休人员及其家属的劳动保险计划。在农村地区，人们从医疗合作诊所接受医疗服务，这一医疗服务由当地的初中毕业后接受一年医疗培训的"赤脚医生"所提供（Zhu，2002）。

20世纪80年代早期开始，医疗体系已经做出重大改革。1998年国家为城市地区职工提供基本医疗保险和个人账户（Gill，2006；Zhu，2002）。企业和职工分别缴纳工资额的6%和2%，其中的一半费用作为社会统筹医疗基金，另一半存入个人账户。一旦个人用尽其储蓄账户的基金，且已经花费个人5%的工资用于卫生服务时，统筹基金将承担85%的医疗费用（Yang，2004）。在这样的医疗保险方案下，退休人员不必缴纳基本保险费。此外，应适当地考虑由前雇主存入个人账户部分和个人支付部分的医疗费用的支付比例。这意味着患有常见慢性疾病的老年人的高额医疗费用已被涵盖在这一计划中，减少了个人承担的成本。到2001年年底，超过

93%的城市实施了新的医疗保险制度。到2005年年底，在中国基本医疗保险覆盖下的退休人员已达3 761万人（国务院新闻办公室，2006；Zhu，2002）。

1999年，在农村地区，传统合作医疗制度覆盖的人口仅为6.5%（Yang，2004）。2003年，基于个人缴费、集体资助、政府补贴的统筹基金基础上的新型农村合作医疗制度处于试验中（Gill，2006）。到2006年6月末，这一试验已扩展到1 399个县，在试点地区超过73%的老年人参加了这一新型农村合作医疗制度。此外，农村医疗救助制度已经建立起来，帮助那些属于"五保"户的老年人，即没有子女且患病的老年人。到2005年底，已经建立了15 000个社区医疗服务中心，根据老年人的特殊需求提供上门照料（国务院新闻办公室，2006）。

经济改革之前，中央政府是主要的医疗服务提供者。自20世纪80年代开始的医疗卫生体制改革，其关键是使医疗服务商业化和市场化。因为公共财政支持的减少，使得所有医疗服务机构被迫赚取利润（卫生部，2005）。这种变化导致富裕地区和贫困地区由于财政能力和服务资源存在差异，使得地区之间在医疗服务提供上存在实质性的不平等。这种变化也导致了成本推动的医疗服务费用大幅上涨，并进一步加剧了获取服务的不平等（Blumenthal and Hsiao，2005；Hougaard et al.，2008）。例如，2003年，仅住院费用一项就平均上涨到4 000元，这一数值相当于平均年收入的43%，或相当于20%的最贫穷人口平均个人收入的近200%（世界银行，2005a）。

由于市场化改革把公立医院和诊所变成了盈利机构，政府医疗卫生支出落后于个人的医疗开销。政府医疗卫生支出占政府总开支的比例从1997年的14.2%下降到2001年的10.2%（WHO，2004）。另外，从1978年到2003年，个人的医疗卫生支出占医疗卫生总支出的比例从20%提高到近60%（世界银行，2005b）。一般来说，以市场为导向的医疗卫生体制改革会带来阶层的进一步分化，并把贫困家庭中的老年人置于不利地位。

3.3.4　倡导家庭的养老义务

家庭供养仍被视为赡养老人的主要机制。正如本章前面所提到的，中国大多数老年人与子女生活在一起，并获得子女们的经济支持。家庭供养对女性和没有被公共养老保险制度覆盖的农村老年人更为重要。在进行养老保险改革的同时，政府通过教育和大众媒体宣传继续强调家庭养老的必要性。

1981年颁布的"家庭支援法"规定年轻人有义务赡养他们不能够独立生活的父母（Salditt et al.，2007）。政府也鼓励家庭成员之间签订"家庭赡养协议"，在协议中规定了老年人应该得到哪些照顾（Salditt et al.，2007；Woo et al.，2002）。乡村委员会或者相关组织被要求监督协议的执行情况。到2005年年底，已签订了1 300万份协议（Sun and Suo，2007）。

研究表明，中国的家庭代际之间具有很强的纽带联系，这为政府倡导由家庭赡养老年人提供了依据。例如，一项大规模的调查结果显示，90%的中国受访者愿意为他们的父母提供经济支持（Salditt et al.，2007）。然而，老年人越来越担心他们的子女缺乏孝心，尤其是居住在农村地区的老年人（He et al.，2007）。另一项研究结果称，很大比例的老年人希望同他们的子女分开居住。老年人对于他们的生活条件的态度和行为之间的不一致，使得研究者认为，许多老年人与子女共同居住是受到实际条件的限制，而不是传统的文化价值观的反映（Zhang，2004）。在独生子女政策下，家庭为老年人提供照料和经济支持的能力将进一步减弱。因此，人们自然越来越多地倾向由国家和社会承担供养老年人的责任。

3.4　当前老年人养老的困难与挑战

人口老龄化已经成为中国主要的政策挑战之一。中国很可能是第一个未富先老的大国（Jackson and Howe，2004）。虽然过去30年中国经济增长显著，但是按照世界银行的标准，其仍然是一个中低等收入水平的国家。2005年，中国人均GDP仅为1 713美元。即使考虑到购买力的不同，其人均GDP也仅为日本的1/5（世界银行，2008）。老龄化社会的提前到来使得中国建立完善的社会保障体系的努力变得更加困难。资源缺乏一直是为老年人创造一个综合全面的收入保障体系的主要障碍（Du and Tu，2000；Salditt et al.，2007）。

尽管政府为老龄化政策改革做了许多努力，中国的老年人收入保障制度仍存在严重问题。现行城镇养老保险制度的可持续性处于危机中。新的养老保险系统承接了原有系统的负债。当前的赤字是25 000亿元（约合3 570亿美元；Wang，2006）。随着老年抚养比的持续增长，预计赤字在未来将以惊人的幅度增加。由于养老保险覆盖面的不断扩大，更多的人将加入社会统筹基金，提高缴费率似乎不可避免。然而，这可能会进一步阻碍人们参加养老保险计划。

中国各地区老年人保障的不平等引起进一步关注。中国一直优先考虑城镇地区养老保险制度和医疗保险制度的改革，几乎没有触及农村地区的养老保险制度和医疗保险制度的改革。城镇地区和农村地区之间的保障覆盖范围截然不同。从1989年到2003年，参加基本养老保险制度的城镇职工人数从4 820万人增长到12 250万人，参保比例从33.5%增长到46.3%。相反，在农村地区，参加基本养老保险的农民人数从1997年的7 540万人下降到2004年的5 370万人，参保比例从15.4%下降到11%（Wang，2006）。总之，农村地区3/4的就业者完全没有养老保障（Jackson and Howe，2004）。这种不平等在医疗服务领域也可以观察到。根据官方文件，目前农村居民医疗保险制度覆盖率不足城镇居民的一半，仅有10%。2002年，城镇地区人均医疗支出水平比农村地区平均医疗支出水平高出3.5倍多（Gill，2006）。这意味着需要从中央政府获取更多的努力和资源来缩小农村地区和城镇地区之间老年人收入保障和医疗保健的差距。

　　养老保险制度的另一个主要政策问题是普遍存在的违规和逃避责任。正如本文前面所讨论的，养老保险改革试图覆盖城镇企业的所有职工。然而，距离实现这一目标还有很大距离。其原因有几点：首先，传统上被养老金制度排斥的企业拒绝参保；其次，一些参保企业向政府上报职工数量和工资水平时，常常少报和低报以减少养老保险缴费。缺乏有效的强制执行机制导致近半数的城镇职工没有被公共养老保险系统覆盖（Zhao and Xu，2002）。

　　当前的社会保障制度还没有覆盖到新移民。实行市场经济导致城镇地区的劳动力需求不断增长。自20世纪80年代开始，大量低薪工人为寻求工作从农村地区迁移流动到城镇地区。农村劳动力转移的规模已经从20世纪80年代中期的约3 000万人增长到2005年的18 000万人（Garcia，2004；Wei，2007）。由于户籍制度的限制，大多数在城镇的农民工没有获得与城镇居民相同的权利，他们被排斥在城镇养老保险系统和医疗保险系统之外。许多农民工从事不稳定的、临时性的、低报酬的工作，只能达到最低的社会保障水平。许多人并没有强烈的愿望把自己的农村户口变成城镇户口，主要是因为他们想保留家乡的土地以防失业、以备养老（Garcia，2004；Wei，2007；Zhu，2007）。如果不能在城镇社会保险体系和农村社会保险体系之间建立一座桥梁，那么扩大社会保险覆盖范围将面临停滞，流动人口将继续被排除在这两个社会保险体系之外。

3.5　结束语

　　中国是世界上老年人口数量最多的国家。经济快速变革的同时，人口老龄化也加速发展。社会保障制度改革应该与经济改革齐头并进。但我们所看到的是，经济改革使国有企业减弱了其为职工提供养老保障、医疗保障和其他福利的责任。此外，由于大量的劳动力被裁员且其中大多是老年职工，如果必要的社会保障安排持续缺乏，那么引起的社会动荡会减弱经济改革的成就。继续经济改革无疑对社会保障改革至关重要。正如前面所提到的，基金投资的低回报是违规的一个重要原因。可以预见，经济改革会使资本市场更为成熟，将为社会保险基金投资提供更多的选择，进而更加强烈地激励人们参加养老保险。另外，养老保险改革改变了国有企业是其职工各种社会保障唯一提供者的限制，因此可能有利于国有企业的重组。并且，社会保障制度积累的基金可以作为进一步推动经济改革的良好资金来源。

　　自20世纪70年代后期开始，中国经济经历了令人瞩目的增长，并且经济依然保持繁荣。然而，社会保障制度改革没有取得快速进展。在城镇地区，新的养老保险制度和医疗保险制度在不断推进，在农村地区也已经进入试点实验。但是总体上，当前的保障体系在地区之间不平衡、管理分散化、覆盖范围有限、福利不足。对于是否应建立覆盖所有人口或者至少是覆盖所有城乡就业人口的统一的养老保障体系和统一的医疗保险体系，曾经有过激烈的讨论，然而，当考虑到巨大的人口规模和地区差异时，完成这一任务还需要更多的时间。尽管一些养老保险制度改革和医疗保险制度改革的试点仍在进行，推测这些成果将给中国老年人带来怎样的影响还为时过早。

社会保障制度改革的成功对中国社会的稳定至关重要。中共中央委员会在2006年10月的第六次全体会议上通过了"中国共产党中央委员会关于建设社会主义和谐社会的重要决议"。决议强调了社会保障对社会稳定和经济增长的重要性。政府针对国民经济和社会发展已在"十一五"计划（2006—2010年）中为社会保障事业发展设立了明确目标，包括扩大城镇养老保障制度和农村医疗保险制度的覆盖范围（NDRC，2008）。所有这些都表明了中国政府在不断推动社会保障的发展。然而，预知中国社会保障体系的蓝图依然为时尚早。

考虑到中国在地区和全球的影响力，其社会保障制度改革的成功不仅使本国人民受益，并且也会使其他国家的民众受益。中国现已成为世界的主要工业基地，并与全球经济紧密联系。社会保障制度改革的成功将会维护中国社会稳定、保障经济增长，这对世界经济的稳定和增长是必不可少的。因此，需要持续关注中国老龄化政策的进一步发展，在这一领域投入更多的研究。

3.6 参考文献

杨宜勇，高言.关于整合我国收入保障体系的建议[J].经济研究参考，2012（49）.

陈丰元，等.中国农村养老保险：政策回顾与评价[J].东吴学术，2013（6）.

刘晓梅，刘波.差异与整合：新农合改革政策分析[J].农业经济问题，2012（6）.

Barkan, L. (1990) 'Chinese old age pension reform: the Process continues', *International Social Security Review*, 43: 387-398.

Blumenthal D.and Hsiao, W. (2005) 'Privatization and its discontents-the evolving Chinese health care system', *New England Journal of Medicine*, 353: 1165-1170.

Chen, Hsiao-hung Nancy (2003) 'Paradigm shifts in social welfare policy marking in China: struggling between economic efficiency and social equity', in Catherine Jones Finer (ed.) *Social Policy Reform in China: View from Home and Abroad*, Aldershot: Ashgate, 51-68.

Chinese Academy of Social Science (2006) 'Case study: *Chinese urban and rural income gap highest in the world*', available online at <http://www.robroad.com.data/2006/0717/article_20420_1.htm> (accessed 24 November 2008).

Chow, Nelson W.S. (2000) *Socialist Welfare with Chinese Characteristics: The*

Reform of the Social Security System in China, Hong Kong: University of Hong Kong.

Chow, Nelson and Xu, Yuebin (2003) 'Pension reform in China', in Catherine Jones Finer (ed.) *Social Policy Reform in China: View from Home and Abroad*, Aldershot: Ashgate, 129–141.

Du, Peng and Tu, Ping (2000) 'Population ageing and old age security', in X. Peng and Z.Guo (eds) *The Changing Population of China*, Oxford: Blackwell, 77–90.

England, R.S. (2005) *Aging China: The Demographic Challenge to China's Economic Prospects*, Westport, CT: Praeger.

Garcia, B.C. (2004) 'Rural-urban migration in China: temporary migrants in search of permanent settlement', *Portal*, 1 (2): 1–26.

Ge, Yanfeng (2004) 'Thoughts and strategies to improve old age insurance in urban areas', in J.Chen and Y.Wang (eds) *China Social Security System Development Report*, Beijing: Social Science Academic Press, 178–200.In Chinese.

Gill, B. (2006) *China: Health Care and Pension Challenges*, avaiable online at<http: //www.uscc.gov/hearings/2006hearings/written_testimonies/06_02_02wrts/06_02_02_bates.pdf> (accessed 24 November 2008).

Hao, Yan (1997) 'Old-age support and care in China in the early 1990s', *Asia Pacific Viewpoint*, 38 (3): 201–217.

He, Wan, et al., (2007) *Health and Health Care of the Older Population in Urban and Rural China: 2000*, Washington, DC: US Government Printing Office.

Hesketh, T., Li, L.et al., (2005) 'The effect of China's one-child family policy after 25 years', *New England Journal of Medicine*, 353 (11): 1171–1176.

Hougaard, J.L., Oaterdal L.P.et al., (2008) *The Chinese Health Care System: Structure, Problems and Challenges*, University of Copenhagen Department of Economics Discussion Paper No.08-01, available online at<http: //www.econ.ku.dk> (accessed 24 November 2008).

Huang, Jlnxin (2004) *The Politics of Economic Restructuring and Old-Age Pension Reform in China*, PhD dissertation, University of Wisconsin-Madison.

International Monetary Fund (IMF) (2008) *World Economic Outlook: Housing and the Business Cycle April 2008*, Washington, DC: IMF.

Information Office of the State Council (China) (2006) *White Paper: The Development of China's Undertaking for the Aged*, Beijing: Information Office of the State Council.

Jackson, R.and Howe, N. (2004) *The Graying of the Middle Kingdom: The Demographic and Economic of Retirement Policy in China*.Newark, NY: CSSI and Prudential Foundation.

James, E. (2002) 'How can China solves its old - age system problems? The interaction between pension, SOE, and financial market reform', *Journal of Pension Economics and Finance*, 1 (1): 53–75.

Kincannon, C.L., He, W.et al., (2005) 'Demography of aging in China and the United States and the economic well-being of their older populations', *Journal of Cross-Cultural Gerontology*, 20: 243–255.

Leisering, L., Sen, G.et al., (2002) *Old - Age Pensions for the Rural Areas: From Land Reform to Globalization*, Manila: Asian Development Bank.

Ministry of Health (China) (2005) *Report on China's Healthcare System and Reform*, available online at<http: //www.casy.org/Chindoc/MOH_report_0805.htm> (accessed 24 November 2008.)

National Bureau of Statistics (of China) (2008) *Statistical Communiqué on Labor and Social Security Undertakings in 2006*, available online at<http: //www.stats.gov. cn/english/newsandcomingevents/t20070524_402406436.htm> (accessed 24 November 2008.)

NDRC (National Development and Reform Commission, China) (2008) *The Outline of the Eleventh Five - year.Plan*, available online at<http: //en.ndrc.gov.cn/hot/ t20060529_71334.htm> (accessed 24 November 2008.)

Salditt, F., Whiteford, P.et al., (2007) 'Pension reform in China: progress and prospects', *OECD Social, Employment and Migration Working Paper No.53*, Paris: OECD.

Scharping, T. (2007) 'The politics of numbers: fertility statistics in recent decades', in Zhongwei Zhao and Fei Guo (eds) *Transition and Challenge: China's Population at the Beginning of the 21 st Century*, New York: Oxford University Press, 18–33.

Shi, S-J. (2006) 'Left to market and family–again? Ideas and the development of the rural pension policy in China', *Social Policy and Administration*, 40 (7): 791–806.

Smyth, R.S. (2000) 'Old age pension reform in China's state-owned enterprises', *Journal of Aging and Social Policy*, 11 (4): 69–85.

Sun, Qising and Suo, Lingyan (2007) 'Pension changes in China and opportunities for insurance', *The Geneva Paper*, 32: 516–531.

Tu, P. (2000) 'Trends and regional differentials in fertility transitions', in Peng Xizhe and Zhigang Guo (eds) *The Changing Population of China*, Oxford: Blackwell, 22–33.

United Nations (2002) *World Population Ageing 1950–2050*, New York: United

Nations.

United Nations (2008) *World Population Ageing 2007*, New York: United Nations, available online at<http: //www.un.org/esa/population/publications/WPA2007/wpp2007.htm> (accessed 24 November 2008).

US Census Bureau (2008) *Countries and Areas Ranked by Population*, *2008*, available online at <http: //www.census.gov/cgi-bin/ipc/idbrank.pl> (accessed 18 April 2008).

Wang, D. (2006) 'China: urban and rural old age security system: challenges and options', *China and World Economy*, 14 (1): 102-116.

Wang, Fen and Mason, Andrew (2007) 'Population ageing: challenges, opportunities, and institutions', in Zhongwei Zhao.and Fei Guo (eds) *Transition and Challenge: China's Population at the Beginning of the 21st Century*, New York: Oxford University Press, 177-196.

Wei, Yan (2007) 'For rural-urban migrant workers, what should China's government do?', Paper presented at 7th Berlin Roundtables on Transnationality on Migration into Cities, 24-28 October 2007, Berlin.

WHO (2004) *The World Health Report 2004*, Geneva: World Health Organization.

Woo, J., Kwok, T. et al., (2002) 'Ageing in China: health and social consequences and responds', *International Journal of Epidemiology*, 31: 772-775.

World Bank (2003) *China Promoting Growth with Equity: Country Economic Memorandum*, Washington, DC: World Bank; available online at<http: //www. worldbank, org.cn/English/content/cem03.pdf> (accessed 24 November 2008).

World Bank (2005a) *China's Health Sector—Why Reform is Needed*, Briefing Note 3, Washington, DC: World Bank.

World Bank (2005b) *Public Expenditure and the Role of Government in the Chinese Health Sector*, Briefing Note 5, Washington, DC: World Bank.

World Bank (2008) *World Development Indicators*, Washington, DC: World Bank.

Xie, Z. (2000) 'Population policy and the family-planning program', in Peng Xizhe and Zhigang Guo (eds) *The Changing Population of China*, Oxford: Blackwell, 51-63.

Yang, Tuan (2004) 'Strategies and measures for improving health protection system', in J. Chen and Y. Wang (eds) *China Social Security System Development Report*, Beijing: Social Science Academic Press, 103-133.In Chinese.

Zhang, Q. F. (2004) 'Economic transition and new patterns of parent-adult child co-residence in urban China', *Journal of Marriage and Family*, 66: 1231-1245.

Zhao，Y. and Xu，J.（2002）'China's urban pension system：reforms and problems'，*The Cato Journal*，21（3）：395-414.

Zhao，Zhongwei and Guo，Fei（2007）'Introduction'，in Zhongwei Zhao and Fei Guo（eds）*Transition and Challenge： China's Population at the Beginning of the 21st Century*，New York：Oxford University Press，1-17.

Zhu，Yu（2007）'China's floating population and their settlement intention in the cities：beyond the *Hukuo* reform'，*Habitat International*，31：65-76.

Zhu，Yukun（2002）'Recent developments in China's social security reforms'，*International Social Security Review*，55（4）：39-53.

第 4 章

日本的人口老龄化：家庭变化与政策演进

所道彦

4.1 引言

自 20 世纪 60 年代以来，日本因其快速的经济发展而受到世界瞩目。而今天，因为日本的人口老龄化，世人把关注焦点转向了日本的社会政策。日本人口结构的变化、家庭和居住安排的变化，导致老年人的社会保障和照料政策发生了重大变化。本章将探讨近年在上述领域日本相关政策的演进和发展变化。首先，分析日本人口的主要变动趋势。其次，探讨包括长期护理保险（LTCI）制度在内的若干领域的政策。其中，长期护理保险制度是日本针对老年人的最重要的社会照料体系。通过本章的分析，旨在说明日本在面临人口迅速老龄化时如何扩展其社会保障安排，如何面对和解决一系列的相关财政问题。

4.2 日本的人口老龄化

4.2.1 人口趋势

日本是世界上老龄化速度最快的国家之一。目前，日本 65 岁及以上的老年人占总人口的 1/5，而在 20 世纪 50 年代这一比例是 1/20。根据预测，到 2025 年这一比例将达到 30.5%（Cabinet Office，2007a）（见图 4-1）。日本快速的人口结构转变可以归结为两方面：人均寿命延长和生育率下降。

2005 年，日本女性的平均寿命为 85.52 岁，男性的平均寿命为 78.56 岁（Cabinet Office，2007a）（见图 4-2）。日本人口平均寿命的延长有几个原因：公共健康水平的提高、医疗服务的增进、居住环境的改善（Cabinet Office，2007a）。第二次世界大战后，日本国民整体尤其是妇女和儿童的公共健康和卫生保健状况有了巨大改善。在偏远地区，人们也可以享有与医疗服务便利地区同样的医疗服务，而以前在偏远地区很难获得医疗服务的保障。随着 20 世纪 60 年代初公共医疗保险的扩展，这一制度为人们看病就医提供经费支持，使得医疗行业取得大发展，医院数量大量增加。

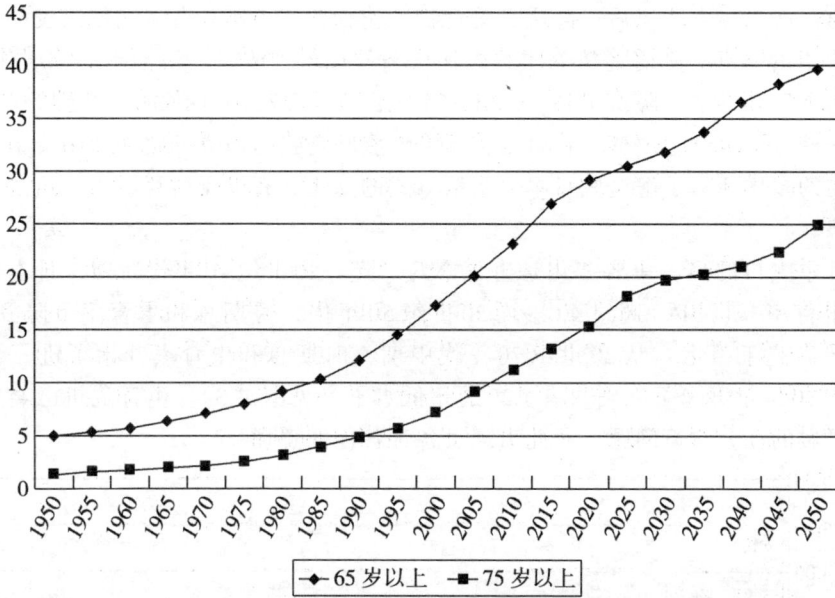

図 4-1　日本老年人口比例（%）

资料来源：Cabinet Office（2007a）.

数据来源:1950—2005：MIAC Population Census 2005;2015 onwards :estimated by National Institute of Population Studies （2006）.

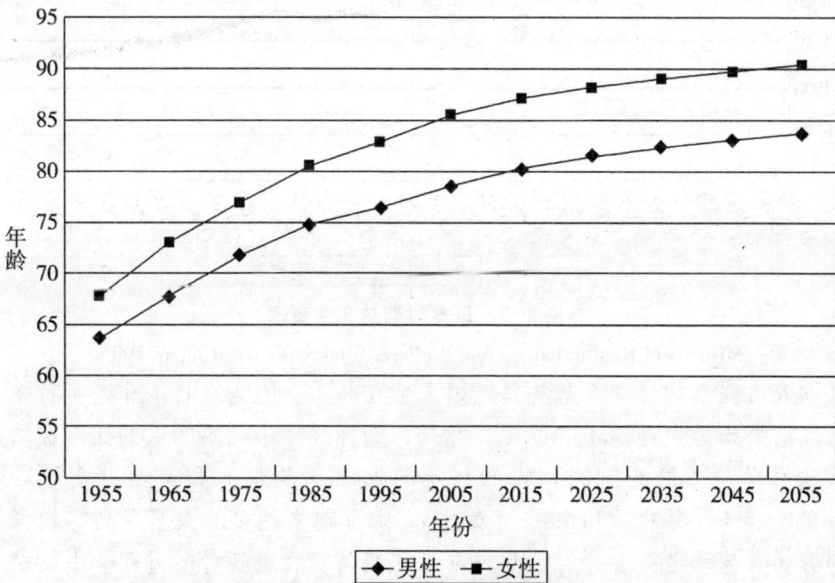

図 4-2　日本人口的预期寿命

资料来源：Cabinet Office（2007a）.

数据来源:1950—2005：MIAC Population Census 2005；2015 onwards： estimated by National Institute of Population Studies（2006）.

　　第二次世界大战以后，高质量的食物，包括营养丰富和营养均衡的食品，进入普通日本的家庭。随着经济的增长，住房条件也得到改善。清洁干净的居住房间、卫生的厨房和供水，降低了日本因其多数地区人口密度高导致的公共健康风险。同时，烹调方法也发生改变，将日本传统的低脂肪食物与西方的食物相结合丰富了日本食物的多样性。了解这些日本人生活方式的变化，有助于解释日本人口的发展变动趋势。

　　日本人口的另一重要变化是生育率的下降。20世纪40年代后期，日本的时期总和生育率（TPFR）超过4.0。而20世纪50年代，时期总和生育率下降到2.0左右，然后趋于稳定。从20世纪70年代中期，时期总和生育率开始了进一步的下降，到2004年迅速下降到只有1.29的超低水平（见图4-3）。生育危机已经成为日本最严峻的社会政策问题，对此出现过各种各样的解释。

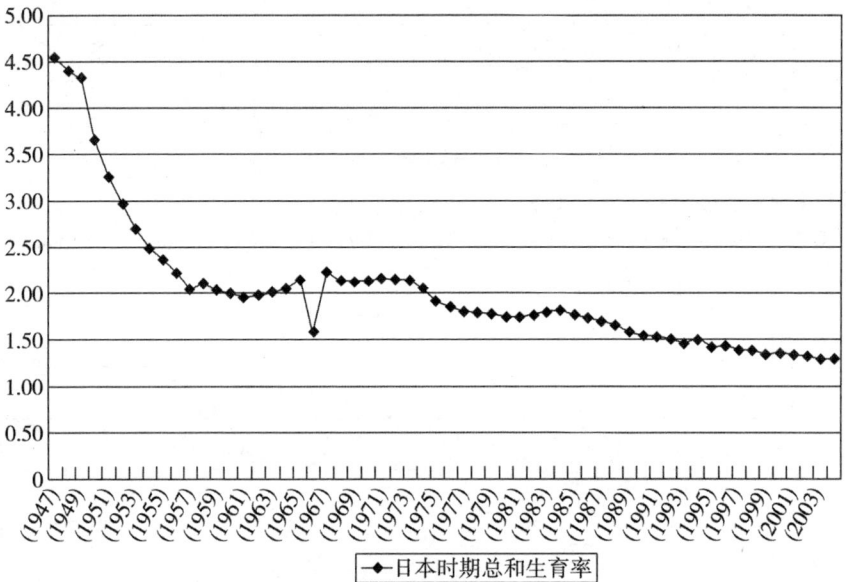

图4-3　日本时期总和生育率

资料来源：Ministry of Health, Labour and Welfare, Vital Statistics of Japan 2005.

　　日本人口变动的又一个趋势是结婚人数在减少。因为在日本非婚生育率一直很低，所以结婚成为生育孩子的前提。此外，选择终生不结婚的人的比例在增加。50岁以上未婚单身人群的比例，从1975年的2.1%（男性）和4.3%（女性）增加到2005年的15.4%（男性）和6.8%（女性）。由于越来越多的人接受高等教育，加之女性的劳动参与率也在上升，因此日本正在经历着晚婚晚育的过程。平均结婚年龄从1975年的男性27.0岁和女性24.7岁，增加到2005年的男性29.8岁和女性28.0岁。晚婚导致第一个孩子的出生推迟，母亲的平均初育年龄从1975年的25.7岁上升到2005年的29.1岁，并且使得婚后若要生育3个孩子变得困难。此外，日本在经历已婚夫妇生育率下降的同时，无子女的夫妇数量已经开始逐渐上升（Cabinet Office，2007b）。

　　一项政府的调查结果揭示了上述人口变动趋势的原因。人们不结婚的理由多种多样，但值得注意的是，超过30％的单身男女认为经济原因是结婚的一个障碍（MHLW，2007）。同样，已婚但选择不生育孩子的夫妇，其理由是由于养育孩子的成本花费太高。日本最近几十年经济的不确定性，对生育率的下降起到了重要作用。政府为有孩子的家庭提供低水平的经济支持，如儿童津贴，以应对这一情况。此外，由于在过去的30年间妇女的劳动力市场参与率一直在增加，导致各种育儿投入降低。对于家庭成员来说兼顾工作和家庭责任成为一件难事。

4.2.2　家庭户和家庭变化

　　在过去的半个世纪，随着人口结构整体的变化，日本的家庭也发生了变化。在20世纪60年代经济高速增长之前，对大多数日本人来说生活在大的联合家庭是典型的家庭安排方式。随着经济的发展和城市化进程的快速推进，"男性养家、女性持家"的核心家庭成为普遍的家庭安排方式，特别是在城市地区。大规模的人口迁移和广泛的城市化使得老一代人独自留守在农村地区，这使得城乡之间的人口老龄化程度截然不同。在一些农村地区，老年人（65岁及以上）比例已达到27％，然而在城市地区这一比例仍低于17％（Cabinet Office，2007a）。现在，有60％的家庭都是核心家庭，而三代家庭的比例从1970年的16.9％下降到2004年的9.7％。最近的趋势是单身家庭户的比例在上升，从1970年的17.2％上升到2004年的23.4％（MHLW，2007）。至少有一个老年人（65岁及以上）的家庭户的数量占日本家庭户总数的39.4％。20世纪80年代之前，有老年人的家庭超过一半是三代家庭。而到2005年，单身家庭比例为22.0％，夫妻二人家庭比例为29.2％，三代家庭比例为21.3％。因为老年人与子女同住情况的减少，因此老年人居住安排有所变化。在当代的日本，单独居住的老年人越来越多（MHLW，2007；Cabinet Office，2007）。

4.3　日本的老年人社会保障和医疗政策

　　在分析日本社会保障政策之前，有必要了解日本老年人的生活水平状况，因为宏观政策并非总是解释日本老年人生活现实的最好方式。老年人家庭（仅有65岁及以上老年人的家庭，或者由65岁及以上老年人和未满18岁家庭成员组成的家庭）的收入分配显示，大多数人生活在低收入水平下。虽然在日本也有很富有的老年人，但老年人家庭的平均年收入为296.1万日元，仅仅是全国所有家庭平均水平580.4万日元的一半（MHLW，2007）（见图4-4）。

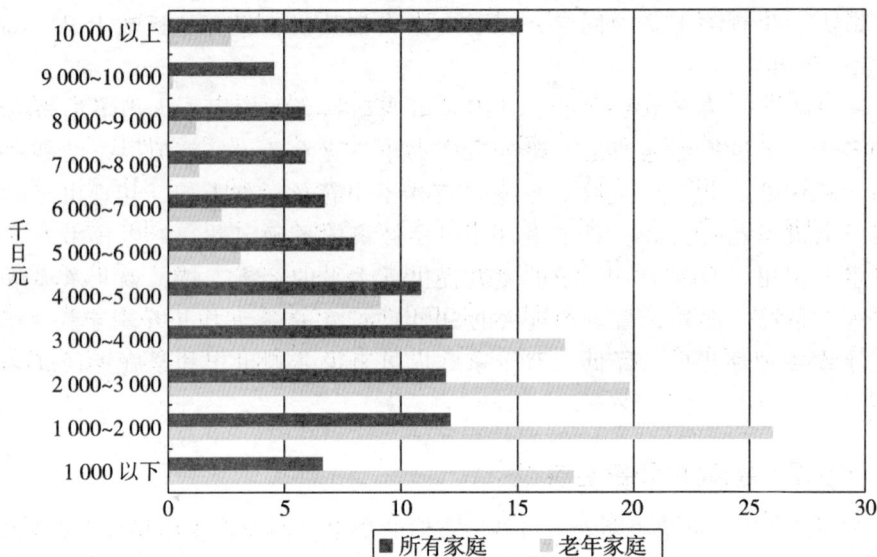

图4-4　日本按家庭类型区分的年收入分布

资料来源：MHLW,2007.

　　日本的家庭收支调查（FIES）显示，普通老年人家庭都在艰难地努力保持他们的家庭收支平衡。2005年，失业家庭的月平均收入为186 197日元，其中的87.1%源自养老金。而这些家庭的月平均支出为229 964日元，即这些家庭每月的赤字为43 767日元（MIAC，2007）。这表明，日本的普通老年人需要用自己的储蓄或来自其家庭的经济援助（主要是子女援助）来填补他们有限的现金收入和支出之间的差距。

　　因此，毫无疑问老年人是非缴费公共援助计划的最大受助群体。2006年，根据日本厚生劳动省的全国调查数据显示，公共援助计划受助人的50.2%是60岁及以上的老年人。近年，随着人口老龄化，接受公共援助计划收入支持的受助人数量在增加。然而，收入支持模式的背景是错综复杂的。日本的收入支持系统采用严格的"剩余规则"，即家庭（尤其是子女）尽义务赡养父母是首要的，然后才是收入支持系统发挥作用。接受这项福利的老年人数量的增加，反映了日本家庭的变化和家庭成员关系的淡化，同时也反映了老年人规模在不断增加。

4.3.1　公共养老金改革

　　日本公共养老金系统由若干种专门方案组成。其目前仍是一个复合的系统，是日本养老金历史发展的反映。公共部门雇员的公共养老金始于20世纪20年代早期，私人部门雇员的养老金制度始于1941年。到1961年，采用新的养老金方案以便覆盖自雇用者和农民，这部分人不包括在之前的任何公共养老金计划中。目前，有三种主要的养老金方案分别针对公共部门雇员、私人部门雇员、自雇用者和其他群体。每一种养老金方案均包含两到三个层次。第一层次是公共基本养老金，这是包括在各种方案中的一项养老金。第二层次由相关方案的收益组成。第三层次是职业养老金方案（见图 4-5）。到 20 岁时应加入公共养老金方案是一项法律义务要求，这一要求使公共养老金方案覆盖到学生和失业人群。

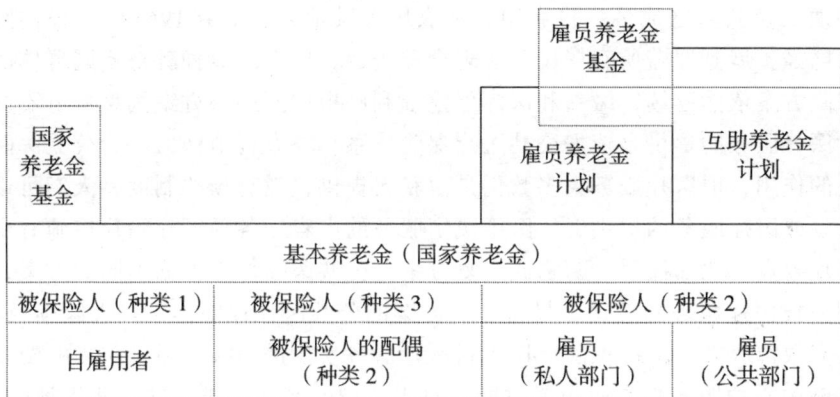

图4-5　日本公共养老金构成

资料来源：Ministry of Health, Labour and Welfare，Vital Statistics of Japan，2005.

从资金来源看，日本养老金制度实质上实行的是现收现付制，在这种制度下当前的老年人是由当前的就业人口缴纳养老金所供养。生育率迅速下降给日本养老金来源带来了严重的问题，因为已经很明显年轻人数量的不断减少使得供养不断增加的老年人越来越困难。老年抚养比已经迅速发生变化。在 2005 年，基本养老金方案下，每 2.9 名就业者需要供养一位老年人，到 2025 年这一供养比例预计为 1.8 名就业者需要供养 1 位老年人。

日本每五年左右会对公共养老金制度进行改革，所有的改革均试图减少福利并增加缴费额。政府保证包括养老金相关收益在内的养老金支付水平不低于平均工资的 50%，但其可行性仍然不确定。2004 年实施的最近的一次改革，启用了养老金总支出的自动控制系统，在领取养老金的人数和缴纳养老金的就业人口之间建立了直接联系。该系统通过把缴费人员的数量考虑进来，允许保险公司根据缴费人数的变化，保持低于通胀率的养老金替代率。换句话说，在生育率恢复之前，养老金数额将减少。

养老金的改革也是与其他政策的变动相联系的，特别是与劳动力市场政策相联系。由于养老金减少和传统家庭功能的弱化，近期与老年人相关的社会政策都在强调老年人的自力更生和自助，其目的是鼓励和推动老年人继续工作。过去，人们在 60 岁时结束生涯工作状态而退休。但公共养老金制度已经把领取养老金的年龄从 60 岁提高为 65 岁，因此，有必要采取措施使老年雇员继续工作到 65 岁。改革后的老年雇员就业保障法案（2004 年）要求雇主进行相应调整延迟雇员退休。

4.3.2   医疗政策

类似公共养老金制度的分类制定，日本公共医疗保险体系也是依据不同职业群体分别制定。主要包括三种针对不同人群的方案：私人部门雇员及其家庭成员，公共部门雇员及其家庭成员，自雇用者和农民等其他人群。到1961年，公共医疗保险体系已经扩展到覆盖所有居民。实现全覆盖后，原有的三种针对不同群体的公共医疗保险方案依然延续，缴费和医疗保险福利则根据不同的方案类型有所不同。在日本，医疗服务的提供是依据公共医疗保险体系。在农村地区，尽管公立医院发挥着重要的作用，但医疗服务大多数仍是由私人提供，没有预约制度，人们可以自由选择医院或医疗服务的提供者。医生决定服务的内容。各项医疗治疗措施有全国统一的治疗要点，比如注射、药物或康复方案。公共医疗保险根据不同的方案，按一定比例支付医疗服务的费用。尽管不同方案的公共医疗保险体系和保险项目不同，但在大多数情况下，医疗保险可以支付医疗服务费用的70%，另外30%的费用由医院和保健中心的服务柜台向患者收取。对于这样的制度安排存在一些批评的声音，主要是针对医疗成本的控制。治疗或处方的增加，提高了医疗服务提供机构（者）的收入，但是也不能否认存在不当治疗、过度治疗等风险。

日本的人口老龄化已经给公共医疗保险制度带来了严重的财政问题。在过去的25年中，针对老年人医疗保健的经济负担在增加。在20世纪70年代早期，福利扩张的鼎盛时期，老年人享受免费的医疗服务，直到1982年实行收费服务。现行的收费比例，针对70岁及以上的老年人是收取医疗花费的10%，而针对70岁以下的老年人是收取医疗花费的30%。预计从2009年开始，针对70~74岁的老年人收费比例调整增加到20%。2008年开始，针对75岁及以上的老年人将实行一项新的医疗系统。新系统从以前的公共医疗保险制度分离出来，因为它是由当地医疗卫生部门扩展形成的。新的系统下，护理照料费用是分摊的，一半的费用由税收支付，40%的费用由其他公共医疗保险制度转移支付，另外10%的费用由老年人自己缴费承担。这是一个独特的专门为老年人设立的医疗保险系统。将高风险人群纳入到一个系统中是否能够保证系统正常运行，财政上是否可行，尚有待观察（National Federation of Health Insurance Society，2007）。

4.4   日本的社会照料政策：日本福利社会衰落的遗产

4.4.1   政策背景

在过去，日本的社会照料政策经常被西方学者与日本的家庭、传统价值观和文化联系在一起，人们过多地关注所谓的"儒家价值观"（Jones，1993；Goodman and Peng，1996）。不能说儒家价值观已经深深根植于日本社会（Kono，2005），但是，日本的社会政策无疑受到儒家价值观的影响，即家庭在为孩子或老年人提供照料上起主要的和首要的作用，通常这种照料由女性来承担。在提供照料服务上，国家的作用是非常有限的，国家只是在家庭和其他非正式安排不到位时提供照料服务。由于国家和社会提供的照料服务不足，家庭不得不承担照顾老人的责任。将这一照料安排与价值观、文化相联系是误入歧途，还是应该多做政策制度方面的安排（Kono，2005）？

政府以传统和文化为其社会政策的不足辩解，以传统和文化构成"日本福利社会"的理念，注意到这一点也是同样重要的。日本的福利社会一词的语意与西方式的福利国家相反。在 20 世纪 70 年代末 80 年代初的低经济增长时期，优先的政策都是限制公共支出的，并开展宣传反对那些声称鼓励依赖社会福利政策和财政负担沉重的福利国家，诸如英国、瑞典等。在日本，政策制定者坚持主张没有必要建立西方式的福利制度以支持家庭体系。日本应该基于自己的社会和文化价值观建立福利制度（Harada，1998；Kono，2005）。这一公共政策指导方针一直持续到 20 世纪 90 年代。

日本式的福利理念是与日本的企业管理模式，如终生雇用、管理层和工会之间非敌对关系等相匹配的（Kono，2005）。大型企业充当其雇员各种家庭福利、企业年金、住房等资源的主要提供者。这一安排通常被认为是日本战后劳动力市场稳定、低失业率、经济成功的基础。但是，在这一体制安排下，存在巨大的性别差异和社会差别，注意到这一点是非常重要的。就业稳定、工资收入合理，只是对于大型企业中男性雇员的基本保证。性别差异是与日本经济增长时期的家庭模式相关联的，即强烈的男性养家糊口的模式。由于男性的收入足以允许女性不必出去工作，因而承担家庭责任，包括照顾老人。事实上，直到 20 世纪 80 年代，已婚妇女的劳动力市场参与率都比较低，公共托儿保育服务的供给都非常有限。

4.4.2　第二次世界大战后的社会服务供给

值得注意的是，日本福利制度的不足方面都采取了他们自己的公共服务供给形式予以补充。社会保险制度被置于社会保障体系的核心，而个人的社会服务严重依赖于志愿者机构。在儿童、残疾人、老年人的社会照料方面，志愿者机构在提供服务上发挥了重要作用。日本的慈善机构有很长历史，可以追溯到日本现代化之前。在第二次世界大战之前，慈善机构在向有需求的人提供社会照料上起了主导作用。战后新宪法生效，确保每个日本民众的生活高于国家最低标准成为政府的法律责任。政府通过补贴制度的发展来履行这一责任，地方政府与志愿者机构签订合同向其提供补贴，由志愿者机构提供社会服务。社会照料服务通过公共监管体系提供，在这一体系中地方当局依据与非营利组织签订的合同来分配有限的社会服务资源。而这些非营利组织的财政通常是由税收拨付。由当地福利办公室将服务对象介绍给志愿者机构等服务提供者。因此，作为获得公共财政补贴的回报，志愿者机构代表地方政府提供服务，并遵守国家法规（Furukawa，2003）。

4.4.3　20世纪80年代后的福利改革

　　本章到目前为止讨论的福利安排都是可行的，因为其面对的日本老年人的规模还比较小。然而，由于婴儿潮时期出生的人群将达到50岁，很显然传统的福利安排不再能够应对社会的变化和人口结构的变化。这促使对福利安排的机构进行基本审视。非正式护理和志愿者机构提供服务，可能无法应对由人口老龄化的加剧而导致的社会护理需求的增加。如前面所讨论的，日本直到战后才发展其公共部门的社会服务，这就形成了一个多元化的系统。在这个系统中，包括非营利组织和非正式部门，还包括大多数的家庭和女性，都被期望能为老年人提供护理。日本的家庭已经发生了迅速的变化，依靠家庭赡养老年人已不再是可行的和可取的（Kono，2005）。到20世纪90年代中期，针对社会护理安排的新的需求越来越多，并且这些需求要落实到位，包括呼吁护理的社会化。

　　根据战后的安排，医疗护理费用是在全国范围计算，没有针对志愿者机构的独立性予以考虑。对于志愿者机构，没有相应的奖励措施来提高其服务质量，因为享用服务的人是由政府自动分配给志愿者机构的。并且，在调整医疗护理时未能把服务质量考虑进来。因为市场上服务提供者的数量总是很低，所以在服务提供者之间没有竞争。也有人认为，在这些安排下日本的志愿者机构失去了其独立性，变成了当地政府安排的纯粹的合作者（Furukawa，2005）。

　　养老院是公共机构护理的主要形式，而居家护理服务直到20世纪80年代末才得以发展。对于享有服务的人们来说，当非专业护理者和家庭无法应对时，政府保证提供最低服务水平。然而，公共部门的资源，包括志愿者机构的资源，总是受资格标准等的限制。申请服务的门槛高，意味着大部分的配置只提供给急需社会护理和有健康照料需求的人们，如独居老人和低收入者。自20世纪50年代开始，护理服务根据需求者收入多少收取相应的服务费。然而，收入相对较高的人、同其他家人共同生活的人、非正式就业者通常不在公共社会服务计划覆盖范围内。对于那些不在服务范围内的人，通常要留在漫长的等待名单之中。这就导致许多老年人并非因病而住院，住院的目的是等待养老院的一个名额（Hiraoka，2006）。

　　等待名单长、申请资格限制严格、获得服务供给困难、不必要的住院等等总是受到人们的抨击，因为得到服务的人对其护理安排没有选择，这种护理安排缺乏灵活性、需要漫长的等待。进一步受到抨击的是，人们无法选择由谁来为自己提供护理服务。当地政府机构评估护理需求的优先顺序，然后分配护理服务提供者给那些排在名单前列的人。这些护理服务往往缺乏灵活性，并且不是所有人都对服务提供者的服务感到满意。到20世纪90年代，老年人的护理服务需求大量增加，政策制定者转向营利机构以增加社会护理市场的服务提供能力。日本福利供给的特点是多元化或公共部门缺失。公共部门从未在卫生、住房以及社会服务提供方面扮演主要角色。日本社会政策的这一基本特点直至20世纪80年代才有所改变。

4.4.4 采用长期护理保险制度

在日本，与老龄化相关的社会政策，其最令人关注的发展是社会护理政策。最近几年，社会护理政策最重要的发展是在2000年采用新的公共长期护理保险（LTCI）。在20世纪80年代期间，产生高额费用的社会住院治疗越来越多，已成为一个严重的问题（Hiraoka，2006）。公共长期护理保险的实施过程中，主要强调三个政策目标：第一，建立一个由全体国民供养所有老年人的社会护理体系；第二，提高公共长期护理保险服务的质量，并提高其效率；第三，将社会护理从医疗保健中分离出来，减少长期住院治疗，降低医疗保险费用。

日本为什么采用社会保险制度而不是基础的税收制度作为其社会护理安排的基础，了解这一点是很重要的。政策制定者选择保险制度而不是选择增加税收，是因为鼓动人们支付护理所需费用要更容易（Hiraoka，2006）。人们认为老年人及其家人有明确理由为护理投保。也有观点认为，税收会通过财政政策有所丧失，但保险在服务与成本之间有明确联系，即作为保险付款的回报人们获得服务。这一点被政策制定者认为是至关重要的，因为在日本社会服务已变得污名化，并且接受社会护理往往被视为是可耻的。公共长期护理保险并不是纯粹意义上的保险，因为用于该计划的半数资金是由一般税收来提供。然而，就支付缴费和接受服务之间所呈现的明确联系而言，保险的自我形象被认为是重要的（Hiraoka，2006）。长期护理保险，作为市场化的社会服务改革发展的一个组成部分，其特点是服务提供者多、选择多、增加竞争以及提供更优质的服务。

4.4.5 长期护理保险制度的特点

长期护理保险是由公共部门、志愿者机构或私营部门提供服务的一种社会保险，投保人一般都是40岁及以上的人。长期护理保险是一项强制保险，该保险设计为两大类：针对65岁及以上人群（投保类型1）和针对40～65岁人群（投保类型2）。地方政府作为长期护理保险的承保人，每个城市设定自己的保险缴费水平以反映老年人口的总护理需求。在启用新的体系时，65岁老年人的平均每月保费约为3 000日元。针对低收入人群，会相应降低其缴费比率。免费的公共援助系统将为依靠救济生活的人群支付保费。

在整个过程的开始，由当地权威部门进行资格审查——需求评估，进而根据人们的护理需求将其分为7类。一旦完成审查和评估，一系列的社区护理服务就可用于那些符合资格审查的人们身上，护理服务包括家庭帮助、护士家访、日间护理、健康恢复、短期（整夜）陪伴以及设备租赁服务。如果通过审查，也可以利用养老院等机构护理。营利组织已经加入公共部门和非营利志愿者机构，以提供社区基本服务。有资格享有服务的人，能够选择服务、设备和服务提供者。专业的护理管理人员帮助老年人制订个人护理计划。至于保险费用，老年人承担护理费用的10%，并有上限限制。有一些措施用来降低低收入人群的服务费。长期护理保险已覆盖大部分老年人的个人护理服务需求，是建立社会护理市场的一个必要工具。日本护理保险模式受德国模式影响，而护理管理和社区护理安排是受20世纪90年代早期英国社区护理改革的影响。

4.4.6 长期护理保险的第一个五年

当公共养老金和公共医疗保险的覆盖范围扩展到整个国民时，实行长期护理保险是自20世纪60年代以来日本社会政策的最重要的变化。与先前的社会服务改革不同，长期护理保险是在国民经济处于长期衰退期间实行的。一些分析人士怀疑由地方政府实施的长期护理保险，尤其是在开始施行这项计划时，质疑其服务的可用性。人们担心在缴纳服务费用之后不能享有应有的服务。同时，人们也不知道到何种程度的服务需求将会增加。此外，全国用统一的需求评估体系被认为是过于简单化。人们担心护理服务需求的认定是否符合实际，担心其是否会将护理需求者拒之门外。

在第一个五年中，资格审查符合护理保险要求的老年人的数量，从2000年的218万人上升到2005年的400万人。在这一时期，享有服务的人数由原来的149万人增加到超过300万人（MHLW，2005）。尽管需求评估体系在实际工作中存在一些问题，如老年痴呆症的需求评估尤其难以进行，但总体上需求评估体系的运转比预想的要好。针对这项评估体系进行过多处微小的修订，还没有发生过针对这一体系的来自享有服务的人员以及其家人的严重投诉。各个城市负责地方一级的长期护理保险管理，还没有发生过管理上的严重失误。一项民意调查显示，大多数人认为长期护理保险方案的实施，使得家庭护理的负担在减轻（MHLW，2004，2005）。

厚生劳动省（MHLW）认为，由于社会护理服务的急剧扩张，长期护理保险（LTCI）还是比较成功的。由于包括营利机构在内的新的服务提供者加入到社会护理市场中，所以服务提供者的数量在增加（Tokoro，2007）。然而，在实施的第一个五年期间，长期护理保险体系已经开始面临财政困难。其经费开支由2000年的36 000亿日元上升到2005年的69 000亿日元。得到长期护理服务的人越来越多，这是应该受到欢迎还是应该被视为一种问题，对此存在见仁见智的不同看法。一方面，人们批评有些人往往不顾自己的实际需要去消费护理服务，而服务提供者为了实现利润最大化鼓励人们享有护理服务。对于服务提供者来说，增加服务意味着增加利润。另一方面，人们担心低收入的老年人在获取护理服务时依然会受到限制，尽管有一些特殊措施来扶助这一群体。对于低收入的老年人，护理服务费用是获取护理服务的一种制约。正如本章前面所提到的，大多数的老年人家庭，其家庭预算开支很紧张。老年人收入存在差异导致了老年人享有的护理服务存在差异，认识到这一点是重要的。我们不能忽视制度关怀也是存在偏好的（Hiraoka，2006）。长期护理保险的引入推动了社区照顾，然而这个目标并不总是可以实现的，因为有漫长的等待过程，一些人仍然需要来自家庭的护理。

在日本各地，长期护理服务的使用模式各有不同。在城市地区，有足够的社区护理服务，服务提供者之间形成竞争。而在一些农村地区，服务提供仍然短缺。在老年人规模大的地区，当地政府面临财政困难，因此这样地区的保费与日本其他地区相比较高。上述情况在开办养老院多的地区、在单身老人家庭户多的地区是非常典型的。据报道，在一些城市的长期护理保险缴费水平，比最低缴费水平的城市高出 2.5 倍（Tokoro，2007）。此外，人们还对长期护理服务提供者的服务质量表示担心，公众对社区护理的关注由护理的数量转向护理的质量。欺诈事件，例如服务提供者向保险公司的虚假要价，护理人员的盗窃或虐待等等，时有曝光。最近的一个案例是 COMSON 的渎职事件，COMSON 是日本在 2007 年时的一个最大的私人护理服务机构。这一事件导致了他们在全国范围的所有服务分支机构都被关闭（Yomiuri Shinbun Newspaper Editorial，6 Sept 2007）。

4.4.7　2005 年长期护理保险的第一次改革

日本自实施长期护理保险后，对其已做过审视和多次调整。2005 年长期护理保险进行了第一次重大改革，政府制定政策目标以创建一个"可持续发展的社会服务体系"。改革的主要内容是针对低需求的老年人引进一种预防方案。政府意图通过推进预防方案来减少护理服务的使用。政府预期如果更多的人通过参加这一预防方案能够保持健康，那么护理服务需求和公共开支就会减少。预防方案包括健身锻炼、牙齿保健以及其他社区生活配套项目。这些方案能否改善老年人健康状况，我们拭目以待。

在长期护理保险改革中也考虑到，引导老年人由诸如养老院这样的机构护理转为参加社区护理，其目的是在老年人和他们的家庭护理者之间建立起较强的经济联系。即使在长期护理保险实施之后，机构护理仍被家庭护理者看成是效益更好的，因为长期护埋保险中包含"住宿花费"。2005 年的长期护理保险改革把这一成本排除在外。

这些改革在 2006 年实施时，人们开始探讨把长期护理保险范围扩展到年轻人的提议。基于 40 岁及以上人群的保险缴费并经过一般税收，长期护理保险满足了老年人的护理需求。也有人认为应该从 20 岁开始收取长期护理保险费，并通过长期护理保险为残疾人提供护理服务。如果要求由 40 岁以下的人缴费，那么长期护理保险的财政基础将会更加坚固。尽管残疾人由于担心服务费用将会增加，对此表示强烈反对，这一问题不可避免地在下一轮长期护理保险重大改革中将引起关注。

4.5　未来的挑战

本章内容聚焦在日本快速老龄化背景下近期的社会政策发展。我们至少可以看出，针对其老龄化人口日本已经做出准备。然而，随着时间推移，这一系列准备能否正常运行仍有待观察，到目前为止前景并不明朗。

4.5.1　缓解人口老龄化的挑战

生育率能否停止下降是最紧迫的政策问题之一，若干家庭政策措施鼓励年轻夫妇生育孩子。首先，在20世纪90年代曾经优先考虑增加儿童保育场所，但最近的政策倡议已经将重点转移到使工作和家庭生活之间和谐。这些新的举措强调改善工作环境，例如提供育婴假。此外，儿童津贴从三年延长至十二年，同时三岁以下的儿童津贴由5 000日元翻番至10 000日元。但与西欧国家相比其财政支持水平仍然较低。

在过去的20年间，许多政策努力和财政资源都被用于应对老龄化和援助老年人，而对儿童和家庭的投入甚少。二者之间的重要联系正逐渐被人们所认识，最近的政策关注已经开始转向儿童和家庭问题。日本正在经历令人关注的政策转变时期。

4.5.2　提供足够的社区护理面临的挑战

日本的社会护理体系正在家庭与国家之间建立一个新的平衡。长期护理保险的最初目的是使护理社会化，意图在福利多元化的背景下，通过提供社区护理来供养生活在社区的老年人，并减轻家庭护理的负担。因此，长期护理保险并非想通过公共的或社区的护理服务来取代所有的非正规护理。政策强调由机构安排向社区护理转移，非正式护理者和家庭的角色被期望巩固和补充社区护理。老年人应该尽可能地在自己的生活环境中得到护理服务，而不是被收容在养老院，基于此，社区护理得到推进。大多数人同意这一观点，即认识到长期护理保险对保持家庭参与到老年人的照顾中是很重要的。除非居家护理服务是充分的并且能够负担得起，否则家庭成员只能继续赡养他们的老人，别无选择。

正如前文所提到的，家庭成员更倾向于选择机构护理（Hiraoka，2006）。理解其背后的原因是重要的。一种解释是机构护理是非正式护理的唯一明确替代。在目前的长期护理服务的提供水平下，仅仅依靠长期护理服务并不足以满足所有的护理服务需求，特别是针对日本护理体系的一项紧迫挑战，即老年痴呆症患者的护理。目前尚不清楚当前的体系是否能够供养越来越多的老年痴呆症患者。许多家庭在寻找机构护理，其可能考虑这是对非正式护理安排的一个明确替代（Tokoro，2007）。

由机构护理转向社区护理很可能会出现问题，除非非正式护理能够改善。将非正式护理同社会护理的公共供给相结合，在理论上是可以理解的，但在实践中可能难以协调。尤其重要的是要注意到，如果计算上全部的非正式护理费用，那么在社区供养老年人不一定是最便宜的选择。这包括拥有全职工作的非正式护理者的费用。同样重要且需要注意的是，工作方式的改变影响了非正式护理者在社区护理中可能发挥的作用。家庭模式由原来传统的男性养家糊口转变为夫妻二人共同养家糊口。由于许多传统的非正式护理者现在均在职，未来不能高估非正式部门护理服务的作用。

4.5.3　长期护理保险的财政可持续性

长期护理保险的总费用支出由 2000 年的 36 000 亿日元增加到 2006 年的 70 000 亿日元。这意味着其年增长速度为 10%。对 2005 年的长期护理保险改革做了一个尝试，即通过严格的评估和资格审查以减少享有服务人员的数量。与提供直接的护理服务相比，最近的改革更多关注于预防方案。强调"可持续护理保险制度"代替"非正规护理的社会化"就是一个象征，与 2000 年长期护理保险实施的初期阶段相比，发展方向有了一个清晰的变化（Tokoro，2007）。

一些人认为，向老年人征收初始保险费是合理的。然而，缴费以及服务价格将不可避免继续上升。据估计，到 2012 年保险金额可能需要上调到 6 000 日元，比最初实施这一计划时的费用多两倍。针对老年人的公共医疗保险计划，新方案也将导致老年人的服务费用增加。2004 年养老金改革的结果是，对老年人来说未来前景变得不确定，他们需要继续工作或者依靠家人和子女的供养，而依靠家人和子女的供养变得越来越不切实际。在 20 世纪 90 年代，对减轻家庭护理负担和使护理社会化存在激烈的争论，现在这样的做法已被广泛接受和欢迎，但这样的做法最近开始面临一些财政现实问题（Tokoro，2007）。

4.5.4　护理管理和护理交付的挑战

日本的长期护理保险管理已经与社会保险制度一体化，并且混合了老年人社会服务供给。换句话说，长期护理保险在促进社会护理市场方面是重要的，市场也使营利机构有了提供服务的机会。在日本的政策中，一直没有打算扩大公共部门的服务供给，志愿者机构仍然是主要的服务提供者。地方政府和服务供应商之间的通过税收融资的监管合同，被替换成了长期护理保险，以使人们能够对他们所接受的护理服务做出更多的选择。社会护理服务可以通过多种类型的专业服务来交付完成。

长期护理保险有一个系统和特定领域——护理管理系统，以便为有需要的老年人提供支持。在这一系统中，根据"社会护理专业管理人"制订的护理计划，提供护理服务。社会护理专业管理人的角色是评估个人需求，借助社会资源来满足这些需求，通过护理计划和专业技能协调社会资源，在社区维持有护理需求的人的生活并提高其生活质量。"专业管理人"被期望发展非正式网络和社区网络来支持生活在社区中的老年人。然而，护理管理源于社会护理市场的理念，这一理念的目标是减少社会护理成本，特别是减少机构护理成本。因此，是从资源的可用性角度而不是从个人需求的角度来定义护理管理的。护理全套服务被定义为长期护理服务项目的有效可用性，服务内容没有扩展超出此系统。换句话说，护理管理系统规定了护理管理的实践内容。与规定的计划相比，"专业管理人"在支持老年人时可能被期望做得更多，但当前的工作量情况下还不允许他们这样做。同样需指出，许多"专业管理人"受雇于服务供应商，他们往往被视为服务供应商的代理，而不是独立的老年人的顾问（Hiraoka，2006）。

护工的情况同样也值得关注。护理工作工资低、工作时间长，在日本成为一份没有吸引力的工作。另外受到严重关注的是，护理服务供应商能否保持足够数量的在岗员工以提供优质的服务。长期护理保险在提供服务时还需要考虑护工的成本，使得服务提供者可以给出足够高的工资以吸引高质量的员工。然而，由于基金的总体水平低，这一方案是很难维持的。2005年的长期护理保险改革，未能改善护工的财务状况。除非投入更多的财政资源，否则未来维持老年人护理服务似乎不大可能。

4.6　结束语：公众对日本福利体系的信心

本章探讨了日本的老龄化问题和近年的社会应对政策。主要是由于生育率的迅速下降，日本人口老龄化的速度比预期的要快，政策制定者仍在观察生育率的变动。在这些新的政策措施中，长期护理保险可以被看做是独一无二的。长期护理保险被期望从根本上改变日本的老年人保健体系，即从家庭护理更多地转向社会护理，但这正面临严峻的财政现实。

日本老龄化社会中最重要的问题似乎是对当前福利制度的公众支持和信任，包括养老金、医疗和社会护理。近年，在这些关键的政策领域存在很多问题。例如，社会保险机构丢失或部分丢失高达5 000万例养老金缴费记录，这意味着一些养老金领取人在多年缴费后也未必能领取养老金。这些丑闻给自由民主党带来了灾难性的制裁，使自由民主党在议会中失去多数优势。

存在的问题是，公众对公共福利体系很可能正在失去信心。一些年轻人拒绝向公共养老金系统缴纳任何费用，因为他们认为不会得到应有的回报。最近几年，私营保险业的私人养老金和医疗保险已经在媒体开始了大规模的广告宣传活动。很显然，需要把更多的财政资源投入到目前公共福利体系中，这只有通过纳税人同意提高税收或者增加社会保险缴费额才能实现。日本是否会转向私人或市场导向的福利制度，或是仍然保持部分发达的社会福利制度，还有待观察。政治上的争论仍在进行，并在未来许多年继续存在。

4.7　参考文献

张运书，潘淑娟.目标与范式：日本农村社会保障制度之借鉴[J].经济理论与经济管理，2011（3）.

谭睿.日本老年社会保障制度改革的策略及启示[J].老龄科学研究，2014（7）.

Cabinet Office （2007a） *Korei shakai hakusho* （Annual Reports on Ageing Society）, Tokyo, Gyousei.

Cabinet Office （2007b） *Shoushika shakai hakusho* （Annual Reports on Lower Fertility Society）, Tokyo, Gyousei.

Furukawa, K（2003）*Shakai Fukushi no Unei*, Tokyo, Yuhikaku（Japanese）.

Goodman, R and Peng, I（1996）'The East Asian Welfare States', in Esping-Andersen, G（ed）*Welfare States in Transition: National Adaptations in Global Economies*, London, Sage.

Harada, S（1998）'Nihongata Fukushi Shakai no Kazokuzou', in Institute of Social Science（ed）*Tenkanki no Fukushikokka*, Tokyo, Tokyo University Press.

Hiraoka, K（2006）'Long-Term Care Insurance in Japan', in Yoon, H S and Hendricks, J（eds）*Handbook of Asian Aging*, New York, Baywood Publishing.

Ito, S（2005）Kaigohoken Kaikaku to Kaigo Hosho, *Wage and Social Security*, 1396: 4-39.

Jones, C（ed）（1993）*New Perspectives on the Welfare State in Europe*, London, Routledge.

Kono, M（2005）'The Welfare Regime in Japan', in Walker, A and Wong, C（eds）*East Asian Welfare Regimes in Transition: From Confucianism to Globalisation*, Bristol, Policy Press.

Ministry of Health, Labour and Welfare （MHLW） Social Security Board （2004） 'Kaigo Hoken no minaoshi ni kannsuru iken'（For a Reform of Long Term Care Insurance）, *Kaigo Hoken Joho*, 5（6）, 2-5.

Ministry of Health, Labour and Welfare （MHLW） Social Security Board （2005） 'Shakaihoshou shingikai/kaigofukyuuhibunnkakai shiryou', *Gekkann Kaigo Hoken*, 10（111）, 36-50.

Ministry of Health, Labour and Welfare （MHLW）（2007）*The Comprehensive Survey of Living Conditions of the People on Health and Welfare 2005*, Tokyo, Health and Welfare Statistics Association.

Ministry of Internal Affairs and Communications （MIAC）（2007）*Annual Report on the Family Income and Expenditure Survey 2006*, Tokyo, Statistics Bureau, MIAC.

National Federation of Health Insurance Society（2007）*Annual Report on Social Security 2007*, Tokyo, Toyokeizaishinposha.

Tokoro, M（2007）'The Social Care System for Older People in Japan and the Role of Informal Care: Long-term Care Insurance Five Years On', in Balloch, S and Hill, M（eds）*Care, Community and Citizenship: Research and Practice in a Changing Policy Context*, Bristol, Policy Press, 261-281.

第 5 章

韩国的老年人保障：政府的角色强化了吗？

黄圭振

5.1　引言

越来越多的人意识到当代社会中老龄化的重要性以及老龄化给社会保障的设计和改革所带来的影响。本章以韩国为例，分析近期社会经济和人口变化对人们的影响，特别是对老年人群的影响；探讨人口老龄化和劳动力市场变化之间的关系，以及政策决策者针对退休人群的社会保障结构和资金配置所制定的政策；阐述韩国社会保障的最新进展，以及不得不实施和改善社会保障方案的原因；最后表明对社会保障措施的最新补充和调整是政府在充满不确定性的时代之中承担制定社会政策责任的重要标志。

5.2　社会结构的变化

老龄化是全世界社会福利体系都必须面对的一个问题，世界银行甚至将老龄化称为危机（World Bank，1994）。韩国现在是这一争论的焦点，因为韩国是世界上人口老龄化速度最快的国家之一，其生育率在经合组织成员国中是最低的（OECD，2007a）。据经合组织的预测，到2050年韩国将成为除日本外老年人口比例最高的国家。在韩国，已经有以工业事故保险（1963年实施）、健康保险（1977年实施）、老年人养老金（1988年实施）和就业保险（1995年）为代表的基本社会保障结构，但是许多人对这些保障在社会经济和人口结构快速变化情况下的可持续性产生怀疑（对这些社会保障的历史发展的阐述，见 Kwon，1999；Shin，2002；Hwang，2006）。

过去几十年，韩国经济非凡增长的关键无疑是其拥有深受传统儒家工作准则影响而训练有素的劳动力，以及对权威和家庭为导向的养老体系的认可。尽管可利用的较高教育水平劳动力和相对低的失业率仍为经济增长的有利条件，但是由于预期寿命的延长和生育率的降低共同导致的人口老龄化使得经济增长的可持续性受到质疑。如表5-1所示，到2030年，韩国人口的预期寿命近乎达到82岁，65岁及以上老年人口将占总人口的约1/4。与其他工业化国家相比，韩国人口老龄化的速度是前所未有的（见表5-2）。

表5-1   韩国人口指标和预测①

	人口/百万人	增长率/%②	生育数③	预期寿命/年	年龄中位数/年	老年人比重/%④
1960	25.0	—	6.0	55.3	19.9	2.9
1970	31.5	2.3	4.5	63.2	19.0	3.1
1980	37.4	1.8	2.7	65.8	22.2	3.8
1990	43.4	1.5	1.6	71.3	27.0	5.1
2000	46.1	0.6	1.5	75.9	31.8	7.3
2010	49.2	0.6	1.2	79.1	37.9	10.9
2020	50.0	0.1	1.2	81.0	43.7	15.7
2030	49.3	−0.1	1.3	81.9	49.0	24.1
2040	46.7	−0.5	1.3	82.6	53.1	32.0
2050	42.3	−1.0	1.3	83.3	56.2	37.3

资料来源：NSO（2006）.

注释：①韩国国家统计局对2005—2050年作出的预测。

②每十年的平均增长率。

③平均一个女性一生中可能会生育的子女数。

④65岁及以上人口占总人口的比例。

表5-2   部分经合组织国家的人口老龄化速度

国家	老年人(65岁及以上)比例			所用时间/年	
	老龄化社会(7%)	高龄社会(14%)	超高龄社会(20%)	7%→14%	14%→20%
日本	1970	1994	2006	24	12
德国	1932	1972	2012	40	40
瑞典	1887	1972	2012	85	40
法国	1863	1979	2020	115	41
英国	1929	1976	2021	47	45
美国	1942	2013	2028	71	15
韩国	2000	2018	2026	18	8

资料来源：UN（2007）.

韩国 1960—1990 年生育率和人口增长率的大幅下降，是 1962 年国家实施计划生育政策的结果。尤其是韩国人口在 1983 年达到 4 000 万时，所引发的全国性反对人口激增运动，促使政府制定了各种控制人口增长的政策措施。然而，具有讽刺意味的是，韩国在 2005 年成立了低生育与人口老龄化政策委员会，其目的却是促进生育率的提高。该委员会致力于减轻生育和照料孩子的负担，同时营造更加有利于家庭生活的工作环境，从而为工作和生育扫清障碍。政府调查显示，韩国女性的平均生育意愿是 2.3 个孩子——59% 的韩国女性想生育 2 个孩子，34% 的女性想生育 3 个或 3 个以上的孩子。但是 1/3 的调查参与者，即年龄介于 20 ~ 44 岁之间有至少一个孩子的已婚妇女，由于子女教育费用昂贵，并不想生育更多的孩子（NSO，2006）。生育和工作之间的矛盾也被认为是限制生育率的关键因素。

尽管确定妇女工作和生育率之间的相互影响关系有一定难度，图 5-1 显示有较高妇女劳动力参与率的国家也有较高的生育率。换言之，经合组织成员国女性的工作和生育率之间呈现显著正相关关系。在韩国，25 ~ 54 岁女性的劳动力参与率逐年提高，有记录显示这一指标从 1984 年的 46.7% 增长到 2004 年的 59.5%。但是同期生育率从 1.76 大幅下降到 1.16（OECD，2007a）。因此，更加灵活和优惠的诸如父母带薪休假、儿童看护补贴之类的各种保障措施，能够在劳动力参与率提高的同时保持一定的生育水平，抵消人口老龄化的影响。

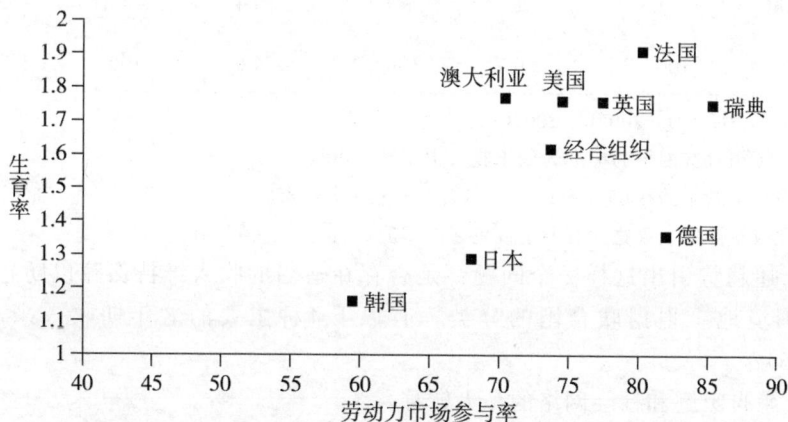

图 5-1　部分经合组织国家女性劳动力市场参与率和生育率

资料来源：OECD（2007c，tables 5.12 and 5.13）.

在家庭观念比较薄弱的保障网络中，人口老龄化带来的影响会更明显。例如，韩国三代同堂家庭的比例从 1970 年的 22.1% 下降到 2000 年的 9.9%（NSO，2005）。越来越高的教育费用和住房费用，与其他因素共同导致生育率的降低。家庭结构最重要的变化之一是老年家庭的大规模增加。如表 5-3 所示，老年家庭所占比重由 1991 年的 2.9% 剧增到 2000 年的 6.7%，一人家庭和男性户主家庭也呈现相同趋势。当考虑到老年人当家的家庭所面临的不利因素时，上述趋势将对政策产生重要影响。老年家庭的贫困率从1991年的27%大幅增长到1996年的40.3%，仅在2000年略微下降到38.8%。贫困率在1996年之前都保持相对低的水平，而2000年贫困率的提高是受到1997年金融危机影响。几乎全部家庭类型的贫困率都在提高，然而老年家庭的贫困率几乎高于全国平均水平8.1%的五倍。1996—2000年间，老年家庭贫困率略微下降，这主要是由在危机爆发时采取的临时性紧急政策引起的。然而，仍值得注意的是老年人是最容易陷入贫困的人口群体。

表5-3   按家庭类型划分的家庭构成的变化和相对贫困率①   单位：%

	1991		1996		2000	
	人口结构比例	相对贫困率	人口结构比例	相对贫困率	人口结构比例	相对贫困率
夫妇家庭	88.3	3.8	84.9	2.4	82.8	4.9
老年家庭②	2.9	27.0	3.6	40.3	6.7	38.8
女性户主家庭③	4.3	13.1	5.4	11.0	5.0	14.6
男性户主家庭③	2.7	7.1	3.2	6.0	3.4	11.6
一人家庭	1.8	7.1	2.9	9.4	3.1	16.4
合计	100	5.0	100	4.6	100	8.1

资料来源：OECD（2007B，2007C）.

注释：①相对贫困率的标准为低于收入中位数的40%。

②如果户主的年龄在65岁及以上，那么该家庭为老年家庭。

③男性或女性户主家庭为有两个或更多的家庭成员组成，但没有配偶的家庭。

由上述趋势引出这样一个问题：是否存在适当的收入维持保障以防止老年人陷入贫困境地。根据联合国的分类，有以下4种主要的老年期收入来源（un，2007：96）：

（1）来自家庭和社会网络的私人转移。

（2）来自养老金和其他现金转移方案的公共转移。

（3）劳动收入。

（4）金融资产和其他资产，包括私人养老金。

在大多数富裕国家，私人转移的作用逐渐变小。但是在韩国，私人转移对于大部分人口（Hwang，2004），特别是老年人口（Hwang，2001）而言，占据其收入相当大的比重。据2004年政府调查数据显示，老年人最常见的收入来源是交通补贴（89.7%），其次是来自亲属的补贴（76.9%）。由于交通补贴是所有65岁及以上的老年人都有资格获得的一般性补贴，因此许多老年人被在调查中问及时，将交通补贴视为主要收入来源。虽然交通补贴的水平很低，但如果除去交通补贴，来自公共转移的其余收入会大幅减少（NSO，2005）。

这一切表明尽管私人转移依然重要，但公共转移在老年人收入保障中的作用越来越明显。特别是当家庭逐渐不再是强大的社会安全网络时，公共转移的作用将会越来越大。否则，必须提高劳动市场的工资以抵消私人转移的潜在损失。然而，在45～49岁之后，人们的工资往往会减少，主要是因为长期存在的"资历优势"已经到达了消失点（Choi，2006）。事实上，此时来自劳动工资的收入已经低于来自公共转移和私人转移的收入（NSO，2005）。

5.3 人口老龄化与劳动力市场

对于那些到了退休年龄而不再就业的老年人而言，如果他们落入贫困线之下，可以凭借养老金所提供的直接现金收入维持生活。对于没有任何资产收入，也没有来自于亲属的私人转移的老年人而言，所得养老金的多少是其晚年生活收入保障的决定性因素。然而，对于由于生育而引起工作中断的人们而言，固定任期合同以及低薪水影响他们对养老金进行充足的缴费，因此大大减少了养老金的数额。由此可见，快速变化的劳动力市场结构会对相关社会保障政策的有效性带来挑战。

不仅仅贫困率在增加（见表5-3），不平等程度也渐渐加剧。通常认为非正规就业量的增加是不平等程度加剧的一个重要原因。如图5-2所示，基尼系数——衡量不平等程度的指数，被定义为一个0（完全平等）到1（完全不平等）之间的相对数值——对于城市而言，领取薪水和工资的家庭的基尼系数保持在0.3以上。韩国在21世纪初短期的稳健经济增长降低了这种不平等程度，但是在2004年基尼系数又恢复到0.31，这一现象也许与家庭"信贷泡沫"的破灭以及经济增长的放缓有关。2006年韩国的基尼系数为0.35，在经合组织成员国中为第六高的水平，高出经合组织成员国家的基尼系数平均值0.13（经合组织，2007c）。根据经合组织的观点，不平等程度加剧的原因之一是非正规就业规模增加，韩国的非正规就业比例从2001的16.6%增长到2005年的29.4%，在经合组织国家中是第二高的，原因之二是大企业与小企业之间工资差距扩大（Ahn，2006）。图5-2呈现了2001—2005年期间韩国非正规就业的临时工人增加的比例。随之而来的是工资年增长率降低，津贴越来越少，以及针对非正规就业者的社会保险覆盖范围越来越小。

社会保险支付通常与缴费记录有关，因此，由于非正规就业活动的增多所引起的就业无保障就有重要的派生影响。如表5-4所示，正规就业者中只有1.4%的人完全没有社会保险，而非正规就业者中有高达65.3%的人完全没有社会保险。若考虑附加福利的情况，这两个群体间的差距会进一步扩大。例如，73%的正规就业者享有合法退休补贴、加班工资、定期奖金和带薪假期。然而，仅有9.5%的非正规就业者在其工作单位享有这些附加福利。

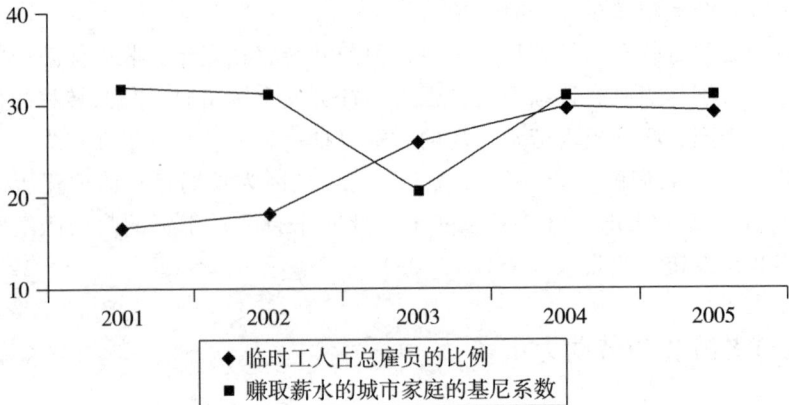

图 5-2　韩国收入不平等程度与临时工人比例

资料来源：OECD（2007C，tables 5.12 and 5.13）.

表 5-4　　按就业类型划分的附加福利、社会保险覆盖率和工资增长率(2001—2005)　　单位:%

		正规就业者	非正规就业者①	总雇用
附加福利②	全部	73.0	9.5	37.3
	部分	25.9	16.3	20.5
	无	1.1	74.2	42.1
社会保险③	全部	81.1	29.4	52.1
	部分	7.4	5.3	10.6
	无	1.4	65.3	37.3
工资增长率		31.5	24.9	28.2

资料来源：Ahn（2006，tables 16 and 20，with author's own calculation added）.

注释：①非正规就业者包括临时就业者、按天工作者和非标准工人。后者包括固定任期和兼职合同工人，也包括替代就业（派遣工人、临时机构工人、独立承包者、侯招劳工以及在家里工作的人）。

②附加福利包括合法退休津贴、加班费、常规奖金以及带薪假期。

③社会保险包括国家养老金、健康保险和就业保险。

非正规就业者的激增无疑是韩国 1997—1998 年财政危机影响最深远的后果之一。越来越多的制造业公司将生产基地迁至海外，同时，劳动力市场两极化使工作无保障的情况更加恶化，这两种情况对韩国经济创造就业的能力带来严峻的挑战。创造就业能力的下降导致失业的增加，在韩国，经济复苏不一定伴随着有更多的就业机会。2004 年，韩国发布《三方委员会创造就业社会公约》，探讨如何解决针对年轻人就业无保障和失业问题。尽管采取了这一措施，但是 15～29 岁群体的就业增长率在过去四年中仍然是负增长，记录显示 2003 年和 2006 年其就业增长率均下降4%，因此，《三方委员会创造就业社会公约》这一措施未能有效解决问题（Grubb et al.，2007：15，表2-3）。相比之下，年长就业者的就业率保持相对高水平并且持续增长。例如，强制退休年龄通常在55岁左右，但50岁及以上群体就业率在2004年和2006年分别增长5.2%和6%。此外，一旦人们退出劳动力市场，约3/4的人群开始从事个体经营，约2/3的人群以临时性和按天计算的方式作为非正规就业者工作（Grubb et al.，2007）。

非正规就业者（即固定任期少于一年的合同工、临时机构工人、兼职工人和按天计酬工人）每小时平均工资仅为正规就业者工资的68%左右，并且公司规模和工会成员人数之间都有很大差距（Kang，2005：59）。因此，从工会角度而言，实现"同工同酬"是关键需求。2006年，韩国修订现行就业保障法，目的是禁止歧视非正规就业者，禁止使用苛刻的固定任期合同来过度使用非正规就业者。这意味着在两年合同期结束时仍在工作的工人将被视为永久性合同持有者。然而，工会继续呼吁将固定任期长度减少到一年，雇主仍对约束劳动力市场灵活性表达不满。

非正规就业者就业无保障的问题越来越多，显然成为后金融危机时代最亟待解决的问题之一。政府应对这一问题的主要措施是，寻求一种方式鼓励公司来提供覆盖面更大的工作培训方案，以及鼓励个人参与到这些方案中来。实施这一措施的依据是，借鉴已被证实的工作培训与临时工人获得永久性工作机会之间具有的强相关性（European Foundation for the Improvement of Living and Working Condition，2007；OECD，2004）。然而，在韩国，有证据显示非正规就业者在接受由雇主和政府提供的就业培训中都处于不利地位（Ahn，2006）。这意味着获得培训机会在很大程度上是个人的责任。近来，政府加大了财政激励措施和补助金以鼓励雇主为非正规就业者提供更多培训机会。然而其效果尚有待观察，一系列与非正规就业有关的问题很可能是韩国2008年所选举的保守党政府亟待解决的问题之一。

总之，韩国的社会保险似乎并不像其倡导的那样达到普遍覆盖。总雇员中仅仅有略多于半数的人被国民养老金、健康保险以及就业保险所覆盖。37.3%的人没有得到这其中的任何一种社会保险提供的津贴。在非正规就业者中，超过65%的人没有得到任何社会保险。表5-4清楚显示，正规就业者以附加福利、社会保险和薪水的形式得到更好的保障。这使得我们相信，失去工作，更确切地说是失去正规工作，会严重影响到人们的收入。基本的问题是社会保险的获得与人们缴费能力之间的紧密联系。这一问题已经被社会保障的最新进展解决，而解决的方式是为国家养老金增加支柱，以及增添新的长期护理社会保障作为对已有四个社会保险保障的补充，这是我们现在所致力的领域。

5.4　养老金带来的收入保障

韩国公共养老金由两个主要支柱构成：公务员养老金和国民养老金。公务员养老金由针对三个特定职业群体的公共养老金组成（首先在1960年对政府雇员实施，在1963年和1974年分别增加了军人和私立学校教师为保障对象），国民养老金则覆盖了剩余的人群。由于针对三个特定职业的养老金仅仅覆盖了全体劳动力的6.2%，国民养老金则成为主要的养老金方案（Choi，2002）。国民养老金法案于1973年制定，但是在1998年才开始实施，自2008年起开始支付全额津贴。由于国民养老金尚不完善，因此对于老年人的救济金也维持在一个很低的水平。2003年公共养老金总支出仅占韩国国内生产总值的1%，另外2%的国内生产总值用来支付退休时雇主必须提供的离职金。总的来说，公共养老金支出仍然远远低于经合组织国家5.9%的平均水平（OECD，2007a）。然而，韩国的老龄化程度仍在持续提高，2005年65岁及以上老年人口的比例为9.1%，预计在2030年上升到24.1%，在2050年上升到37.3%（NSO，2006）。在当前以9%的缴费率来为平均每个工薪者提供60%的支付率的基础上进行测算，如果不进行进一步改革，公共养老金的储备基金将在2047年被耗尽。

国民养老金从一开始因其资金上不稳定的"低缴费与高津贴"结构而备受争议（Choi，2006；Hwang，2007）。之所以受争议可以归因于政治诉求：使国民养老金吸引那些起初就被其覆盖的人群（就职于有10个雇员以上公司的18～60岁群体）。然而无法避免的结构调整引起1999年的第一次重大改革。改革改变了那些为养老金缴费40年的人们的平均支付率（从70%变为60%），并且开始领取养老金的年龄从2033年由60岁提高到65岁。同时，改革使得覆盖范围扩大至包含城市自雇者以及少于5个雇员的小企业的雇员和雇主，这项改革的目的不仅仅在于普及国民养老金而达到国家廉洁和社会团结，也在于完善国家养老基金法律政策（Hwang，2007）。但几乎半数被国民养老金覆盖的人没有上报他们的收入，一部分原因是1997年经济危机所导致的经济困难，另一部分原因是对于政府政策，尤其是国民养老金的普遍不信任。由于存在大量低报收入的人群，致使韩国工会联盟呼吁国民养老基金实行区分对待，一部分是针对工薪者，另一部分是针对自雇者（Kwon，2008）。

在韩国，国民养老金历来是固定津贴、不完全资助的单一支柱计划，这意味着养老金以规定的细则得到保障；应支付给当前成员的养老金债务，但不能够全额支付的款项仍储存在养老金基金之中；并且不存在独立的由税款资助的基本养老金计划。然而，世界银行强力推荐的多支柱养老金结构，在韩国却遭受强烈反对。这意味着多支柱结构未能实现（更多细节见Yang，2004）。2003年10月，政府向国会提交了改革建议，使支付率从60%下降到50%，并且使缴费率在2030年从9%上升到15.9%。然而，这一提议没有经过仔细讨论就被国会自动驳回。2004年，反对党大国家党提议实施税款资助的基本国民养老金计划，20%的收入支付率以及将国民养老金支付率减少到20%。但是，在2006年当政府和执政党共同提交了改革议案时，国民养老金改革才重新提到政治议程上来。

　　提案建议，当前 9% 的缴费率应该逐年增加 0.39%，直到缴费率在 2018 年达到 12.9%，并且支付率应该从 60% 减少到 50%。同时，反对党建议缴费率应该保持不变，而支付率应该在 2008 年减少到 50%，随之而来的应该是每年降低 1% 的支付率，直到其在 2018 年降到 40%。然而，两个提议都被国会否决。另一个由执政党提交的改革议案在国会上通过，该议案计划实行由税款资助的现收现付制基本养老金计划，从而涵盖那些未被任何老年养老金所覆盖的人群。提出这一方案的本意是，如果国民养老金改革议案在国会上通过而使支付率降低，该方案可用来弥补可能造成的损失。然而，在实施国民基本养老金计划的同时，如果不改变雇主与雇员共付的国民养老金的支付率，将会不可避免地导致政府处于更加困难的财政境地。

　　事实上，反对党大国家党撤销其 2004 年的提议，并且采取了与另一个反对党民主劳动党相似的立场。两个党派均提交了一个将国民养老金改革与实施基本养老金计划相结合的议案，然而执政党提交了两个议案分别来处理这两个问题。执政党第二个关于基本养老金方案的议案在国民大会上以压倒性的票数通过，而第一个议案却未得以实现，这一事实使人们对有经验的议员所采取的声称代表人民的措施提出质疑，因为显而易见的是第一个议案将会非常不受公众欢迎，而第二个议案有可能取悦年长的投票者。仅有反对党民主劳动党中的 8 个人以及卫生与福利部部长对第二个议案投了反对票。对于部长而言，反对他自己的提议别无选择，因为没有对国民养老金进行任何改革就通过国民基本养老金的行为会为政府施加更沉重的财政负担，而预定的目标仅仅会实现一半。卫生与福利部部长以辞职的方式来承担全部责任，接下来总理表达其请求总统来否决国民基本养老金议案的意图。随之而来的是反对党和执政党均需重新提交其议案，这两个议案最终在 2007 年 6 月的国会上得以通过。

　　根据改革，国民养老金缴费率将会保持现状（即 9%），但是当前 60% 的支付率将会在 2008 年降低到 50%，并且在 2009 年起逐年下降到 40%。这意味着人们所领取的养老金将会低于其当前的预期，但是这也是为了将养老金基金的耗尽推迟到 2060 年。国民基本养老金覆盖率也从 60% 提高到覆盖全部老年人口的 70%，对于到 2028 年参加国民养老金计划的人们而言，其领取的津贴占月平均收入的比重从 5% 提高到 10%。

　　基本养老金计划从 2008 年 1 月开始实施，并不是一个全新的计划。它是现行的覆盖 65 岁及以上贫困人口的公共援助保障的延伸——在 20 世纪 90 年代末财政危机时作为临时措施而实行。然而，与现行针对贫困人口的公共援助保障相比，适用于这个方案的规定是不同的。例如，当老年人在接受经济状况调查时，没有考虑到主要负责照顾老年人的人群的存在。此外，由于其提供的是一种固定的收费率津贴，因此可以有效地作为国民基本养老金方案。

5.5 老年人健康与长期护理服务

在韩国，人口老龄化、女性逐渐却又快速进入劳动力市场以及家庭成员数目的减少，使得传统的以家庭为中心的老年人照料模式几乎无法延续。韩国实行的国民健康保险体系的确提供长期护理服务，但是这种服务通常是有限制的而且大多集中于紧急性疾病的护理，而患有慢性疾病需要被照料的老年人则处于需求无法满足的境地。由于预期寿命的延长并不等同于老年人健康生活期的延长，因此，在韩国对于公共长期护理服务的需求逐渐增加。

自1989年，国民健康保险（雇主和雇员共同支付的社会保险体系）覆盖了所有人群。对于贫困人口而言，国民健康计划是在公共援助保障之下运行的。由于国民健康保险是共同支付制度，并且在接受健康护理服务时需要付费，2005年病人在医疗方面总支出的38%都是现款支付的。与其他有相似健康护理制度的经合组织成员国相比，韩国38%的比例相对较高，例如德国这一比例是13%，日本是17%（OECD，2007d）。同时，韩国医疗总支出占GDP的份额相对低一些，2005年的统计数据显示，相对于经合组织9%的平均水平而言，韩国仅为6%。尽管医疗支出水平已经很低，当2001年韩国国民健康保险累积的盈余削减之时，还是经历了严重的财政危机（Kwon，2007：162）。由于紧急性疾病护理医院满足了对于长期护理逐渐增加的需求，国民健康保险面临着更进一步的财政负担。

长期护理服务是指"为有长期功能性障碍的人以正规方式和非正规方式提供的广泛的医疗服务以及与医疗相关的支持服务，目标是使他们达到最大化的独立"（Evashwick，2005：4）。长期护理服务主要是由来自于非正式照看者（包括伴侣和亲属）的私人缴费形成，其次是现款支付和个人所有的固定资产折旧。目前，用于长期护理的总体支出水平几乎是可以忽略不计的，以2004年为例，仅有0.4%的老年人在机构里接受长期护理，0.7%的老年人在家里接受正规付费护理。然而，最近的人口预测显示，韩国80岁及以上的老年人数量将会从目前的1%增加到本世纪中期的14%。女性劳动力市场参与率的提高以及与家庭成员居住在一起的老年人比例的下降，将可能进一步缩小以家庭为基础的护理规模。这样的趋势意味着用以提供护理的、匹配完善的社会基础设施也应该会增加（OECD，2007b：132）。

在韩国，长期护理从2008年起被引入现行的四个社会保险制度之中。这应被视为一个政策制度上的重大进步，因为在韩国照顾老年人历来被视为是家庭责任，并且政府提供的支持非常有限。原有的长期护理通过公共援助而形成，由专门的护理院而不是养老院提供这种护理。这意味着许多有慢性疾病的老年人得不到特殊照料，不得不与健康的老年人一起住在养老院，尽管他们都经过严格的经济状况审查并有资格进入养老院。而那些不够资格但又需要机构护理的人们需要在国民健康保险或者健康援助所匹配的医院或诊所里居住。1981年起，养老院仅仅为那些65岁及以上的被认定为贫困的老年人和功能上依赖于他人的老年人提供长期护理服务。逐渐地，养老院长期护理服务的覆盖范围逐渐扩大到非贫困的中等收入的老年人，不过要收取一定费用。进入养老院的条件是由收入水平以及慢性疾病的严重程度来决定的。养老院之间的差别与人们付费的能力以及慢性疾病的严重程度有关。因此，被认定为贫困的人们不需要支付任何费用，但是其入住的养老院与那些中高等收入的老年人入住的养老院有差别（Sun Woo，2004）。此后，包括家庭服务在内的各种形式的长期护理服务都取得了进展，这些服务的基础源自于社会服务而不是社会保障。

现行的长期护理服务预计将会被长期护理保险所替代，长期护理保险致力于提高老年人的生活质量。它会为 65 岁及以上的，或者由于年老所导致残疾的 65 岁以下的人们支付长期护理服务费用。该保险支付的服务费用包括家庭上门护理费用、居住在养老院等机构里的人们所接受的机构性护理费用，以及居住在偏远地区人们的特殊的现金津贴。在这种情况下，新的保障措施将会减轻家庭的财政负担，允许更多的女性和非正式护理者参与社会经济活动，提供更多的与就业机会相关的社会服务，并且使得服务保障变得更有效果、更有效率（MoHW，2007）。与以往公共援助所提供的长期护理形式不同，符合一定年龄条件和健康（生理和/或心理）状况的人们都有资格加入新实行的长期护理保险，无论他们收入多少，或者是否有家庭成员来照料他们。

通常一些国家的长期护理与由公共援助体系发展而来的保健护理在组织上和资金上是分开运行的。如果用长期护理保险业务重要的经济因素来解释这一情况，那就是私人保险市场太小（Burchardt and Hills，1997）。此外，长期护理保险通常由地方税收作为资金，并且由地方政府作为法定代表（Glennerster，1999）。在韩国，长期护理保险的费用由保险缴费、一般收入以及个人的共付额来负担。长期护理保险缴费与国民健康保险缴费一样，是与缴费人的收入挂钩的。缴费人依据所需要的服务类型现款支付相当于个人收入 15%至 20%的费用，政府相应提供 20%的费用。对于不具备支付能力的人，依据具体情况，可只承担正常缴费的一半费用或者免除长期护理缴费。

选择长期护理的社会保险模式是合理的，尤其是由于现行保健护理体系主要是建立在以缴费为基础的社会保险机制之上的。然而，以国民养老金为例，1998 年有相当规模的城市自雇者表达他们不愿意加入国民养老金计划——主要是由于他们对当前收入的担忧超过对未来收入保障的担忧（Moon，2001），强制参与的原则也许会引发公众特别是年轻人的抗议（Kwon，2008）。相较于其他一生中可能发生的意外，例如失业、退休导致的收入损失、工业事故或者在工作期间遭受的伤害，长期护理需求可能是最充满不确定性和无法预测的。因此，即使在美国私人市场以最大范围最快速度发展之时，也只有少数人购买私人长期护理保险（Weiner et al.，1994）。

鉴于此，政府尤其是卫生与福利部，非常有必要清晰提供实施这一方案和财政机制的依据。一方面，长期护理保险的实施是迈向依据法律确定国家提供个人护理服务的重要一步，而到目前为止该服务仍由家庭和个人来提供。另一方面，显而易见，政府不应该是处理长期护理相关问题的唯一角色，而应该提升所有社会成员的社会参与程度和集体责任感。韩国快速老龄化的现实意味着患有老年相关疾病（如痴呆）成员的家庭数量很可能增加，新方案将不仅仅覆盖65岁及以上的人群，还会覆盖65岁以下有老年残疾的人群（MoHW，2007）。关于长期护理保险的覆盖范围和资金来源，需要达成社会共识，这一点是非常重要的。强制年轻人为这些服务缴费，但他们并不是可以立刻想象得到这些缴费所带来的利益，因此，强制他们缴费是非常困难的，这一点被日本慢性病护理保险由年满40岁以上的公民缴费所证明（Peng，2000）。然而，假若方案不仅仅覆盖与老年相关的疾患，而且还覆盖无关年龄的各种形式的疾患，这一问题是可以解决的。这样还可以提高资金上的可持续性以及社会凝聚力、责任感（Kwon，2008）。为了该项目能够覆盖与年龄无关的疾患，应该分配给其更多的预算，意味着当前保险缴费率应当大幅增加——个人健康保险缴费4.7%的比例预计到2015年增加到5.7%。此外，还应该大力增加相关设施以满足人们对机构护理的需求。在2006年，有815家机构提供机构护理设施，可以满足全部设施需求的66%，在2007年，这一比例达到了80%，预计在2008年这一比例将达到100%，即总共建立1 543家机构提供机构护理设施来满足62 000人的需求。然而，机构护理设施的分布在地区间有显著差异，2006年在首尔，总需求中只有37%得到了满足（MoHW，2007）。

5.6 结论

本章呈现了韩国近期社会人口变化，特别是与老年保障相关的社会保障的发展。提供护理的非正式家庭供养网络的集中性越来越低，并且家庭养老的角色也继续弱化，这一点几乎没有疑问。这不可避免地加重诸如养老金、健康保险和长期护理保险之类的社会保障的负担。韩国社会保险保障的突出问题意味着，失去缴费能力可能会导致全部或部分丧失获得津贴的权利和养老金水平的下降，老年人养老保障将会成为更加严重的问题。因此，最新实施的不关乎缴费记录而普遍覆盖的基本养老金方案，尽管其普惠性受到质疑，但仍被期望发挥重要作用。对于很可能经受长期病患的老年人而言，长期护理保险的实施也被期望作为重要的社会安全网络。然而，在平衡满足老年人需求和给正在工作的年轻一代人施加更多压力两个方面，长期护理保险运作的有效性受到很大质疑。

在政治层面上，这些对现行社会保障的补充可能是卢武铉政府（2003—2007）实行公众参与制使得政府力量大大削弱的结果。与上一届在金融危机中选举出来的金大中政府（1998—2002）相比，卢武铉政府面临着一系列前所未有的挑战。在总统选举之前的 2002 年，很少有人期望这个中间偏左的政府能够继续执政。然而卢武铉政府非常令人出乎意料，一部分原因是卢武铉被视为经验最少的候选人，是拥护深入改革而不是稳定和刺激经济发展的人之一，另一部分原因是韩国人更倾向于经济增长而不是再分配和社会公平，尤其是在经济衰退时期（Shin，1999：252）。卢武铉总统的胜利并不被大多数反对党所接受，从而导致了 2004 年国会弹劾他的决定。尽管立宪法院随后撤销了这一弹劾，但由于在韩国历史上这是第一个弹劾总统的案例，不可避免导致他就职一年之后权力的削弱。2006 年，反对党大国家党在地方选举中赢得了一边倒的胜利，进一步削弱了卢武铉政府的控制能力。

　　与上一届政府进行一系列大规模改革相比，如废除用以设立领取公共援助救济金资格的年龄等标准、削减养老金率以及提升缴费率、扩大失业救济金、众多健康保险基金合为一体、药品和医疗条例的分离，卢武铉政府在社会政策方面取得的进步相对较小。然而，除了接手在金融危机中诞生的金大中政府重组的劳动力市场，卢武铉政府又几乎别无选择。作为应对危机的国际货币基金组织的援助方案的一部分，积极的劳动力市场举措不仅通过增加失业救济金、工资补贴和公共工作项目的支出而得到强化，而且也通过强调实施更加灵活的劳动力市场政策以创造更多的就业而得到强化。

　　从一开始，卢武铉总统通过创造就业，缩小收入差距，解决失业问题和提高竞争力的方式来优先克服社会经济差异。尽管他可能并没有忽视经济增长的重要性，但是人们所理解的卢武铉对平衡发展的强调，更多的是将资源用以进行再分配而不是进行经济复苏。卢武铉任命一些专门从事社会政策和再分配领域研究的政策顾问也被理解如此。但是，缩小越来越大的贫富差距并不是一项容易的任务，也许应被视为长期计划。然而，缓慢的经济增速（实际 GDP 年增长率从 2000 年的 8.5% 下降到 2005 年的 4%，OECD，2007c）对公众的日常生活有直接影响。这一切都对卢武铉政府执政不利，并且导致了关于支持优先增长还是支持优先再分配的大量讨论。

　　在韩国，许多人士认为，上一届政府所进行的一系列社会政策改革是自相矛盾的，即经济衰退期，政府在社会政策方面发挥的作用越来越强（例如见 Shin，2000；Kwon，2002；Yang，2004；Hwang，2008）。对于权力被大大削弱的公众参与制政府来说，进一步的社会政策改革很难进行，仅仅在卢武铉任期快结束时，人们才看到国民基本养老金和长期护理保险的实施。然而，这还是一个重大的进步，特别是它证明了政府作为积极的福利供应者而不是单纯的管理者的角色得到强化。2008 年政府预算表明，政府在社会福利和保健方面的支出水平将超过 1 012 000 亿韩元，比 2007 年增长了 10% 还多。大部分预算将会用于新施行的基本国民养老金和长期护理保险的社会保障。总而言之，政府角色的延伸非常重要，不仅仅在于更加积极地承担一直以来被视为家庭责任的对老年人的照料，也在于修正完善政府主导的与就业相关的社会保险准则的不足之处。韩国快速的人口老龄化与变化中的劳动力市场结构，是政府角色延伸的重要促成因素。在新自由主义存在的条件下，更加灵活的劳动力市场未必会带来私人福利收入。总之，私人福利在现阶段可能会对公共保障有所补充，但依然无法取代公共保障。

5.7 注释

1.尽管德国女性劳动力市场参与率远远高于其他国家（2004年约为82%），但德国生育率低于经合组织国家生育率的平均值。

5.8 参考文献

李雪，原新.韩国公共养老保障制度困境及其对我国的启示[J].人口学刊，2014（4）.

肖喜生，张士斌.韩国社会养老保险制度改革及对中国的启示[J].开放导报，2011（8）.

Ahn，Joyup（2006）'*Nonstandard work in Japan and Korea-the origin of wage differentials*'，reports by visiting researchers，the Japan Institute for Labour Policy and Training，available online at<http：//www.jil.go.jp/english/reports/visiting.html>（accessed 24 November 2008）.

Burchardt，T.and Hills，J.（1997）*Private Welfare Insurance and Social Security：Pushing the Boundaries*，York：Joseph Rowntree Foundation.

Choi，S.-J.（2002） 'National Policies on ageing in Korea'，in David R.Philips and Alfred C.M.Chan（eds）*Ageing and Long-Term Care：National Policies in the Asia Pacific*，Pasir Panjang and Ottawa：Institute of South Asian Studies and International Development Research Centre.

Choi，Y.-J.（2006）'Transformations in economic security during old age in Korea：the implications for public-pension reform'，*Ageing and Society*，26（4）：549-565.

European Foundation for the Improvement of Living and Working Conditions（2007）*Impact of Training on People's Employability*，Dublin：European Foundation for the Improvement of Living and Working Conditions.

Evashwick，C.J.（2001）*The Continuum of Long-Term Care*，2nd edn，New York：Thomson Delmar Learning.

Glennerster，H.（1999）'Which welfare states are most likely to survive？'，*International Journal of Social Welfare*，8（1）：2-13.

Grubb，D.，Lee，J.-K.et al.，（2007）*Addressing Labour Market Duality in Korea*，OECD Social，Employment and Migration Working Papers，no.61，Paris：OECD.

Hwang, G.-J. (2004) 'The mechanism of income redistribution: the case of South Korea', *Social Policy and Society*, 3 (3): 243–252.

Hwang, G.-J. (2006) *Pathways to State Welfare in Korea: Interests, Ideas and Institutions*, Aldershot: Ashgate.

Hwang, G.-J. (2007) 'The rules of the game: the politics of national pensions in Korea', *Social Policy and Administration*, 41 (2): 132–147.

Hwang, G.-J. (2008) 'Going separate ways?: the reform of health insurance funds in Germany, Japan and South Korea', *Policy Studies*, 29 (4): 419–433.

Kang, S.-B, (2005) 'Differentials in working conditions between regular and non-regular workers', *Monthly Labor Review*, no.12 (December): 56–62, Korea Labor Institute (in Korean).

Kwon, H.-J. (1999) *The Welfare State in Korea: The Politics of Legitimation*, London: Macmillan.

Kwon, H.-J. (2001) 'Income transfers to the elderly in Korea and Taiwan', *Journal of Social Policy*, 30 (1): 81–93.

Kwon, H-J. (2002) 'Welfare reform and future challenges in the Republic of Korea: beyond the developmental welfare state?', *International Social Security Review*, 55 (4): 23–38.

Kwon, S. (2007) 'The fiscal crisis of National Health Insurance in the Republic of Korea: in search of a new paradigm', *Social Policy and Administration*, 41 (2): 162–178.

Kwon, S. (2008) 'Future of long-term care financing for the elderly in Korea', *Journal of Aging and Social Policy*, 20 (1): 119–136.

Ministry of Health and Welfare (MoHW) (2007) *Guidelines for Long-Term Care Insurance*, Seoul: Ministry of Health and Welfare (in Korean).

Moon, H. (2001) *The Korean Pension System: Present and the Future*, Seoul: Korea Development Institute.

National Health Insurance Corporation (NHIC) (2005) *National Health Insurance Statistical Yearbook 2004*, Seoul: National Health Insurance Corporation.

National Statistical Office (NSO) (2005) *Statistics for Old Age*, Seoul: NSO (in Korean).

National Statistical Office (NSO) (2006) *Social Statistics Survey*, Seoul: NSO (in Korean).

Organisation for Economic Co-operation and Development (OECD) (2004) *Employment Outlook*, Paris: Organisation for Economic Co-operation and Development.

Organisation for Economic Co-operation and Development (OECD) (2007a) *OECD Factbook: Economic, Environmental, Social Statistics*, Paris: Organisation for

Economic Co-operation and Development.

Organisation for Economic Co-operation and Development (OECD) (2007b) *Facing the Future: Korea's Family, Pension and Health Policy Challenges*, Paris: Organisation for Economic Co-operation and Development.

Organisation for Economic Co-operation and Development (OECD) (2007c) *OECD Economic Surveys: Korea*, volume 2007/6, Paris: Organisation for Economic Co-operation and Development.

Organisation for Economic Co-operation and Development (OECD) (2007d) *OECD Health Data 2007: Statistics and Indicators for 30 Countries*, Paris: Organisation for Economic Co-operation and Development.

Peng, Ito (2000) 'A fresh look at the Japanese welfare state', *Social Policy and Administration*, 34 (1): 87–114.

Shin, D.C. (1999) *Mass Politics and Culture in Democratizing Korea*, Cambridge: Cambridge University Press.

Shin, D.-M. (2000) 'Financial crisis and social security: the paradox of the Republic of Korea', *International Social Security Review*, 53 (3): 83–107.

Shin, D.-M. (2002) *Social and Economic Policies in Korea: Ideas, Networks, and Linkages*, London: Routledge.

Sun Woo, D. (2004) 'Long-term care policy for functionally dependent older people in the Republic of Korea', *International Social Security Review*, 57 (2): 47–62.

United Nations (UN) (2007) *World Economic and Social Survey 2007: Development in an Ageing World*, New York: Department of Economic and Social Affairs, United Nations.

Weiner, J.M., Illston, L.H.et al., (1994) *Sharing the Burden: Strategies for Public and Private Long-Term Care Insurance*, Washington, DC: Brookings Institution Press.

World Bank (1994) *Averting the Old Age Crisis*, Oxford: Oxford University Press.

Yang, J.-J. (2004) 'Democratic governance and bureaucratic politics: a case of pension reform in Korea', *Policy and Politics*, 32 (2): 193–206.

第 6 章

中国台湾地区的人口老龄化与社会政策

傅从喜 吕宝静

6.1 引言

自 20 世纪 80 年代，人口老龄化已经成为中国台湾地区政府需要面对的最主要问题之一。虽然和资本主义经济高度发达的西方国家相比，目前中国台湾地区的人口结构还相对年轻，但人口预测结果显示，中国台湾地区正面临快速的人口老龄化。台湾地区政府认识到确实有必要大幅改革现行的政策，已经着手研究应对老龄化社会的相关政策。在过去的 20 年中，若干新的方案被提出，并对相关政策领域进行了重大的改革。

伴随着社会政策更加普及化，人口老龄化促使针对老年人口的社会福利措施相应地扩展，包括老年收入保障方案、长期护理和劳动就业措施等方面都有重大发展。但是，这些既有的政策工具是否足以解决人口老龄化所带来的政策挑战，是大家关注的焦点。

本章以描述中国台湾地区人口老龄化的主要特征开始，进而讨论影响中国台湾地区社会政策发展变化的主要因素，回顾主要政策领域近期的发展，包括收入保障政策、长期护理政策和就业政策等，同时分析这些政策对于家庭关系和性别平等的影响，最后，总结中国台湾地区老龄化社会政策制定的发展模式。

6.2 中国台湾地区的人口老龄化和老年人状况

6.2.1 中国台湾地区人口老龄化的趋势

自 20 世纪 80 年代，中国台湾地区经历了快速的人口老龄化。1993 年，中国台湾地区 65 岁及以上的老年人口占其总人口的比例首次超过 7%，成为联合国定义下的老龄化社会。在 2006 年，老年人口占其总人口的比例增加至 10.2%，预计到 2026 年将达到 20.62%，2051 年达到 37%（Taiwan CEPD，2006），参见表 6-1。如果这一趋势不变，中国台湾地区在 21 世纪中期之前极有可能成为全世界老年人口比例最高的地区之一。

表6-1	中国台湾地区的老年人口比重				单位：%	
	1981	1991	2006	2011	2026	2051
65+	4.4	6.5	9.94	10.71	20.62	36.97
0~14	31.6	26.3	18.18	15.26	11.26	7.82
15~64	64.0	67.2	71.88	74.03	68.12	55.21

资料来源：Taiwan CEPD，2006.

中国台湾地区人口的快速老龄化，主要是由于自20世纪60年代以来平均寿命的延长和生育率的急速下降所导致的。在平均寿命方面，由1961年男性62.6岁、女性67.2岁，至2006年提高到男性74.86岁、女性81.41岁。总和生育率则由1961年的5.59下降到2006年的1.12，远远低于更替水平（中国台湾地区"内政部"，2007）。这两个因素加速了台湾地区人口的老龄化。与发达国家人口老龄化长期而缓慢的过程相比，台湾地区的人口结构变动在短时期内急速加快。举例来说，老年人口比例由7%上升至14%的时间，法国约为115年、瑞典约为85年、美国约为69年（Kinsella and Velkoff，2001），而中国台湾地区按照目前的预测将只需要24年（Taiwan CEPD，2006）。

6.2.2 中国台湾地区老年人的生活状况

中国台湾地区老年人口的快速增加已经引起台湾地区政府的关注。自20世纪80年代开始，已经针对老年人的生活状况进行了几次大规模的调查。如"内政部"最早在1986年开始发布"台湾地区老年人生活状况调查报告"，这一系列调查至今已经进行了10次。2005年最新的这一调查结果显示，老年人最关心的核心问题是健康、家庭状况与收入保障（中国台湾地区"内政部"，2005）。这些资料提供了解台湾地区老年人相关状况的重要信息。

1.老年人的居住安排

老年人的居住安排最能反映一个社会老年人非正式支持体系的状况。如表6-2显示，台湾地区老年人与子女同住的比例，由1986年的70.24%下降至2005年的57.28%。在同一时期，老年人仅与配偶同住的比例则由14%提高到22.2%，老年人独居的比例由11.6%提高到13.7%（台湾"内政部"，2005）。与独居老年人相比，与子女同住或者与配偶同住的老年人是更有可能获得来自家庭的经济支持与照顾的。因此，与子女同住老年人的比例下降，代表传统的照顾老年人的家庭功能正在逐渐弱化。

表6-2　　　　　　　　中国台湾地区老年人居住安排的变化　　　　　　单位：%

	独居	仅与配偶同住	与子女（及配偶同住）①	住养老院	与其他亲戚或朋友同住
1986	11.58	14.01	70.24	0.78	3.03
1987	11.49	13.42	70.97	0.64	3.02
1988	13.73	14.98	67.88	0.36	2.44
1989	12.90	18.71	65.65	0.87	2.18
1991	14.52	18.70	63.93	1.19	2.42
1993	10.47	18.63	62.19	1.04	2.54
1996	12.29	20.60	64.30	0.90	1.41
2000	9.19	15.11	67.79	5.59	1.28
2002	8.52	19.46	61.38	7.51	0.62
2005	13.66	22.20	57.28	2.26	0.76

注：①这个类别包括两种情况：仅与子女同住/与配偶及子女同住。

资料来源：中国台湾地区"内政部"，*Reports on Older People's Living Status Survey in Taiwan Area*，*various years*.

2.老年人工作与就业状况

劳动市场参与在社会上扮演着相当重要的角色，对老年人而言，除可以提供生活所需的收入，也有助于延长他们对社会生活的积极态度并降低社会排斥。据统计，中国台湾地区65岁及以上老年人口的就业率是相对稳定的，1978年为7.3%，2005年提高到10.5%（Lu，2007）。

一般而言，中国台湾地区现在的老年人口比过去更早退休。被保险人要求领取劳动保险退休金的平均年龄，由2001年的59.8岁降低至2005年的58.4岁。由于有些人会在退休后选择继续工作，实际的平均退休年龄比退休金给付的平均年龄还要高。预计2001—2006年间（中国台湾地区"劳工事务委员会"，2007），中国台湾地区实际退休年龄，男性约为61.9岁，女性约为59.1岁。这一退休年龄低于东亚其他国家和地区，如日本和韩国，但与西欧国家相接近（Taiwan CEPD，2005）。快速的人口老龄化与平均寿命的延长，导致老年人口的就业成为政府劳动力市场政策的一项重要内容。

3.老年人的主要收入来源

大多数的中国台湾地区老年人的经济收入有多种来源（Fu，2007）。如表6-3所示，成年子女是许多老年人最重要的经济来源。然而，依赖子女作为主要经济来源的老年人比例正在逐渐下降，从1989年的58.4%降至2005年的46.5%，这显示传统的家庭支持老年人的功能已经逐渐弱化。

表6-3 中国台湾地区老年人的主要经济来源 单位：%

	工资①	储蓄、投资收入	子女赡养	社会或亲友救助	社会保障
1989	10.95	16.11	58.37	0.86	13.10
1991	10.78	17.41	52.37	1.09	17.64
1993	10.85	19.18	52.30	0.86	16.37
1996	11.64	15.21	48.28	0.40	23.92
2000	13.72	9.26	47.13	0.53	28.26
2002	13.40	10.28	44.11	0.31	31.29
2005	14.49	9.22	46.48	0.46	29.01

注：①这个类别包含了本人及/或配偶的工资。

资料来源：台湾地区"内政部"，*Reports on Older People's Living Status Survey in Taiwan Area*, *various years.*

老年人家庭支持的减少部分，大多可以由社会保障体系所代替。表6-3所示，以社会保障作为主要收入来源的老年人比例由1989年的13.1%提高至2002年的31.3%，这主要是公共的老年经济保障体系从20世纪90年代中期开始逐步扩展所致，这一点将在本章后面进一步论及。

6.2.3 影响中国台湾地区人口老龄化相关社会政策的因素

中国台湾地区关于人口老龄化的问题，受"政府"政策的推力与拉力因素影响。在人口老龄化程度不断增加和家庭对老年人的支持功能不断弱化的过程中，政党政治斗争和社会福利运动对政府老龄化政策的制定和推进产生了重要的影响。中国台湾地区在1947年实施"戒严法"，并在1987年予以解除。20世纪八九十年代的"宪政改革"使台湾地区成为一个更民主的社会，1987年可以合法成立新的政党。"中央"与地方的选举频繁举行，不同政治阵营在选举中的竞争日趋激烈，许多政客在竞选活动中对社会保障做出承诺，这被认为有助于他们获得选票。自20世纪90年代开始，增加老年人口补贴屡屡成为各阵营竞争选举期间的许诺。例如1995年的"立法委员"选举，全部389名候选人中有85人提出推动改善国民养老保险的相关目标，其中有55人成功当选（Aspalter，2002）。

社会福利团体在中国台湾地区老龄化政策上也扮演了积极的角色。在20世纪80年代，中国台湾地区至少出现过18次社会福利运动，包括劳工运动、农民运动、学生运动、福利团体抗议与妇女运动等（Hsiao and Sun, 2001）。这些运动对于老龄化政策的形成有重要的影响。举例来说，1997 年"老年人福利法"的修正就受到中国台湾地区重要的团体"老年人福利推动联盟"压力的影响（Chen, 2002）。

在推动老龄化政策的各种因素发挥作用的同时，也存在拉力因素限制了中国台湾地区老龄化政策的发展。其中，政府的财政负担能力最为关键。政府财政近年来日益困难，1990 年政府债务占 GDP 的比重是 4.67%，到了 2002 年攀升至 29.82%（Qiu and Chen, 2002）。为减少政府的财政负担，"行政院"已经宣布，任何新增政府财政负担超过 100 亿元台币（约 3.03 亿美元）的公共政策，都必须有特定的其他财力支持，这一规定限制了中国台湾地区社会保障政策的发展。

自 2000 年中国台湾地区开始面临政府的政党变换，政治状况也限制了中国台湾地区人口老龄化政策的改进。民进党在 2000—2004 年执政期间，然而"立法院"多数党派却由国民党及其联盟所掌控。在激烈的政治竞争下，两个政党有各自明确的政治策略，也有截然不同政治主张。首先，每个阵营都倾向积极扩大社会保障支出，导致 20 世纪 90 年代中期以来老年人补贴的大幅度增长。其次，两个政党都抵制对方的政策提案，国民养老金法案立法的延迟可以说是这一对抗的结果。

除了上述推力、拉力两方面因素外，频繁的"内阁"改组也对人口老龄化政策的发展有不利的影响。民进党 2000 年执政以来，"内阁"已经有 6 次改组，主管社会福利事务的部长也经常更换，导致政策规划的不连续，国民养老金制度规划方案也数度被搁置。

行政体系的分歧对于老龄化政策的发展也有负面影响。卫生、社会福利、劳工政策分别由不同的政府部门掌管，导致政策的落实更加困难。举例说明，长期护理制度的建立就面临卫生和社会福利两个系统的整合问题。

6.3 主要政策领域的发展

6.3.1 收入维持

中国台湾地区老年收入保障体系于 20 世纪 50 年代开始建立。劳动保险（LI）和军人保险（MSI）于 1950 年制定，公务员保险（GEI）则在 1958 年制定，这些方案均是给被保险人提供老年后的保障，其中公务员保险在 1999 年与教师保险（SSI）整合成为公教人员保险（GESSI）。

过去的 50 年，中国台湾地区的社会保险覆盖率有大幅提高。到 2005 年年底，劳动保险与公教人员保险的被保险人总数已经达到 912 万人，约占 20～60 岁人口的 65.6%（Fu, 2008）。然而，这些方案的津贴资格和福利类型从实施后就没有太大的变动。中国台湾地区仍是目前少数几个实行一次性支付退休津贴而不是定期支付退休金的地区。中国台湾地区的老年津贴的另一个局限是无工作的人被排除在养老保障范围之外。这些因素与生育率的下降和老年人口的增加一起，成为中国台湾地区养老金制度发展的重要推动力量。

1994年3月，"行政院"设立一个跨部门的国民年金规划委员会，评估中国台湾地区的老年收入保障系统，并提出改革政策。1996年，该委员会提出了一个缴费式的国民养老金方案，以覆盖所有20～64岁的居民。然而，由于国民健康保险方案于1995年开始实施，为了避免被保险人与雇主的保费负担在短时间内大幅增加，而将此养老金方案的实施延后。1996年12月，另一个跨部门的委员会设立，制订养老金制度实施的详细方案。政府最终于1998年6月确定了实施方案，并宣布在2000年实施。然而，由于1999年中国台湾地区发生了大地震，有超过2 000人丧生。"政府"认为，应该将所有的财力资源优先集中在这项重大灾难的重建工作上，于是决定推迟养老金方案的实施（Fu，2003）。

国民养老金法最终在2007年7月颁布。国民养老金保险方案覆盖了20～64岁没有其他老年收入保障社会保险的居民，并在2008年10月开始实施。劳动保险、公教人员保险、军人保险和国民养老金保险等四个社会保险，使所有劳动年龄人口都进入老年收入保障体系。然而，将劳动保险、公教人员保险和军人保险的一次性给付变为定期支付退休金的建议仍然没有被采纳。

除了国民年金养老保险以外，中国台湾地区老年收入保障制度最重要的发展是在20世纪90年代中期扩大了以税收支付的津贴。在20世纪90年代，国民养老金制度确立以前，中国台湾地区已经实施了若干免缴费的老年津贴，这些均为政党竞争下的产物。1993年7月实施"中低收入老年人生活津贴"，主要依据家庭资产和收入来决定津贴领取资格。1995年执行"老年农业津贴"，部分资格条件和"中低收入老年人生活津贴"很相似，都使用资产审查来决定津贴领取资格，津贴标准偏低，但从1999年废除资产审查而变为普惠式的津贴。在2002年正式实施"敬老津贴"，受益对象为65岁及以上没有领取退休给付或津贴的老年人口（Fu，2003）。2006年"中低收入老年人生活津贴"、"老年农业津贴"和"敬老津贴"的受益人数占65岁及以上人口的比例分别为6.1%、30.7%和34.8%（中国台湾地区"内政部"，2007）。这些老年津贴被视为国民养老金制度实施前的过渡措施，并将在国民养老金实施后废除。

除了公共的老年收入保障方案以外，雇主被要求依法提供雇员的退休津贴。1984年，实行强制性的职业退休津贴，2004年转为个人储蓄账户。雇主要为雇员缴纳相当于薪资6%的金额到雇员的个人账户。中国台湾地区主要的老年收入保障方案详见表6-4。

表6-4			中国台湾地区老年收入保障方案			
方案类型	方案名称	请领资格	给付类型	给付标准	财源	创立日期
缴费式方案	劳动保险	男性满60岁，女性满55岁，或年满55岁且投保年资满15年，或在同一投保单位投保年资满25年	养老津贴	依据其投保薪资和年资而定	由政府、被保险人和雇主缴纳保费	1950年
	公教人员保险	年满55岁且投保满15年	一次给付	依据其投保薪资与年资而定	由政府、被保险人和雇主缴纳保费	1958年
	国民养老保险[1]	年满65岁	养老津贴	依据其投保年资而定	由政府和被保险人缴纳保费	2008年
税收方案	老年农业津贴	老年农民人口	按月给付	每月新台币6 000元[2]	政府预算	1995年
	中低收入老年生活津贴	中低收入老人	按月给付	每月新台币3 000元	政府预算	2002年
雇主责任方案	雇员退休金	符合退休条件的雇员	一次给付	依据提拨金额和投资报酬率而定	雇主提拨	2004年

注：[1]2007年7月通过立法；2008年10月生效。
[2]1美元=33元新台币。

6.3.2　长期护理

长期护理是指在一段持续的时期内，对失能或残障的人提供保健、护理和社会服务（Kane and Kane，2000）。需要长期护理的人包括任何身体和心智方面存在障碍的人。长期护理主要是对需要日常生活帮助的人提供护理（WHO，2002）。长期护理的范围包括养老院护理、居家护理、收容所护理等，也包括向有功能障碍的老年人提供个人服务（Kane et al.，1999）。

中国台湾地区2000年的人口普查资料显示，65岁及以上老年人约有9.7%需要长期护理服务（Taiwan DGBAS，2001）。由于长期护理体制不发达，家庭在护理有工具性日常生活活动困难（IADL）的老年人方面扮演着重要的角色。工具性日常生活活动困难（IADL）包括在购物、饮食、整理家务、洗浴和服药等方面有困难。最新的老年人生活状况调查报告也显示，在具有工具性日常生活活动困难的老年人中，有30%必须独自在没有人协助的情况下照顾自己，27%的人表明他们由子女（多数为儿子跟儿媳）提供支持，另有13%的人依赖他们的配偶或者伴侣来照顾。越来越多的家庭雇用外籍护工来照顾家里的老人，约有12%的老人用外籍护工作为主要的照顾人员。相比之下，只有8.5%的人使用正式部门提供的家政服务人员作为主要的照顾资源（Lu，2007）。

中国台湾地区政府从20世纪80年代早期开始发展正规的社会护理体系，这些老年人的正规护理服务由各个地方政府提供。一开始，是由"中央政府"辅助地方政府提供老人的照顾服务，地方政府招募志愿者来提供低收入老人的家政服务。只有在台北市，由市政府直接聘用有薪酬的护理人员来提供服务。到了1991年，台北市政府改变护理服务策略，由购买非营利组织的服务来提供护理，而不再由公共部门直接提供服务。这种"购买者——提供者"的提供老年人居家服务的模式已在全台湾范围普及，各地方政府均采用同样的模式来提供服务（Lu，2002）。

对老年人正规护理体系的覆盖率逐年增加。最初只有低收入家庭可以得到服务，逐渐扩大至中低收入的老年人，最后则取消财产审查的门槛。然而，只有低收入家庭可以完全免费地使用服务，其他人则必须负担部分费用。此外，由于政府预算的限制和服务输送体制尚未普及，很少人可以真正获得这些服务。举例来说，中国台湾地区接受居家服务的65岁及以上老年人比例在2006年低于1%，远远低于其他国家如英国（2002年为20.3%）和美国（2000年2.8%）（OECD，2005）。

除了接受照顾的老年人比例低以外，中国台湾地区长期护理体制也面临一些重大的问题。第一，系统管理的碎片化。如养老院的提供和管理是由"行政院卫生署"负责，然而其他服务，如居家服务则是由"内政部"主管。健康和个人服务的整合将会是中国台湾地区发展高品质长期护理服务的最大挑战。第二，各地方政府护理管理体制和服务资源存在巨大差异，服务效率和公平性备受质疑。第三，护理服务人力资源严重匮乏。为了促使长期护理体系的发展，中国台湾地区政府在2007年3月推动"长期护理10年计划"，预计在未来10年投入817亿元新台币经费。这是近年来最重要的社会政策之一。

"长期护理10年计划"清晰地规范了享受长期护理服务的资格条件，主要是依据年龄、失能状况和经济状况而定。由于此计划是为了满足中国台湾地区老年人口的需求，所以年龄是评估长期护理的最重要的指标，要求年满65岁及以上的老年人才能接受服务。然而，享受长期护理的资格并不只是专属于老年人，在参考社会经济状况和身体障碍等其他指标的情况下，放宽至55岁及以上原住民和50岁及以上身体残障人士同样可以接受服务。健康状况的衡量则是以日常生活活动为标准。长期护理服务在中国台湾地区已经普及，经济状况的认定则是用来判断是否需要负担部分费用。

"长期护理10年计划"目前所提供的护理服务，基本上包括居家服务、日间照顾和机构照顾，而心理健康居家护理和社区康复也被提供，用以维持或促进失能者的身心功能。为了维持老年人独立生活的能力，也提供老年人送餐服务、家庭喘息服务①和交通接送等项目，特别是针对具有多重障碍的人士。

中国台湾地区"长期照顾10年计划"的基本目的之一是"属地老年化"，即希望老年人留在自己熟悉的环境中接受护理，而无需入住机构。因此，优先发展的是居家与社区服务，并提供补助。对机构服务的补助需要经过财产审查，但是居家和社区服务则不受限制。根据政府的评估，大部分经费（约78.7%）将花费在居家和社区服务上，只有31.3%用于机构护理服务（Executive Yuan，2007）。

中国台湾地区长期护理管理的特色之一，是不论老年人的经济状况如何，提供普惠式的服务。扩大服务范围主要是应对家庭提供老年人照顾功能的弱化。但是，政府仅提供有限时间的护理补助，超出的时间老年人需要自己支付费用。因此，这个方案能否实现促进老年人"属地老年化"的政策目标尚存疑问。

由于"长期护理10年计划"的实施，中国台湾地区已成功地建立了老年人的长期护理体制。然而，关于未来的政策方向仍然具有相当的争议，主要的争议在于未来是否应该建立长期护理保险制度。现行制度的财源来自于税收，以及有偿使用服务的民众的支出费用。采用有偿使用是为了避免资源的滥用，除了低收入老年人外，接受护理者需要依据其收入状况负担10%～40%的费用。主要的问题是随着人口快速的老龄化，这一制度在财政上将变得不可持续。因此，将依靠税收的长期护理制度转为社会保险模式的诉求仍是政策争议的焦点。

6.3.3　就业政策

中国台湾地区老年人口的劳动参与率低于经济合作与发展组织（OECD）国家。图6-1显示的是中国台湾地区1977年以来55～64岁人口的劳动参与率。过去30年间，劳动参与率的趋势是逐渐下降。此外，女性劳动参与率远远低于男性。

分析老年人的就业分布可以凸显存在的重要政策问题。60～64岁老年就业者只有17%受雇于工业部门，34%在第一产业部门，49%在服务业部门。与工业部门就业相比，后两个部门的就业多属于低薪且工作不稳定（Lu，2007）。

雇主在雇用老年人的态度方面存在障碍，是老年人能否平等参与劳动市场的关键。根据"政府"的调查，只有43%的企业曾经雇用45岁及以上的老年人（Lu，2007）。雇用60岁及以上老年人的企业在工业部门只有0.5%，服务业也只有2.9%。此外，99%的雇主并不打算雇用老年劳动者。雇用老年劳动者的意愿低，部分原因是因为老年劳动者的负面因素所致，多数雇主认为老年人的工作效率低并且不愿意接受培训（Taiwan Council of Labour Affairs，1997）。

---

①　（译者注，"喘息服务"，通过将老人接到养老福利机构或者派人上门，进行临时性的照顾，由此让长期照顾失能老人的家属能够得到喘息的时间，短时间歇息一下。）

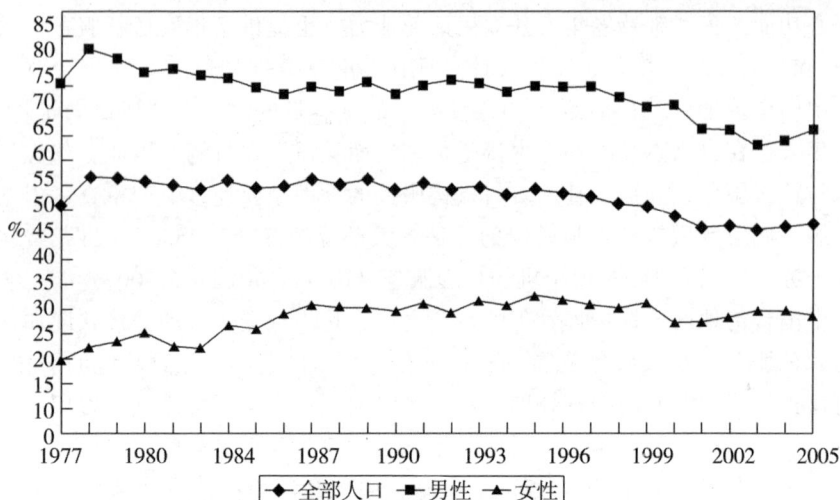

图 6-1　中国台湾地区 55～64 岁人口的劳动参与率

资料来源：中国台湾地区经济计划和发展理事会（Taiwan CEPD）。

发达工业国家在就业方面应对人口老龄化的关键策略之一，是促进增加老年群体的就业机会，并延长其工作年限（Lu，2007）。中国台湾地区也有相类似的政策，"行政院"曾经在1994年和1999年推动"中老年就业促进计划"，主要政策包括立法保护中老年者的就业权益、强化训练来提高中老年者的就业能力、提升中老年人成为有价值的劳动者（Lu，2007）。

然而，自2000年中国台湾地区遭遇经济衰退，使得老年人的就业状况恶化，并影响到社会的稳定。经济衰退也影响了公众对执政党的支持程度。为恢复大众对政府的支持并解决经济问题，政府实施若干就业促进方案，以降低失业率。就业促进方案可以被分为两类：就业补助方案和公共服务就业计划。就业补助方案，其目的是增加雇用动机，用薪资补贴的方式提高雇主雇用中老年人的意愿。然而，在补助水平相对较低并且补助期间较短的情况下，其对于促进老年人就业机会的作用仍非常有限（Lu，2006）。

公共服务就业计划，则对降低中老年人失业率有很大的益处。通过这一计划，为失业者提供在公共部门的临时工作机会，工作期间从6个月到1年不等。提供这种有薪资和有在职训练的短期工作，可以解决部分中老年失业者的经济困境，并提高他们未来的就业机会（Fu，2006）。在2003—2004年，由于参与公共服务扩大就业计划而被雇用的人数达到最高峰，雇用了10.4万名失业者。调查资料显示，在2004年，72%的参与者是45～64岁的中老年人。然而同时也有研究显示，参与者能在离开这个计划后重返一般劳动市场的比例很低（Fu，2006）。这显示了该计划只能对降低失业率产生短期的效果，对改善中老年人在劳动市场的弱势状况没有太大的影响。由此看，公共服务扩大就业计划属于社会政策而并非劳动政策。

提高退休年龄也是中国台湾地区应对人口老龄化的重要策略，包括改革现行的退休制度。劳动保险法规定，如果投保缴费满25年且达到50岁或投保满15年且年满55岁的人即可退休，这项规定导致退休年龄过低。行政部门已经提交改革方案到"行政院"，拟将退休年龄提高到60岁，并在未来逐步提高到65岁。然而，这一提案尚未通过，主要因为缺乏共识以及劳工组织的反对。

6.4　老龄化政策的影响

老龄化政策的发展对于家庭关系、社会分层与性别平等有重要的影响。在家庭关系方面，扩大老年人收入保障方案导致老年人收入的去家庭化，即老年人可能获得更多家庭以外来源的收入，因此对于家庭的收入依赖会降低。从20世纪90年代起实施的以税收支付的老年人津贴，提供老年人稳定的收入来源，有助于降低老年人对于家庭的经济依赖程度。依据相关政府部门调查资料显示，从1989年到2005年，老年人依赖家庭作为主要收入来源的比例已经从58.4%降低至46.5%。而在同期，老年人以社会津贴作为主要收入来源的比例从1.2%提高到16%（中国台湾地区"内政部"，1991，2005）。

老年收入保障体系的扩展也支撑了中国台湾地区不同群体的老年人收入所得。公务员、劳工和非受雇人员都能加入各自的社会保险方案，退休后可获得不同水平的收入保障。例如，在2005年，公务员保险的退休后一次给付平均为140万新台币，而劳动保险金平均为102万新台币（Taiwan Bureau of Labour Insurance，2007）。与劳工相比，公务员和教职人员可以得到更好的老年退休保障，其原因不是两类群体保险方案不同，而是因为两类群体的就业稳定性不同。在中国台湾地区，雇用法提供公务员和教职人员连续就业的权利保障，使得他们免受失业风险。因此，他们具有良好的保险记录，可以领取较高的退休津贴。相比之下，许多普通劳工很难有长期的就业记录，因此只能获得很有限的津贴。

国民养老保险在2008年实施，覆盖所有劳动年龄人口，包括那些已经达到工作年龄却不工作的人，如家庭主妇和学生。因此，有人批评国民养老保险仅仅是一个弱势群体互助的机制，没有显著的收入重新分配的作用。此外，费率和津贴水平也很低，对于退休后的经济状况没有太大的帮助。

现行社会保险的老年人收入保障方案的津贴水平，是以工资和缴费年资为基础计算。与男性相比，女性的薪资水平低，工作年限短，这使得女性处于不利的状况。以劳动保险为例，可以发现65岁及以上领取老年津贴的额度，女性平均比男性低了25%（Taiwan WRDDF，2007）。

与社会保险对女性相对不利不同，各种源于税收的老年津贴的扩展可以降低老年阶段收入保障的性别不平等。老年津贴方案可以让民众领取政府津贴，申领者中大多数是女性。在2005年，女性约占老年农业津贴（OFA）受益人的54%，占敬老津贴（OAA）受益人的 75%（Taiwan Bureau of Labour Insurance，2007）。老年津贴方案提供的是定额津贴，相对于与薪资相关联的津贴，定额津贴被认为有助于提高性别平等。

6.5　政策制定模式

中国台湾地区老龄化社会政策的发展是解决老龄化问题的基础。讨论和规划主要的老龄化社会政策，包括国民养老金和长期护理政策的建立，始于 20 世纪 80 年代初期，当时人口老龄化和家庭支持功能弱化的迹象已经初现。公共养老金和社会护理方案在中国台湾被认为是增进老年人福利需求的有效方案。大规模的公共服务就业计划给老年人和弱势人群提供短期的工作，也是为了应对 2000 年以来失业问题的重要措施。这些方案的主要目标都是为了迅速降低失业率。

政策的国际学习借鉴也在政策制定过程中发挥了重要作用，政府有效地学习国际经验并用来制定相关政策。政府官员出国考察，向学术机构和研究人员提供经费研究国外的做法。自国民养老金改革和 1994 年建立国民养老金规划特别工作组，世界银行的多支柱养老金理念就广泛地被讨论。中国台湾地区在 2000 年实施的大规模公共服务就业方案也是借鉴了韩国的相关做法（Fu，2006）。

学术机构和研究人员对中国台湾老龄化政策的形成起了重要的作用，主要老龄化社会政策的规划，包括养老金、就业和长期护理方案都借助了不同学术领域的专家学者的专业知识。政府成立高层的政策规划委员会，相关领域的学术界和研究人员也会被邀请参与规划工作。例如，国民养老金规划特别工作组的组成就包括了政府官员和社会福利、社会保险、财政、就业和人口学等领域的学者。学术机构与研究人员是作为咨询者，而不是政策制定者发挥作用，最后的政策决定权仍在政府。

行政官僚对社会政策制定的重要性已经在国际范围得到充分证明（Marier，2005），中国台湾地区也是如此。频繁的内阁改组使得负责老龄化社会政策决策的部长们在信息和政策建议方面严重依赖部门工作人员。中国台湾地区的老龄化社会政策通常是由政策规划者和学术界的密切合作来完成。相比之下，普通民众对于政策制定的影响十分有限。政府部门通常在政策决定前通过举办听证来征求民意。然而，这种听证会的作用对政府而言只是为了推进政策规划，并不是让公众来影响公共政策的制定。

中国台湾地区是一个完全民主化的地区，政策和草拟议案都必须经过立法部门的通过才能够执行。从 2000 年开始，中国台湾地区政府权力分立，这意味着所有主要政策必须在行政和立法部门之间做政治角力。在很多案例中，行政部门被迫调整政策方向。如以税收为基础的老年人津贴的扩大就是一个例证，行政部门提出的缴费式国民养老金方案，被立法院要求变为调整扩大保障范围并增加税收支出老年人津贴。增加税收支出老年人津贴，使民众对于建立缴费式的国民养老金制度的支持度下降，这也是国民养老金保险法立法延迟通过的主要原因。

中国台湾地区老龄化社会政策的发展遵循了一个路径清晰的模式，虽然有些政策革新，例如采用实施各种老年津贴，但这些只是作为过渡措施，而主要政策仍然沿着既有的政策路径发展。举例来说，养老金制度的建立，政府曾经尝试整合已有的各种社会保险老年津贴，并建成单一的国民养老金方案（Aspalter 2001；Lu，2007）。但是，整合单一方案失败了，主要是由于原有政策具有不同的制度结构，既得利益团体不愿意做出改变。政治风险和转换的财务负担也太高，导致无法实现整合方案。作为替代，政府增加新的养老金方案，对没有被现存各种保险方案覆盖的人群提供保障，但不改变原有的各种保险方案。

6.6　结束语

中国台湾地区的人口老龄化对政策的制定带来不断的挑战，政府已经清楚地认识到这一挑战的严峻性并努力制定应对政策，包括提出和改进收入维持、长期护理和促进大规模就业措施等。这些政策的发展，虽然多半是迫于政治或社会的压力，并非完全是政府的最初意愿，却也促成中国台湾地区社会政策的极大发展。这种发展是在诸多不利的情况下实现的，这些不利情况包括经济增长放缓、政策制定过程中缺乏政治影响力等。

虽然在社会政策方面有明显的进步，但实际上政府发展福利的想法和思路并没有改变。现行制度安排的扩大和新方案的采用，都是为了应对老年人在经济支持、护理和就业方面需求的增加。然而，没有任何迹象显示，政府将改变其经济发展优先社会福利安排的想法。政府也没有改变家庭作为养老义务第一承担者、扩大政府养老责任的意图。随着中国台湾地区人口的迅速老龄化和民主化进程的加速，政府是否继续长期实施不干预主义策略已成为一个问题。上述这些复杂的情况将是中国台湾地区政策进一步发展的巨大挑战。

6.7　参考文献

张卜泓.中国台湾地区长期护理保险发展经验及借鉴思考[J].金融发展研究，2013（9）.

李冬蓓.中国台湾地区老年人安养状况及启示[J].中国卫生人才，2013（11）.

Aspalter，C.（2001）*Conservative Welfare State System in East Asia*，Westport，CT：Praeger.

Aspalter，C.（ed.）（2002）*Discovering the Welfare State in East Asia*，Westport，CT：Praeger.

Chen，J.-F.（2002）'A case study focusing on the role of policy advocacy played by the LWIOP in the legalization of unregistered caring and recuperating agencies', *Journal of Social Policy and Social Work*, 6 (2): 223-267.In Chinese.

Fu, Tsung-hsi (2003) '*Modern Social Provision for Older People in Taiwan, Hong Kong and Singapore: Vicissitudes of Familization and De-familization*', PhD thesis, Department of Social Policy and Social Work, University of York (England).

Fu, Tsung-hsi (2006) 'Effects of public service employment program on re-employment: the perspective of active labour market policies', *Journal of Social Policy and Social Work*, 10 (1): 115-149.In Chinese.

Fu, Tsung-hsi (2008) 'Do state benefits impact on intergenerational family support? The case of Taiwan', *Journal of Intergenerational Relationships*, 6 (3): 339-354.

Hsiao, H.-H.and Sun, J.-H. (2001) 'Development of social welfare movements in Taiwan since the 1980s', in Hsiao, H.-H.and Lin, W.-M. (eds) *Social Welfare Movements in Taiwan*, Taipei: *Juliu Publisher*, pp.33-70.In Chinese.

Kane, R.L.and Kane, R.A. (2000) *Assessing Older Persons: Measures, Meaning, and Practical Applications*, New York: Oxford University Press.

Kane, R.A., Kane, R.L.et al. (1999) *The Heart of Long-Term Care*, New York: Oxford University Press.

Kinsella, K.and Velkoff, V.A. (2001) *An Aging World: 2001*, Washington, DC: US Government Printing Office.

Lu, Pau-Ching (2002) 'Social services for the elderly', in Lu, P.-C. (ed.) *Social Work and Taiwan Society*, Taipei.

Lu, Pau-Ching (2007) *A Study for the Preparation of White Paper on Population Policy*, Taipei.In Chinese.

Marier, P. (2005) 'Where did the bureaucrats go? Role and influence of the public bureaucracy in the Swedish and French pension reform debates', *Governance*, 18 (4): 521-544.

OECD (2005) *Long-Term Care for Older People*, Paris: OECD.

Qiu, J.-H.and Chen, J.-C. (2002) *Current Problems about the Government's Debts*, NPF Research Report, available online at<http: //old.npf.org.tw/PUBLICATION/FM/091/FM-R-091-007.htm> (accessed 24 November 2008).In Chinese.

Taiwan Bureau of Labour Insurance (2007) *Labor Insurance Statistics*, Taipei.

Taiwan CEPD (Council for Economic Planning and Development) (1977—2005) *Survey on Human Resources*, Taipei.

TaiwanCEPD (2005) *Taiwan Statistics Data Book 2005*, Taipei.

TaiwanCEPD (2006) *Projections of the Population of Taiwan Area, 2005—2051*,

Taipei.

Taiwan Council of Labour Affairs （1997） *Retirement Human Resources Management*, Taipei.

Taiwan Council of Labour Affairs （2007） *Labour Statistics Windows*, 23/6/2007, available online at<http: //www.jobnet.com.tw/new_payroll_1/Monthly_Publication/2007/0705-1.doc> （accessed 24 November 2008）.

Taiwan Executive Yuan （2007） *A Ten-Year Plan for Promoting the Long-term Care System in Taiwan*, Taipei.

Taiwan DGBAS （Directorate-General of Budget, Accounting and Statistics） （2001） *Preliminary Report on Results of the 2001Census and Household Survey*, Taipei

Taiwan Ministry of the Interior （1991） *Report on Surveys of Older People's Living Status in Taiwan Area*, Taipei.

Taiwan Ministry of the Interior （2005） *Report on Surveys of Older People's Living Status in Taiwan Area*, Taipei

Taiwan Ministry of the Interior （2007） *Annual Report on Social Statistics 2006*, Taipei.

Taiwan WRDDF （Women's Rights Promotion and Development Foundation） （2007） *Taiwan Women's Almanac*, Taipei.

WHO （2002） *The World Health Report 2002: Reducing Risks*, *Promoting Healthy Life*, Geneva: World Health Organization.

第 7 章

香港特别行政区的退休收入保障政策

周记李

7.1　引言

　　在未来的 30 年，香港特别行政区的人口特征将会发生令人瞩目的变化。由于家庭计划方案的成功实施，香港特别行政区总和生育率从 20 世纪 70 年代早期 3.5 的高水平，持续下降至 20 世纪 70 年代末期的更替水平以下，并且继续下降到 2006 年的 1.0（Census and Statistics Department，2007a）。由于生育率的下降和预期寿命的提高，香港特别行政区 60 岁及以上的老年人口规模预计将从 2006 年的 110 万大幅上升至 2036 年的 270 万，相应地，老年人口占总人口数的比重从 16.0% 大幅上升至 33.4%（Census and Statistics Department，2007b）。这一老年人口的快速增长，特别是老年人口快速增长所带来的老年阶段的经济保障问题，对政策制定者提出了一个严峻的挑战。在本章，我们将审视世界银行提出的 "退休保障三大支柱" 在香港特别行政区的实践情况，讨论 "退休保障三大支柱" 如何发挥作用，以及香港特别行政区需要做什么来支撑未来 30 年的退休保障。

　　香港特别行政区，曾经在 150 多年的时间里是英国的殖民地，于 1997 年 7 月 1 日回归中华人民共和国成为其一个特别行政区（SAR）。尽管西方的生活方式和习惯在香港特别行政区已经普遍存在，尤其是在年轻人和受过良好教育的人群中，但是中国传统文化在比较年长的人口中仍然占主导地位。毕竟，香港特别行政区 95% 的人口是华人，他们中大多数人的出身具有农业社会的经济背景，并且他们成为香港特别行政区高度工业化后老年人群体的第一代（Census and Statistics Department，2007b）。因此，在香港特别行政区，大部分老年人对他们的退休生活没有准备，特别是没有经济上的准备，因为，按照中国人的传统习惯，依靠子女满足晚年生活的经济需要是被最普遍认同的方式（Chou et al.，2004b）。

　　此外，对于香港特别行政区当今的老年人来说并没有 "退休" 的概念，因为除了一小部分公务员以及大型企业的雇员以外，没有针对香港特别行政区居民的官方的或强制的退休年龄（Chou and Chow，2005）。由于缺乏退休保障，大多数的老年从业者坚持尽可能长时间的就业以谋生，直到他们不再具备工作能力、不得不退出

就业市场而退休。最近的一项对 2 003 位香港特别行政区老年受访者的大规模调查
发现，虽然 56.6% 的受访者处于退休状态，但只有 3.4% 是因为达到退休年龄而退休
（Chou and Chow，2005）。几乎所有处于退休状态的人，其退休原因是被迫退休或
不得不退休，原因诸如健康状况不佳、长期失业、没有工作机会等。

7.2　退休保障的支柱

　　按照世界银行的概念，香港特别行政区的老年收入保障有三大支柱：强制性公
共管理支柱、强制性私人管理支柱、个人自愿储蓄支柱。在香港特别行政区，由政
府提供的社会保障体系是退休保障的第一支柱，包括综合社会保障援助
（Comprehensive Social Security Assistance，CSSA）和老年津贴（Old Age
Allowance，OAA），其来源是税收，具有再分配性质。

　　综合社会保障援助（CSSA）为非缴费制，但是需要审查个人或者家庭的收入
和财产情况。只有那些在香港特别行政区居住满 7 年的居民才有资格获得综合社会
保障援助。它的目标是帮助有需要的个人和家庭提高收入，以达到满足其基本需求
或特殊需求的最低收入水平。到 2006 年时，香港特别行政区老年人的综合社会保
障援助包括：给予身体健康者每人每年 3 546 美元（26 660 元港币）标准的保障；
针对那些已经得到老年人综合社会保障援助超过一年以上的人，还包括一项 185 美
元（1 445 元港币）的长期补助；还有房租和用水等特殊津贴。作为香港特别行政
区老年人的综合社会保障援助的结果，一种典型的情况是，一名老年人每年从老年
人综合社会保障体系得到大约 5 641 美元（44 000 元港币）的援助。这一给付水平
相当于香港特别行政区就业人口年收入中位数 15 384 美元（120 000 元港币）的
37.3%。到 2007 年 11 月，香港特别行政区老年人的综合社会保障援助体系覆盖约
18 万名老年人（60 岁及以上）（Census and Statistics Department，2006）。由于综合
社会保障援助（CSSA）体系的经济援助是最低程度的，仅够满足受助人的最基本
需求，因此，综合社会保障援助（CSSA）体系覆盖的老年人属于香港特别行政区
最贫穷的群体。

　　香港特别行政区的老年人有资格从政府申领获得老年津贴（OAA），但不能与
老年人综合社会保障援助同时获得。65 岁至 69 岁的老年人有资格申请老年津贴
（OAA）的一种，即普通老年津贴（Normal OAA，NOAA），但是他们必须通过资产
和收入的审查，其审查标准比综合社会保障援助（CSSA）宽松。70 岁及以上的老
年人有资格申请另外一种老年津贴（OAA），即高龄老年津贴（Higher OAA，
HOAA），无需经过资产和收入的审查。老年津贴是固定的，标准较低，普通老年
津贴（Normal OAA，NOAA）和高龄老年津贴（Higher OAA，HOAA）分别为每年
962 美元（7 500 元港币）和 1 085 美元（8 460 元港币）（Social Welfare Department，
2007）。上述两种老年津贴均为非缴费制。2005—2006 财政年度，香港特别行政区

政府为老年综合社会保障援助（CSSA）和老年津贴（OAA）的支出总额为15.1亿美元（118亿元港币），约占香港特别行政区经常性公共支出的5.9%，为香港特别行政区GDP的0.85%（Social Welfare Department，2007）。

强制性公积金（Mandatory Provident Fund，MPF）制度是一种强制性的个人账户储蓄制度。强制性公积金（MPF）是由雇员缴纳相当于其工资5%的费用，雇主缴纳等额费用，共同存入雇员的个人储蓄账户，其累积收益作为退休金。强制性公积金（MPF）是以就业为基础的、缴费责任明确的、私人管理的强制性储蓄。加入强制性公积金（MPF）的雇员通常得到的退休金不足以支持其晚年生活的需要，除非他们缴费达到30年。以2001年一名35岁雇员作为典型案例来看，如果该雇员及其雇主每个月缴纳相当于其薪水10%的公积金，那么在假设5%的投资回报率、5%的利息率、2%的实际工资增长水平的情况下，按照退休年龄为65岁、预期寿命为80岁计算，该雇员的所得退休金替代率将为45%（Siu，2002）。然而，强制性公积金制度被批评无法为中年劳动者（45岁及以上）、家庭主妇和低收入者提供足够的经济保障（Chan，2003；Siu，2002）。到2007年时，公积金方案已经积累330亿美元，并且其将会随着薪资水平的变化而增加或者减少（MPF Authority，2007）。

在强制公积金（MPF）制度尚未启动的2000年底，香港特别行政区340万劳动者中约30%加入的是由雇主所提供的退休保障方案（Siu，2002）。这些方案或者是"职业退休方案条例（ORSO）"方案，或者是公务员退休金方案。据估算，"职业退休方案条例（ORSO）"方案每年累积的资金规模为1.92亿到2.56亿美元，相当于150亿到200亿元港币（MPF Authority，2007）。强制性公积金（MPF）方案、"职业退休方案条例（ORSO）"方案和养老金方案形成退休保障系统的第二支柱。这些方案具有的共同特征是完全基金制（公务员退休金来源于政府），并且和职业相关。

个人储蓄和家庭经济支持，特别是来自成年子女的经济支持，形成香港特别行政区退休保障的第三支柱。1995年实施的一项调查显示，在1 106名被调查老年人中，接近2/3（62.3%）的老年人依靠家庭支持为他们主要的经济收入来源（Chou et al.，2004a）。另外一项2000年实施的调查发现，2 180位60岁及以上的被调查老年人中有56.1%从其子女处获得经济支持，其年所得收入中位数大约为2 460美元（Census and Statistics Department，2001）。因此，超过半数的老年人获得其成年子女或子女配偶的经济支持，这表明了孝道等传统价值观的强大力量（Chow，2000）。基于2001年对7 200个家庭户的调查结果，有30.1%的15岁及以上人口（约168万人）在过去的一年曾经资助过自己的父母（Census and Statistics Department，2003）。这些人中按照是否与父母同住区分，资助父母的金额中位数分别为，与父母同住的，一年3 205美元（25 000元港币），不与父母同住的，一年3 846美元（30 000元港币），其一年资助父母的总金额高达25.6亿美元（200亿元港币）。

成年子女和他们年老的父母共同居住是代际之间的一种转移形式，因为这种形式促进了诸如住房、食物、服装、交通和医疗费用等经济资源的代际转移（Ofstedal et al.，1999；Zimmer and Kwong，2003）。老年人和成年子女共同居住的比例在包括香港特别行政区在内的亚洲社会一直相对较高。然而，最新的研究显示，在过去的15年香港特别行政区老年人和成年子女共同居住的比例持续下降（Chou and Leung，forthcoming）。具体来看，60岁及以上老年人与子女共同居住的比例在1989年为70.1%，在2004年下降为63.6%。此外，与其他华人社会一样，香港特别行政区具有较强的子女支持老年父母的行为规范特征（Chow，2000；Hermalin，2002；Lee et al.，1994），具有带一定性别选择的共同居住、代际财富转移的特征。在香港特别行政区，照料父母的责任通常由已婚长子承担，而有证据表明，这样的行为规范在其他华人社会是影响老年父母与已婚子女共同居住的最重要因素（Lee et al.，1994；Ofstedal et al.，1999）。

在西方社会，自主和独立是值得称道的个人特征，因此，人们可能期望老年人在经济上独立，而不是依赖家庭。但是，按照华人传统的价值观，如果得到自己已成年子女的经济支持，老年人会感到骄傲自豪和精神愉快。老年人甚至会认为这是一个成就，他们以成功的方式抚养子女，使得子女有能力在经济上支持他们的晚年生活。因此，在香港特别行政区，主要经济来源来自成年子女的老年人，相对于主要经济来源来自其他的老年人较少出现抑郁症状，得到这样的报告就不会令人惊讶了（Chou et al.，2004a）。这也证实了家庭的经济支持对老年人的重要性，不仅仅是经济意义的，还有心理上的影响（Chow，2000）。

另外，一些当地的相关研究也表明，相对于目前的一代退休人口，未来的一代退休人口将能够更好地准备他们的退休收入保障，并且他们最通常的方式是私人储蓄。略高于70%（71.1%）的年龄在35岁至64岁的人口已经为退休做经济上的准备，而最常用的方式为储蓄（55.5%）（AXA，2005）。同样地，我们之前的研究结果表明，在30岁至59岁的劳动者中有超过2/3的人以储蓄的方式为他们的退休做准备（HSBC，2006）。因此，在预期的家庭支持作用下降的情况下，人们普遍认为，私人储蓄在保障未来退休后的收入中将起到更重要的作用。主要的政策问题在于，强制性公积金（MPF）方案以及其他的自愿性退休储蓄管理，是否能够充分弥补家庭经济支持的减少。

7.3　强制性公共管理老年人收入保障制度未来面临的挑战

老年综合社会保障和老年津贴方案作为香港特别行政区老年人退休保障制度的第一支柱，其主要关注的是由于人口快速老化在未来30年间资金的可持续性（Chou et al.，2004a）。香港特别行政区政府所做的一项调查，询问了1 876位中年人（45岁至59岁）是否已经为他们未来在60岁以后或退休后的经济需求做准备。

大约 2/3（66.5%）的受访者表示他们对未来的经济"没有做任何准备"（Census and Statistics Department，2001）。更令人担忧的发现是，这些中年人中的 21.5% 说他们主要依靠政府福利（大部分指的是综合社会保障方案）作为他们年老或退休之后的主要收入来源。之所以有这样的结果，原因包括：第一，部分受访者没有子女；第二，部分受访者当前的年收入偏低（收入中位数为 5 988 美元），不足以让他们储蓄以备退休后使用；第三，大部分人在强制性公积金实施之前没有任何其他的退休保障（Chou et al.，2003）。根据预测，在未来的 20 年，综合社会保障方案资助的老年人口比例将一直保持目前的水平，但是他们的绝对数量会因为老年人口规模的增加而变为目前的两倍。

此外，约有 70% 的这些中年受访者表示，在他们年满 65 岁时将会申请老年津贴方案（Census and Statistics Department，2001）。并且，预计 20 年后老年人申请领取老年津贴的比例将接近目前的水平，目前领取高龄老年津贴的比例是 65%。据估计，香港特别行政区政府针对老年人经济援助的支出规模（包括老年综合社会保障和老年津贴），将由 2006 年的 15 亿美元增加至 2021 年的 30 亿美元。这可能是政府急于探讨选择发展老年人经济可持续公共援助体系的原因（Health，Welfare and Food Bureau，2003）。我们有两个原因可以相信第一支柱是可持续的。第一，若香港特别行政区的 GDP 在未来的 30 年里仍然能够稳定增长，那么相应地，香港特别行政区政府的税收也将能够同比例增加。届时，将有更多的预算可投入作为第一支柱的公共援助资金。第二，当香港特别行政区的老年人口在 30 年后增加至占总人口的 1/4 时，老年人综合社会保障占所有综合社会保障的比例将相应提高。因此，综合社会保障支出中的较大比例将分配给老年综合社会保障领受人，而不是分配给较年轻的领受人。基于此，我们认为在未来的 30 年，香港特别行政区退休保障制度的第一支柱，即老年人综合社会保障方案和老年津贴方案，财政上是可持续的。

虽然我们相信退休保障制度的第一支柱在未来 30 年财政上是可持续的，但是应该适时评估第一支柱的作用以便政府资源能够被以最有效的方式利用。老年人综合社会保障、普通老年津贴和高龄老年津贴三者形成了从"选择式"到"普惠式"的香港特别行政区老年福利系列。老年人综合社会保障是有高度选择性的，需要通过严格的审查，而高龄老年津贴则是另一个极端，它是普惠式的。普通老年津贴介于两者之间，采用较为宽松的审查方式。高龄老年津贴的特点在于它的普惠性，但是其主要的优点和缺点都与普惠性相关。它的普惠性意味着津贴领受者可以完全不用担心丢面子，对于管理者来说更容易管理。然而，一些批评指出，尽管该方案体现了社会和政府对老年人的尊敬，但是津贴数额太低无法帮助缓解老年人摆脱贫困。

此外，香港特别行政区的人是实际的，尽管他们理解老年津贴是一种权利，但他们不会提出申请直到确实有需要（Wong and Wong，2004）。因此，可以认为那些打算申请老年津贴的人是有严重经济困难的人。利用一项对 1 876 名 45 岁至 59 岁中年人调查的数据，我们检验了打算申请老年津贴的人和其社会经济特征之间的关联（Chou and Chow，2005）。结果发现，这些潜在的老年津贴申请人属于经济贫困群体，他们受教育程度低、收入低、财产少、经济紧张。这些经济困难的老年人因为其还具有一定的财产而可能没有资格申请老年人综合社会保障，他们处于所谓的"有财产但缺钱的年龄"。对于当前的老年人，即使他们有资格，也不打算申请老年人综合社会保障，其原因可能是财产审查使他们感到丢面子。我们相信，如果老年人综合社会保障能够降低财产审查的门槛，或者有一个普惠的高水平津贴，就能够让这一脆弱的群体得到更好的退休保障。

在香港特别行政区，对一般人群来说没有法定退休年龄。领取老年人综合社会保障津贴的最低年龄是 60 岁，65 岁及以上的人被允许领取强制性公积金津贴，并得到普通老年津贴。然而，提早退休的人从 60 岁开始就可以领取强制性公积金津贴。老年人综合社会保障与老年津贴这两项社会保障方案，均为香港特别行政区政府提供，来源于税收。退休收入保障制度的公共支柱应该改革，以减少对提早退休的鼓励（OECD，1998）。政策的方向要反映出由于经济、社会和公共财政状况不佳，就业人数相对于退休人数的降低。除了继续鼓励就业，公共支柱方案必须加强，而其他退休途径的老年人福利必须停止或者加以限制，因为标准的养老途径一直以通过福利方案的替代方式提供。

在一些国家，特别建立了提前退休途径，以方便较年老的雇员在公司受到产业结构调整影响时退出。然而，如果失业率整体水平高，会有太多的人符合并选择这类补充退休途径，例如香港特别行政区在 1997 年亚洲金融危机之后的几年里或者是在"非典（SARS）"等自然危机时期就是如此。具体来说，在香港特别行政区，很多 50～59 岁的较年老的雇员在失业一段时间后成为综合社会保障援助（CSSA）的受领人，并且持续接受综合社会保障援助的资助，直到他们年满 60 岁转为领取老年综合社会保障援助津贴。

如何在保障老年人适当的退休收入水平和退休者社会保障支出的财政可延续性这二者之间达到很好的平衡，是包括香港特别行政区在内的所有老龄化社会都面临的相同挑战。根据国际经验，提高领取退休金的年龄，为经常被使用的退休金改革方式。目前，香港特别行政区老年综合社会保障援助津贴的领取年龄是从 60 岁开始。与其他国家如澳大利亚、加拿大、日本和美国的 65～67 岁的退休津贴领取年龄相比，香港特别行政区的领取年龄明显偏低。新西兰的相关数据也显示，提高退休津贴的领取年龄有助于鼓励老年雇员推迟退休、继续工作。

基于这些考虑，我们建议老年综合社会保障援助津贴的领取年龄由现行的 60 岁提高至 65 岁。在这一措施下，失业的 60 岁至 65 岁的老年人仍然可以得到综合社会保障援助津贴。但是对于失业受助者，建立鼓励其继续工作的机制，将减少其对综合社会保障援助津贴（CSSA）的依赖。然而，这一措施仅仅适用于新的老年综合社会保障援助津贴申请者，并且，必须确保这样的改变足够温和，可以避免任何潜在的相关冲突。本文所提到的国家，曾经都采用分阶段方式逐渐改变退休金领取年龄起点。美国在 24 年期间将退休金领取年龄起点提高了两岁，由 65 岁变为 67 岁。日本则是在 11 年之内将男性的退休年龄提高了 5 岁，从 60 岁变为 65 岁，而女性退休年龄的同样变化用了 16 年的时间。因此，推荐在香港特别行政区采用分阶段方式提高年龄起点标准，例如每两年将年龄提高 1 岁。

7.4　强制性私人管理老年人收入保障制度未来面临的挑战

正如前面所讨论的，香港特别行政区直到 2000 年以前是少数没有老年人退休保障制度的工业化社会之一。强制性公积金制度在香港特别行政区仍处于初步实施阶段，还有很多改进的空间。我们也坚信强制性公积金制度必须持续加强，以成为香港特别行政区退休收入保障的强大支柱。最近的财政分析显示，与其他亚洲国家和地区相比较，香港特别行政区的强制性公积金缴费水平比较低（Lindeman，2002），并且，强制性公积金被批评其 23% 的替代率过低而无法维持退休后的适当生活水准（Siu，2002）。作为香港特别行政区退休保障制度三大支柱之一的强制性公积金制度，从长远来看，重要的是增加其缴费水平，以弥补预期将减弱的其他支柱的作用，特别是家庭支持功能的减弱。我们建议有必要检讨并提高强制性公积金的缴费率。

在 1995 年强制性公积金立法通过时，其缴费上限设定为 20 000 元港币，这个数值在 1994 年的月就业收入中排位在第 90 个百分位。香港特别行政区的收入水平在接下来的几年里逐渐提高。根据香港特别行政区政府普查统计局的相关统计显示，2006 年排位在第 90 个百分位的月就业收入已经上升为 30 000 元港币（Census and Statistics Department，2007b）。强制性公积金的缴费上限尚未反映这一薪资水准的改变。在 2007 年，修改强制性公积金缴费的上限和下限曾经在立法会讨论，但并没有做出任何决定。我们建议强制性公积金的上限应该由目前的 20 000 元港币提高到 30 000 元港币，这样能够更好地为未来的退休生活提供所需，特别是为中等收入者。此外，应该向参加强制性公积金制度的退休者提供金融机构推出的养老金保险产品，目的是确保他们老年时有稳定足够的经济支持（Siu，2002）。

7.5　老年人自愿性私人储蓄未来面临的挑战

香港特别行政区行政长官曾荫权在 2007 年的政策演说中重申，"我们应该为老年人提供更多的照顾"（Tsang，2007a）。他继续强调，"老年人是家庭的重要成员……家庭成员要扮演照顾老年人的主要角色。我们必须强化家庭成员彼此的支持，并且提升家庭成员照顾老年人的能力"（Tsang，2007a）。政府的一般政策是鼓励老年人尽可能地在社区养老并与家庭成员共同生活，相应地制定了老年人的住宅政策，即公共住房的申请者若是与一名老年家庭成员一起居住，那么其申请等待时间可以缩短三年。对于向老年父母提供经济支持者有相应的减免税制度，但仅具有象征意义，因为减免额很小，支持每位老人每年减免额约为 1 000 美元。

在像香港特别行政区这样的亚洲社会，绝不能低估家庭支持的重要性，因为相关的证据一贯表明，家庭向香港特别行政区老年居民提供经济支持是决定性的，与公共救助制度相比，家庭是老年人更普遍和更重要的收入来源（Chou et al., 2004a；Chou et al., 2004b；HSBC, 2006）。具体而言，超过 2/3 的老年人表示，成年子女是他们主要的生活所得来源（Chou et al., 2004b）。与此相对，仅有约 17%的老年人能够通过资产审查获得公共福利援助。然而，家庭规模变小使得政策制定者和研究者都对家庭支持老年人的可持续性产生担忧。因此，研究成年子女对老年父母的代际支持的动机成为关键，以便评估未来这一支柱对退休保障的贡献是消失还是能够继续保持。

这一当前研究的另一根据是，成年子女经济支持的不同动机导致不同的代际转移方式，这是人口结构改变的结果，或者是实行新的老年人公共救助政策的结果（Esser, 1999）。例如，在亚洲社会，近年来生育率的下降被认为是成年子女对老年人经济支持下降的最普遍原因（Chou et al., 2004b；Jones, 1993）。然而，如果代际转移的动机是"利他的"而不是"交换"，那么结果未必如此（Zimmer and Kwong, 2003）。换句话说，成年子女支持父母的代际转移是基于"利他主义"还是基于"交换"，对低生育率情况下未来退休者有不同的影响。

老年人保障是把家庭看做一个资本来源，这是文献中最早的代际转移方式之一（Becker, 1991；Willis, 1980）。这一假设表明，特别是在传统社会里，当金融机构不成熟、公共援助或私人养老金方案不完善时，个人很难找到可靠的方式储蓄养老。因此，作为一个替代的长期机制，由子女为老年人晚年生活提供的是经济保障，而不是采用其他的财富积累形式。按照这一假设，有子女的夫妇期望自己老年时子女将提供经济的支持和照顾支持。子女有动机为自己的父母提供收入保障，因为子女意识到自己的做法会成为自己子女的榜样（Ikkink et al., 1999；Stark, 1995）。

随着经济的发展，金融市场形成，公共养老金也得到发展，除了依靠子女以外，人们通过储蓄的方式养老。因此，人们将越来越多地依赖公共养老金或金融产品（如股票、债券、基金），作为自己的退休保障，而不是年老时从子女那里获得代际转移支持。香港特别行政区社会为检验这一假设提供了一个令人关注的环境，因为在 2000 年之前还没有实施强制性公积金制度时，香港特别行政区仅有约 5%的就业人口得到公务员养老金的保障。这一假设预示，得到公务员养老金保障的老年人与没有养老金保障的老年人相比，较少获得来自其成年子女的经济支持。2004年的一项调查，访问了 4 812 位 60 岁及以上的在社区居住的老年人，对其中 4 370位至少有 1 名子女的被调查者，分析其得到养老金和获得子女经济支持之间的相关性（Census and Statistics Department，2005）。结果发现，略低于1/3（144人中有47人）的养老金领取者获得子女的经济支持，而近60%的非养老金领取者（4 226人中有2 521人）获得子女的经济支持。这一结果表明，在强制公积金制度逐渐成熟并且可以为受益人提供适当的退休保障的情况下，未来30年内的退休者将面对的现实，即强制性公积金可能会"挤出"来自子女的经济支持，因为得到养老金和获得子女经济支持之间呈负相关性。

同样，在香港特别行政区提出放宽老年人综合社会保障援助（the Old Age CSSA）申请的收入与资产审查标准，或者采用全民普惠式的退休收入保障方案时，需要仔细考虑私人和公共转移之间的联系。家庭转移系统在代际成员之间分配经济资源，能够起到一些公共援助计划同样的作用。父母给予未成年子女一系列的实物服务，如分享食物、住房、照料和经济支持等，成年子女往往给予父母相应的资源转移。成年子女向父母的转移程度在不同国家和地区不同，但是在香港特别行政区，成年子女向父母的这种家庭转移对于老年人的福利非常重要（Chou et al.，2004b；Chou and Chi，2003）。在多数国家和地区，公共转移和家庭转移系统之间的合理分工是通过长期的习惯或者传统形成，并非通过注重效率来形成。作为结果，两大类型的转移制度的共同作用解释了许多更重要的老年人口政策问题。

主要的争论是，增加对老年人的公共财政支持是否会鼓励成年子女改变其当前为自己养老所做的准备措施（World Bank，1994）。这一问题尤其对目前香港特别行政区有重要意义，因为一些激进人士和政策顾问提议推出一个统一的公共养老金方案，统一为每年缴费4 615.4美元（36 000元港币）。对于公共养老金支持和按照老年人保障假设的代际支持之间的关系问题，不同的代际转移模式有不同的答案。像前述的公务员养老金方案一样，如果老年父母的收入因为实行优厚的社会保障方案而增加，则其成年子女将会做出相应的反应减少代际转移。换句话说，实行优厚的老年人社会保障方案将会"挤出"来自成年子女的私人代际转移。

相反，如果代际转移被视为父母对子女投资的回报，那么政府养老支持的增加不会减少家庭代际转移。特别是在接受良好教育会迅速增加预期收入的社会环境里，"回报父母假说"同样认为家庭是一个资本提供者。这一假说强调"借入"而不是"储蓄"的约束，聚焦于个人面对"借入"带来的不利于其未来市场收入的问题。因此，存在一个隐形的家庭资本市场，子女的教育所需由父母通过资助和贷款作为投资来实现，作为回报，子女提供父母的老年生活保障来偿还父母的贷款（Becker and Tomes，1976）。在这种明确的借贷关系下，成年子女的特征和父母的经济状况都不会影响到偿还。另外，这个假设预示，当发生一个成年子女向父母的转移时，其他的成年子女会有积极的响应增加转移数量。根据这一假设，父母所拥有的成年子女的数量决定其从成年子女处获得的经济支持的总额。

　　然而，印度尼西亚的相关调查表明，成年子女向其父母的收入转移是否发生、转移的数额与父母所拥有的子女数量无关（Lillard and Willis，1997）。韩国和越南的相关研究也有相似的结论（Lee，2000；Knodel et al.，2000）。另外，在中国无论是城镇还是乡村，子女数和子女给父母的经济支持呈现正相关关系（Zimmer and Kwong，2003）。根据香港特别行政区政府统计局 2005 年的统计数据可以发现，随着父母所拥有的子女数的增加，由子女转移给父母的经济支持的可能性和数额也增加。如表 7-1 所示，父母获得子女收入转移的可能性随着其拥有的子女数的增加而单调递增。

表 7-1　　　　　**子女数与得到子女转移可能性之间的关系**

子女数	1	2	3	4	5 及以上
得到子女经济转移的父母比例	40.8%	54.3%	65.7%	69.1%	71.8%

　　而且，在得到成年子女经济支持的被调查老年人中，可以发现其子女数与转移的数额之间具有正相关关系（r=0.14，p<0.01，n=2568），如表 7-2 所示。这些研究发现对如何满足未来老年人的需求有着重要的意义。这是因为在过去的几十年里生育率的急速下降导致香港特别行政区快速的人口老龄化，预期的老年人口抚养比将由 2003 年的 161% 上升至 2033 年的 428%（Census and Statistics Department，2004）。未来 30 年的老年人将因此首先体验到生育率急速下降的后果。一般经验法则表明，成年子女数的减少将导致对老年人的支持相应减少，因为成年子女被视为最负有照顾父母的责任。

表 7-2　　　　　**子女数和子女经济转移额度之间的关系**

子女数	1（n=368）	2(n=690)	3(n=547)	4(n=429)	5 及以上（n=534）
1～999 港元	15.8%	12.8%	12.8%	6.8%	10.7%
1 000·1 999 港元	29.9%	20.3%	20.7%	20.5%	17.4%
2 000～2 999 港元	22.0%	21.6%	18.1%	19.8%	21.7%
3 000～3 999 港元	11.4%	16.5%	16.1%	15.4%	10.5%
4 000～4 999 港元	7.1%	7.7%	8.4%	7.9%	8.6%
5 000～5 999 港元	7.1%	7.2%	9.7%	11.7%	13.3%
6 000～7 999 港元	4.3%	7.5%	6.2%	10.0%	7.9%
8 000 及以上港元	2.4%	6.4%	8.0%	7.9%	9.9%
合计	100%	100%	100%	100%	100%

　　上述的两种家庭收入转移模式，表明了经济和人口统计特征如何决定收入转移的发生，以及父母和子女之间关系的基本规范如何决定收入转移的发生。认为动机和行为之间会高度一致的想法是天真的。这意味着，尽管可以准确确定一个人的动机，但其行为未必完全遵循动机（Finch and Mason，1993）。此外，认为每个个体有单一明确的潜在转移行为的动机是不符合实际的，实际上可能存在多重动机，多重动机之间不互相排斥。动机之间不仅有竞争，也有重叠，一个人可以很好地同时拥有多个动机（Finch and Mason，1993；Kunemund and Rein，1999）。正如本文前述的，分析数据对养老保障和回报父母假说二者都提供了证据支持。作为结果，家庭转移和公共转移之间的关系仍不确定。因此，考虑到多项动机可能并存于同一个人的事实，我们需要同时对所有的相关动机倾向进行分析。

　　在香港特别行政区，趋势是发展像强制性公积金方案一样的定额供款计划，重点是家庭决定储蓄养老的能力。因此，就业者和退休者被越来越多地要求为他们的退休金和其他储蓄金承担前所未有的责任。在未来的几十年里，储蓄作为一种退休收入保障手段将变得越来越重要。不得不说的是，我们必须也要强调，实际的退休储蓄是行为因素和心理因素共同作用的结果，而这些行为因素和心理因素可能干扰人们制订和执行其养老计划的能力。虽然一些已有的研究论文探讨了香港特别行政区的退休收入保障系统的其他支柱，如老年人综合社会保障（Old Age CSSA）（Chou et al.，2003a）、老年津贴（OAA）（Chou and Chow，2005）、强制性公积金（MPF）（Chou et al.，2004b），以及家庭支持（Chou and Chi，2001），但是作为第三支柱的重要组成部分——私人储蓄，在香港特别行政区退休收入的相关政策研究中被严重忽略。

　　如果一些家庭储蓄太少，可能是因为这些家庭无法决定应该储蓄多少。一个适当的被执行的储蓄策略首先是要有一个计划。然而，由于理财知识有限，为退休做储蓄计划对大部分家庭而言或许掌握起来过于复杂。缺乏理财知识的消费者多被归为"无银行账户"的人，即那些没有任何交易账户的人。此外，具有理财经验的家庭更可能购买有风险的资产和股票（Van Rooji al.，2007），投资更为有效（Calvet et al.，2005）。因此，毫不奇怪，缺乏理财知识的人较少储蓄、较少拥有财富、有较低的可能性去体验满意的退休生活（Ameriks et al.，2003；Ameriks et al.，2004；Lusardi，1999，2004）。

　　伯恩海姆（Bernheim，1995，1998）是最早记录许多美国家庭缺乏金融知识而不具备进行储蓄决策的必要信息和技能的研究者之一。美国人的理财知识缺乏可由针对高中学生（MANDELL，2004）、老年人（Lusardi and Mitchell，2006，2007）和普通人（Hilgert and Hogarth，2002；Hogarth，2006）的相关研究获得证实。在其他国家也有类似的研究发现，包括澳大利亚和新西兰（Australia and New Zealand Banking Group，2005）、英国（Miles，2004）、一些欧洲国家（Christelis et al.，2005）、日本和韩国（OECD，2005）。令人惊讶的是，尽管香港特别行政区自身定位为全球的金融中心（Tsang，2007b），有关评估香港特别行政区普通居民理财知识的研究却屈指可数。在 2006 年，香港特别行政区进行了一项针对 12 至 18 岁青少年及他们的父母的调查，研究和评估被调查者对理财计划的态度和对理财知识的理解水平（HSBC，2007）。调查结果显示，约 60% 的父母认为他们的理财计划知识是平均水平，而超过 30% 的父母认为自己的理财知识水平低于平均水平。当然，这些研究发现仅仅揭示的是理财计划知识水平的自我主观评价，并且接受调查的人仅限于青少年的父母。显然，我们需要评估香港特别行政区更详细的总体人口的理财知识水平，并且是用其他国家广泛使用的客观评估方法，以便能够进行国际比较。

已有的研究发现，不同人口特征群体之间存在着巨大的差异：低教育水平的人、低收入水平的人、女性较少具备理财知识（Hilgert and Hogarth，2002；Hogarth，2006；Lusardi and Mitchell，2006，2007；Mandell，2004）。美国一项广为人知的针对 50 岁以上被调查者的研究——健康和退休研究（the Health and Retirement Study），发现与复合利息计算能力相关的理财知识随着受教育水平的提高而大幅度上升，也就是说，受教育程度越高的人越可能正确回答这类问题。在其他国家也发现类似的理财知识的社会经济关联。具体而言，在澳大利亚，缺乏理财知识的人更多是女性和低收入、低教育水平的人（Australia and New Zealand Banking Group，2005）。同样地，在英国，低社会阶层和低收入的年轻人很难成为理财顾客。在韩国的年轻人中也发现这样的情况（OECD，2005），家庭收入、教育程度同年轻人在理财知识测验方面的表现呈现显著的正相关。因此，有可能的情况是，低水平的理财素养是与特定的社会人口特征有关的。需要重点关注的是这些缺乏和不足集中在特定人口群体中，包括低收入、低教育水平者和女性人口，结果会导致他们的退休经济困难、更为脆弱。在未来的研究中，理财知识的相关社会经济变量信息会很有价值，因为可以针对具有高风险的群体开展有效的教育安排。

人们想为未来储蓄，但是他们缺乏实现其意愿的能力。谢林（Schelling，1978）认为，由储蓄意愿到现实的储蓄行为需要谨慎的计划和努力自我管控。自我管控的心理和行为依据一直以来是心理学家们研究的重点（Shefrin and Thaler，1992；Laibson，1998；Ameriks et al.，2004）。除了自我管控之外，已有的研究也建立了影响储蓄行为的心理因素的研究领域（Nyhus，2002；Rabinovich and Webley，2007）。时间范围是指考虑支出计划和储蓄的过程所用的时间长度，其在已有的储蓄行为研究中已经被证明是一个最重要的相关变量（Nyhus，2002；Warneryd，1999；Rabinovich and Webley，2007）。使用一定的支出控制手段，诸如心理账户（mental accounting）（Shefrin and Thaler，1992）和执行目的（implementation intention）（Gollwitzer and Brandstatter，1997），可以加强自我管控，增加储蓄的可能性（Elster，1977；Rabinovich and Webley，2007）。最后，支出控制的认知容易程度与计划行为理论（the Theory of Planned Behaviour）中的认知行为控制概念相关（Ajzen，1985），而且这一因素被认为可以预测储蓄行为

（Nyhus，2002；Rabinovich and Webley，2007）。未来的相关研究应该着重于分析自我管控、时间范围、支出控制手段的使用以及支出的认知容易程度等等，是否与香港特别行政区人口储蓄计划的成功执行显著相关。

7.6　结论

在本章中，我们探讨了未来30年里香港特别行政区退休保障的三个支柱。根据我们的观察和预测，我们提出了一些政策建议。此外，我们也指出了未来这一研究领域的需求。显然，没有一个系统可以单独为香港特别行政区所有老年人提供足够的退休保障，一定是多个系统组合发挥作用（World Bank，1994）。如果香港特别行政区老年人的经济困难现状继续存在，而我们的预言准确，那么面临长期经济困难的老年人的数量会显著增加。必须在短期内尽快制定和实施社会政策以降低本章中讨论的一些关键风险。虽然政策并不能完全防止老年人未来的经济困难，但能够缓解一些最紧迫的问题。

7.7　参考文献

雷鼎鸣.人口老化对香港财政及退休保障制度的影响[J].港澳研究，2014（4）.

楼玮群，何志娟.香港退休保障改革述评[J].中国民政，2015（3）.

Ajzen，I.（1985）'From intentions to actions：a theory of planned behavior'，in J. Kuhl and J.Beckman（eds.）*Action - control：from cognition to behavior*，Heidelberg：Springer.

Ameriks，J.，Caplin，A.et al.（2003）*Retirement consumption：insights from a survey*，Cambridge，MA：National Bureau of Economic Research.

Ameriks，J.，Caplin，A.，Leahy，J.et al.（2004）*Measuring self - control*，Cambridge，MA：National Bureau of Economic Research.

Australia and New Zealand Banking Group（2005）*ANZ survey of adult financial literacy in Australia*，Melbourne：Australia and New Zealand Banking Group.

AXA（2005）*AXA retirement scope：retirement，a new life after work? Results for Hong Kong with international comparison*，Hong Kong：AXA.

Becker，G.S.（1991）*A treatise on the family*，Cambridge，MA：Harvard University Press.

Becker，G.S.and Tomes，N.（1976）'Child endowments and the quality and quality of children'，*Journal of Political Economy*，84（4）Supplement：142–63.

Bernheim，B.D.（1995）'Do households appreciate their financial vulnerabilities? An analysis of actions，perceptions，and public policy'，in American Council for

Capital Formation （ed.） T*ax policy for economic growth in the 1990s*, Washington, DC: ACCF.

Bernheim, B.D. （1998） 'Financial illiteracy, education, and retirement saving', in O.S.Mitchell and S.J.Schieber （eds.） *Living with defined contribution pensions*, Philadelphia: University of Pennsylvania Press.

Calvet, L., Campbell, J.et al. （2005） *Down or out: assessing the welfare costs of household investment mistakes*, Cambridge, MA: Harvard Institute of Economic Research, Harvard University.

Census and Statistics Department （2001） *Special topics report no.27*, Hong Kong: Hong Kong Government Printer.

Census and Statistics Department （2003） *Thematic household survey report no.11*, Hong Kong: Census and Statistics Department.

Census and Statistics Department （2004） *Hong Kong population projections.2001—2033*, Hong Kong: Census and Statistics Department.

Census and Statistics Department （2005） *Thematic household survey report no.21*, Hong Kong: Census and Statistics Department.

Census and Statistical Department （2006） '*Median monthly income from main employment, 1996, 2001 and 2006*', Hong Kong: Census and Statistical Department, available online at<http://www.censtatd.gov.hk/showtableexcel2.jsp? tableID=151> （accessed 24 November 2008）.

Census and Statistics Department （2007a） '*Statistical tables: population and vital events*', Hong Kong: Census and Statistics Department, available online at<http://www.censtatd.gov.hk/hong_kong_statistics/statistical_tables/index.jsp? subjectID=1&tableID=004> （accessed 24 November 2008）.

Census and Statistics Department （2007b） *Hong Kong population projections 2007—2036*, Hong Kong: Census and Statistics Department.

Chan, C.K. （2003） 'Protecting the aging poor or strengthening the market economy: the case of the Hong Kong Mandatory Provident Fund', *International Journal of Social Welfare*, 12 （2）: 123–31.

Chou, K.L.and Chi, I. （2001） 'Social support exchange among elderly Chinese people and their family members in Hong Kong: a longitudinal study', *International Journal of Aging and Human Development*, 53 （4）: 339–56.

Chou, K.L.and Chi, I. （2003） 'Reciprocal relationship between social support and depressive symptoms among Chinese elderly', *Aging and Mental Health*, 7 （3）: 224–31.

Chou, K.L.and Chow, N.W.S. （2005） 'Universalism or selectivism: old age allowance as a case in Hong Kong', *Hallym International Journal of Aging*, 7 (2): 131-41.

Chou, K.L.and Leung, C.B. (forthcoming) 'Disability trends in Hong Kong community dwelling Chinese older adults: 1996, 2000, 2004', *Journal of Aging and Health*.

Chou, K.L., Chi, I.and Chow, N.W.S. (2003) 'Future elderly welfare recipients in Hong Kong', *Hallym International Journal of Aging*, 5 (2): 183-99.

Chou, K.L., Chi, I.and Chow, N.W.S. (2004a) 'Sources of income and depression in Hong Kong elderly Chinese: mediating effect and moderating effect of social support and financial strain', *Aging and Mental Health*, 8 (3): 212-21.

Chou, K.L., Chow, N.W.S.and Chi, I. (2004b) 'Preventing economic hardship among Hong Kong Chinese elderly', *Journal of Aging and Social Policy*, 16 (4): 79-97.

Chow, N.W.S. (2000) 'Ageing in Hong Kong', in D.R.Philips (ed.) *Ageing in the Asia-Pacific region: issues, policies and future trends*, London: Routledge.

Christelis, D., Jappelli, T.and Padula, M. (2005) *Health risk, financial information and social interaction: the portfolio choice of European elderly households*, Italy: University of Salerno.

Elster, J. (1997) 'Ulysses and the sirens: a theory of imperfect rationality', *Social Science Information*, 16 (5): 469-526.

Esser, H. (1999) *Soziologie: Spezielle Grundlagen.Band I: Situationslogik und Handeln*, Frankfurt: Campus.

Finch, J.and Mason, J. (1993) *Negotiating family responsibilities*, London: Routledge.

Gollwitzer, P.M.and Brandstatter, V. (1997) 'Implementation intentions and effective goal pursuit', *Journal of Personality and Social Psychology*, 73 (1): 186-99.

Health, Welfare and Food Bureau (2003) *The way forward for the social security system*, Hong Kong: Hong Kong SAR Government.

Hermalin, A.I. (2002) *The well-being of the elderly in Asia*, Ann Arbor, MI: University of Michigan Press.

Hilgert, M.and Hogarth, J. (2002) *Financial knowledge, experience and learning preferences: preliminary results from a new survey on financial literacy*, Milwaukee, WI: American Council on Consumer Interests.

Hogarth, J. (2006) 'Financial education and economic development', Washington, DC: Federal Research Board, available online at<http://www.oecd.org/dataoecd/20/50/37742200.pdf> (accessed 24 November 2008).

HSBC（2006）*The study on retirement issues in Hong Kong*，Hong Kong：HSBC.

HSBC（2007）*Survey report on financial planning values and attitudes among Hong Kong's young people and parents*，Hong Kong：HSBC.

Ikkink，K.K.，Tilburg，T.et al.（1999）'Perceived instrumental support exchanges in relationships between elderly parents and their adult children：normative and structural explanations'，*Journal of Marriage and the Family*，61（4）：831-44.

Jones，G（1993）'Consequences of rapid fertility decline for old age security'，in R.Leete and I.Alam（eds.）*Revolution in Asian fertility：dimensions，causes and implications*，Oxford：Clarendon Press.

Knodel，J.，Friedman，J.，et al.（2000）'Intergenerational exchanges in Vietnam：family size，sex composition，and the location of children'，*Population Studies*，54（1）：89-104.

Künemund，H.and Rein，M.（1999）'There is more to receiving than needing：theoretical arguments and empirical explorations of crowding in and crowding out'，*Ageing and Society*，19（1）：93-121.

Laibson，D.（1998）'Life-cycle consumption and hyperbolic discount functions'，*European Economic Review*，42（3-5）：861-71.

Lee，Y.J.（2000）'Support between rural parents and migrant children in a rapidly industrializing society：South Korea'，in A.Mason and G.Tapinos（eds.）*Sharing the wealth：demographic change and economic transfers between the generations*，Oxford：Oxford University Press.

Lee，Y.J.，Parish，W.L.et al.（1994）'Sons，daughters and intergenerational support in Taiwan'，*American Journal of Sociology*，99（4）：1010-41.

Lillard，L.A.and Willis，R.J.（1997）'Motives for intergenerational transfers：evidence from Malaysia'，*Demography*，34（1）：115-34.

Lindeman，D.C.（2002）'Provident funds in Asia：some lessons for pension reformers'，*International Social Security Review*，55（4）：55-70.

Lusardi，A.（1999）'Information，expectations，and savings for retirement'，in H.Aaron（ed.）*Behavioral dimensions of retirement economics*，Washington，DC：Brookings Institution Press and Russell Sage Foundation.

Lusardi，A.（2004）'Savings and the effectiveness of financial education'，in O.S. Mitchell and S.Utkus（eds.）*Pension design and structure：new lessons from behavioral finance*，Oxford：Oxford University Press.

Lusardi，A.and Mitchell，O.S.（2006）*Financial literacy and planning：implications for retirement wellbeing*，Philadelphia，PA：Pension Research Council，Wharton School，University of Pennsylvania.

Lusardi, A.and Mitchell, O.S. (2007) *Financial literacy and retirement planning: new evidence from the Rand American life panel*, Ann Arbor, MI: Michigan Retirement Research Centre, University of Michigan.

Mandell, L. (2004) *Financial literacy: are we improving?* Washington, DC: Jumpstart Coalition for Personal Financial Literacy.

Miles, D. (2004) *The UK mortgage market: taking a longer-term view*, London: HM Treasury.

MPF Authority (2007) *Mandatory Provident Fund Schemes statistical digest*, September 2007, Hong Kong: MPF Authority, available online at<http: //www.mpfa.org. hk/tc_chi/quicklinks/quicklinks_sta/files/Sept_2007_Issue.pdf> (accessed 24 November 2008).

Nyhus, E.K. (2002) *Psychological determinants of household saving behavior*, Norges Handelshskole: Bergen.

OECD (1998) *Maintaining prosperity in an ageing society*, Paris: OECD.

OECD (2005) *Improving financial literacy: analysis of issues and policies*, Paris: OECD.

Ofstedal, M.B., Knodel, J.and Chayovan, N. (1999) 'Intergenerational support and genger: a comparison of four Asian countries', *Southeast Asian Journal of Social Science*, 27 (2): 21–41.

Rabinovich, A.and Webley, P. (2007) 'Filling the gap between planning and doing: psychological factors involved in the successful implementation of saving intention', *Journal of Economic Psychology*, 28 (4): 444–61.

Schelling, T.C. (1978) 'Egonomics, or the art of self-management', *American Economic Review*, 68 (2): 290–4.

Shefrin H.M.and Thaler, R.H. (1992) 'Mental accounting, saving and self-control', in G.Lowenstein and J.Elster (eds.) *Choice over time*, New York: Russell Sage Foundation.

Siu, A. (2002) 'Hong Kong's mandatory provident fund', *The Cato Journal*, 22 (2): 317–32.

Social Welfare Department (2007) 'Social security: comprehensive social security assistance scheme', Hong Kong: Social Welfare Department, available online at < http: //www.swd.gov.hk/en/index/site_pubsvc/page_socsecu/sub_socialsecurity/#CSS Asr> (accessed 24 November 2008).

Stark, O. (1995) *Altruism and beyond: an economic analysis of transfers and exchanges within families and groups*, Cambridge: Cambridge University Press.

Tsang, D. (2007a) *The 2007—2008 policy address: a new direction for Hong*

Kong, Hong Kong: Hong Kong Government, available online at<http: //www.legco.gov. hk/yr07-08/english/panels/0708speech_e.pdf> (accessed 24 November 2008).

Tsang, D. (2007b) 'Hong Kong aims to become Islamic finance hub', *Hong Kong enews*, available online at<http: //www.enews.ma/hong-kong-aims_i73017_2.html> (accessed 24 November 2008).

Van Rooij, M., Lusardi, A.and Alessie, R. (2007) *Financial literacy and stock market participation*, Hanover, NH: Dartmouth College.

Warneryd, K.E. (1999) *The psychology of saving: a study on economic psychology*, Cheltenham: Edward Elgar.

Willis, R.J. (1980) 'The old age security hypothesis and population growth', in T.Burch (ed.) *Demographic behavior: interdisciplinary perspectives on decision-making*, Boulder, CO: Westview Press.

Wong, C.K.and Wong, K.Y. (2004) 'Universal ideals and particular constraints of social citizenship: the Chinese experience of unifying rights and responsibilities', *International Journal of Social Welfare*, 13 (2): 103-11.

World Bank (1994) *Averting the old age crisis: policies to protect the old and promote growth*, Oxford: Oxford University Press.

Zimmer, Z.and Kwong, J. (2003) 'Family size and support of older adults in urban and rural China: current effects and future implications', *Demography*, 40 (1): 23-44.

第8章

新加坡的老龄化：政策的挑战与变革

安吉丽·陈

8.1 引言

　　21世纪，亚洲人口最鲜明的特点就是人口老龄化，全世界也是如此。到2030年时，世界上超过60岁的人口中，将有60%生活在亚洲，这一状况将对亚洲的社会和经济发展产生深远的影响。新加坡，这个在过去的42年里经历了社会与经济戏剧性变化的国家，同时也经历着人口结构的转变，并已成为亚洲人口老龄化速度最快的国家之一。在世界银行2007年的评估中，新加坡人均国民收入在亚洲排名第二，为32 867美元，仅次于日本的38 950美元。新加坡的这种经济增长得益于相应的社会经济政策。从新加坡取得独立的那一刻起，家庭计划政策就得到了充分的重视，成为了最受重视的政策领域之一。新加坡的人口政策致力于降低生育率，其结果是总和生育率（TFR）从1965年的6，即平均每名妇女生育6个孩子，降为2006年的1.24。在1978年，其总和生育率达到更替水平，从此，新加坡开始了其人口老龄化进程。

　　目前，新加坡的65岁及以上人口占总人口的比重为8%，根据预测，这一比重将在2030年前攀升至19%（Committee Ageing Issues，2006）。人口老龄化问题已经取代了家庭计划，成为国家人口问题中的头等大事。以新加坡目前的人口老龄化速度来看，老龄化将对新加坡的社会和经济结构产生深远影响，这是政策制定者们认同的观点。本章的目的在于阐述人口老龄化对新加坡社会的影响，并批判性地检验现行的政策。其实在任何国家都一样，政策的制定都一定程度地反映了民众和国家的意识形态。在新加坡，对于影响制定老年人政策的社会意识形态是很受重视的。这其中包含着很多的观念，比如国家和家庭对老年人的责任，性别角色与性别关系，还有代际间的关系。从政策角度来看，人口老龄化使得政策的制定者去重新思考一些问题，包括老年人在社会中的角色，还有政府在为老年人提供帮助的过程中应扮演的角色。政策中最重要的问题有三点：老年人的经济保障、就业、健康照料的资金。个人、家庭和国家都应该对这三个问题引起足够的关注与重视。

　　在这一章，我们分析新加坡的人口转变和当前的人口发展趋势。同时，我们还会回顾新加坡老年人政策从 1965 年到今天的发展变化，并分析应对人口老龄化的新政策的发展。在这一章的结尾，将会给出对政策调整的建议，强调需要关注的新领域。

8.2　新加坡的人口转变

　　新加坡快速的人口转变，产生了大量的劳动年龄人口，这些大量的劳动年龄人口是相对于青少年人口数量和老年人口数量来说的，这样的人口结构产生了"人口红利"，有助于从 20 世纪 70 年代直到 90 年代初新加坡经济发展奇迹的产生（Bloom，Canning et al.，2003）。因为当时采取了适当的政策，新加坡利用当时的人口机会窗口，实现了资本积累。正如布卢姆和坎宁等（Bloom，Canning et al.，2003）提及的，这些极其重要的政策包括：公共健康、家庭计划、教育、灵活又开放的经济政策。在上面提到的每个领域，新加坡做得都很杰出。新加坡 1965 年取得独立时，公共健康就成为了最受重视的领域。家庭计划政策也极具成效并影响深远。教育大计更是重中之重，再加上政府制定的既灵活又开放的经济政策，刺激了经济增长。在人口机会窗口开始出现的 30 年后，现在我们能看到，人口机会窗口正在关闭。在接下来的 20 到 30 年里，随着新加坡的人口年龄结构转变，以及老年抚养比的上升，都促使人们去思考继续提高经济增长能力的路径。老年抚养比将由 2000 年的平均每 10 名劳动年龄（15～64 岁）人口抚养 1 名老年人（65 岁及以上），变为 2030 年的 10 名劳动年龄人口抚养 3 名老年人。

　　在过去的 30 年里，新加坡的社会也发生了戏剧性的变化。在总和生育率降低到很低水平的同时，新加坡人的结婚年龄在提高。1990 年平均初婚年龄为男性 28.7 岁，女性 25.9 岁，到 2003 年，则变为男性 30.2 岁，女性 27.2 岁（Heng and Png，2004）。还有更多的新加坡人选择不结婚。在 2003 年，新加坡的男女居民中，有 15% 在 40～44 岁时仍未结婚，而这一比例在 10 年前的 1993 年仅为 11%。这一比例上升的部分原因可以用婚姻市场挤压来解释，这一情况不仅在新加坡存在，在整个东南亚也普遍存在。高学历的女性（受过大学教育的女性）很难找到一个适合的男性结婚（Jones，2005）。与此同时，未受过教育的男性也很难找到结婚对象。近期的一项报告显示，新加坡人去邻近国家寻找配偶的现象正在增加，如越南、中国。人们对婚姻的观念也正在改变，面对困难的处境，越来越多的人选择离婚，而不是勉强过下去。

　　这些结婚和离婚模式的变化，一定程度上改变了新加坡家庭的一些功能，包括家庭为其老年成员提供帮助与支持的能力。结婚年龄的提高形成了"三明治"的一代人，这一代人既要照顾自己未满 18 岁的子女，又要照顾 65 岁以上的父母。这种三明治结构的家庭规模，从 1990 年的 22 940 个上升为 2000 年人口普查时的 30 530 个（Straits Times，2007a）。不结婚现象的增多，减少了对老年人的支持网络，也增加了那些单身男女们为了照顾自己年迈的父母的负担。离婚率的增加，产生了更多的混合家庭，在这种家庭中，赡养老人的义务需要在子女、继子女、父母、继父母之间协商以得到履行。最后，在经济全球化的背景下，人口迁移与日俱增，孩子与年迈的父母之间距离越来越远，在这种情况下，如何赡养家中老年人已经上升为道德责任问题。

新加坡政府在制定和发展老年人保障政策的过程中，起到了强有力的、至关重要的作用，这些政策既保障了社会中老年成员的权利，又加强了全社会普遍的价值认同。这些政策最强大也是最持久的支撑，就是坚持应该由家庭而不是国家承担赡养老人的最大责任。最近，个人应该对自己老年时的福利负责任的观念越来越多地被提到，随着预期寿命的增长，这种观念得到了越来越多的人的提倡。新加坡人的预期寿命已从20世纪60年代的50岁提升到了2006年的男性79岁、女性81岁。老年人口规模的扩大催生了许多现有的政策，比如，财政支持政策、扶贫政策。现有的政策面临可持续的问题，需要认真地反思与回顾现有的政策。

8.3　新加坡的老年人公共政策

早在1982年，新加坡就成立了一个高级别的老龄问题委员会，用来应对人口老龄化带来的长期影响。从那时开始，各种政策建议被付诸实践。比如，调整老年人中央公积金的缴费率，立法规定老年家庭的最低生活标准，减免老年人的税务负担，设立父母赡养法（Parental Maintenance Act）规定必须赡养老人（Vasoo, Ngiam et al.2000）。为了强调与重视老龄化问题，新加坡于1988年6月成立了全国老年人咨询委员会（the National Advisory Council on the Aged）。作为这一机构建议的结果，多种政策已经实施，包括1999年1月1日开始实施的推迟退休年龄的政策，这一政策将退休年龄从60岁推迟到62岁。1998年设立了老年人口的跨部门委员会，用于督查6个与老年人口有关的主要领域：财政保障、就业与就业能力、住房与土地使用政策、老年人口的社会整合、健康照料、老龄化社会的和谐与冲突（有关政府的老年人政策参见Vasoo, Ngiam et al., 2000）。在2004年，老龄问题委员会成立，旨在为新加坡步入老龄化社会做准备并提出政策上的建议。这一委员会还有以下一些职能：分析老龄化社会带来的挑战；决定政府与非政府机构为老年人口需求制定的政策导向；引导和指导老年人的政策与规划，力求一个可理解的、全面的、协作的发展方向；为新加坡应对人口老龄化的影响提出可行的方法；为新加坡的年轻人提供一些参考，使得他们自身更好地做准备积极应对老龄化。这一委员会于2006年2月开始，提出了8项重点推荐项目（Committee on Ageing Issues, 2006），它们是：

（1）改变土地租期长短，较短的租期更有利于退休住房的发展；

（2）在新加坡住宅发展局的商品房租赁项目中，为老年人提供反向抵押贷款，老年人可以使他们的房屋货币化，以此解决他们的经济需求；

（3）创建无障碍生活环境；

（4）创建无障碍的设施环境和轨道设施系统；

（5）当有预算盈余时，为那些生活不宽裕的新加坡人的医疗保险账户充值；

（6）在对老年人的保健需求进行管理时，让家庭医生发挥更重要的作用；

（7）为政府建立一个 1 000 万新加坡元的基金，命名为"GO!基金"（Golden Opportunities! Fund），让老年人可以用这笔钱为自己开展一些活动；

（8）促进政府继续构筑加强家庭的纽带关系，以此来保障家庭可以继续成为扶持和帮助老人的首选。

新加坡政府在应对人口老龄化问题上已经扮演了一个极具前瞻性的角色，而且，自1982年以来，政府已经采取了各种各样可以提高老年人生活水平的政策。然而，随着经济和社会环境的改变，以及老年人口贫富差距的增加，现行政策中的相当一部分已经很难应对新形势。下一部分内容，我们将描述老一代新加坡人的经济状况，并强调家庭支持在养老中扮演的重要角色，进而分析逐渐增加的正式养老方式在未来的养老事业中可以扮演的角色。

8.4　新加坡老年人的经济保障

新加坡老年人最主要的经济支持来自家庭（见表8-1）。老年人依靠国家提供的正式养老保障系统（比如养老金或者退休基金）提供经济支持的比例很低，在64岁及以上的老年人口中，这一比例仅为5%。相比之下，老年男性依靠养老金或退休金收入的比例更高，约占8%，因为男性多数有工作。而老年女性依靠养老金或退休金的比例极低，仅有2%，她们更多依靠自己子女获得经济支持，比例为82%。

表 8-1　　　　　　　1999 年 64 岁及以上老年人的主要收入来源　　　　　单位：%

主要收入来源	合计	男性	女性
工作收入	22.5	36.7	9.7
养老金或退休金	5.0	8.0	2.4
租赁财产、储蓄、股票、分红的收入	27.8	31.0	25.0
家庭经商的收入	1.5	1.8	1.3
子女	71.9	59.9	82.7
其他收入（亲戚、朋友、邻居）	2.2	1.7	2.9
总人数/人	1 977	836	1 141

资料来源：Chan，2001.

中央公积金（the Central Provident Fund）制度是新加坡一个主要的养老保障制度，在老龄化程度不断加剧的影响下，该制度也不得不开始改革。这一制度于1955年建立，其目的是在新加坡人退休时，可以为他们的经济保障提供一个主要的来源。中央公积金制度是一个强制储蓄制度，由雇员和雇主共同缴纳。年龄不同，缴纳的比例也不同，年轻的雇员（40岁以下），向他们的中央公积金账户缴纳他们每月收入的20%。年长的雇员（55岁及以上）缴纳他们月收入的7.5%到12.5%。之所以年龄不同缴纳的比例也不同，是因为考虑到了不同年龄段的人的个人需求也有差别。例如，老年人相对于年轻人在使用中央公积金时，会将其中更大的比例用于支付医疗保险账户。另外，年轻人则会将他们的资金更多地用于普通账户的支付，如用于房屋抵押的融资或者用于子女的教育开支。雇主缴纳的比例也因雇员的年龄不同而各有差异，详见表8-2。

表8-2   中央公积金制度缴费比   单位：%

雇员年龄	雇主应缴比率（占工资的百分比）	雇员应缴比率（占工资的百分比）	缴费合计（占工资的百分比）	普通账户（占存款额的百分比）	特殊账户（占存款额的百分比）	医疗储蓄账户（占存款额的百分比）
35岁及以下	14.5	20	34.5	0.6667	0.1449	0.1884
35~45岁	14.5	20	34.5	0.6088	0.1739	0.2173
45~50岁	14.5	20	34.5	0.5509	0.2028	0.2463
50~55岁	10.5	18	28.5	0.4562	0.2456	0.2982
55~60岁	7.5	12.5	20	0.575	0	0.425
60~65岁	5	7.5	12.5	0.28	0	0.72
65岁以上	5	5	10	0.1	0	0.9

资料来源：Singapore Central Provident Fund Board，2007.

目前，新加坡的中央公积金制度是亚洲所有退休金计划中覆盖率最高的（Asher，2006）。这一公积金制度规定，个人必须在其公积金账户中保持有最低数额。从2007年7月1日开始，公积金最低数额从94 600新元上涨到99 600新元。这一新规定的适用对象是在2007年7月1日到2008年6月30日之间年满55岁的中央公积金成员。一次性现金交齐99 600新元的中央公积金成员，在年满62岁开始，可以持续20年每月得到790新元的公积金支付。这一最低公积金存款额上涨是同2003年8月中央公积金最低存款额将上涨的公告相一致的，公告称中央公积金最低存款额将会逐年上涨，到2013年上涨到120 000新元（以2003年汇率计算）（Singapore Central Provident Fund Board，2007）。

然而，只有很少的新加坡人实际依靠中央公积金制度账户中的资金作为自己老年时经济保障的主要来源。最近的一项报告显示，在2005年年满55岁的中央公积金制度成员中，只有 40% 的人在自己的中央公积金账户中保持有 90 000 新加坡元的最低存款额（Straits Times，2007b）。

之所以半数以上的中央公积金成员没有选择保持上面提到的最低存款额，是因为他们用中央公积金账户中的资金偿付抵押贷款，或者为孩子支付教育费用，或者两者兼有。中央公积金制度规定，最低存款额的 50% 可以财产抵押的形式存在。理论上，人们可以在进入老年后，降低自己的住房水平，以便可以使用最低存款额得到经济上的支持。这一规定造成了许多新加坡人拥有大量资产，但缺乏现金，有多大比例的人愿意减少他们持有的财产是一个未知数。

由于中央公积金被大量用于资产投资，从 2002 年 7 月，政府对于中央公积金制度为老年人提供经济支持的角色作用，采用更加细化的措施。最近的围绕中央公积金制度的辩论是，中央公积金储蓄是为了给老年人提供一项最基本的经济支持，而不应该由个人依靠私人储蓄和安排来养老。重点仍然是基本退休金和健康照料支出的覆盖率、房屋所有权。无论如何，政府指出，中央公积金制度是为广泛的大多数新加坡人设计的，覆盖收入范围从第 10 百分位数到第 80 百分位数之间的人群。那些收入排在第 10 百分位数以下的人群，需要依靠其他社会支持方案的支持。其他的社会支持方案都属于社区关怀基金（Community Care fund），这一基金是政府在 2005 年投入 5 亿新加坡元启动的，目的是提供支持（经济的和社会的）以帮助个人和家庭摆脱贫困。社区关怀基金提供多种支持方案，例如工作支持方案，为那些家庭月收入低于 1 500 新加坡元、没有储蓄、缺乏家庭和社会支持的人提供援助，并采取措施使其变得自力更生、自食其力。援助的手段包括：出租物品、派发购物券、育儿补贴、国家承认的职业技能培训课程的补贴、教育援助和医疗援助。援助的额度由社区发展理事会（Community Development Council）评估，具体问题具体分析。那些收入排在第 80 百分位数以上的人，需要在退休之后自己负担养老问题。

通过对不同年龄组的老年人之间中央公积金覆盖率的分析，可以发现存在明显的差异性。因为越来越多的新加坡人在正式部门工作，所以这一制度的覆盖率随着时间的推移变得越来越高。例如，在 1995 年，较年轻的 55～59 岁的老年人中央公积金制度覆盖率较高，达到了 52%，而 70～79 岁的老年人这一覆盖率只有 25%。数据显示，年龄最大的老年人几乎没有被中央公积金制度所覆盖，这部分人的主体是女性。在 1995 年，80 岁及以上的老年人具有中央公积金账户的比例更低，只有 14%（Chan，1999）。这些具有中央公积金账户的人中，很大一部分人，约有 49%，其账户中的余额不足 10 000 新加坡元（Chan，2005）。

老年女性面对经济上的困窘时尤其脆弱。从表 8-3 中可以看到，女性的月收入明显低于男性。没有收入的女性比例（9%）是男性（4%）的两倍还多。有 40% 的女性月收入低于 500 元，相比之下，男性中的这一比例只有 30%。在较高收入的人群中，约有 19% 的男性月收入高于 1 500 元，相比之下，女性仅有 6%。这些性别差异在统计上是显著的，它反映了工作经历的性别差异、理财规划知识的性别差异、掌握使用理财工具的性别差异。在像新加坡这样的亚洲父权社会里，许多老年女性不知道自己拥有的或被赋予的法律和金融权利。

表8-3　　　　　　　　　　　分性别的被调查者及配偶月收入

收入额（新加坡元）	合计/%	男性/%	女性/%
无收入	6.9	4.3	8.8
500以下	35.8	29.6	40.4
500～999	25.0	26.8	23.8
1 000～1 499	12.0	14.0	10.6
1 500及以上	11.2	18.7	5.8
拒绝公开	3.9	2.85	4.7
不知道	5.1	3.9	6.0
合计	100	100	100

资料来源：Chan，2001.

对于中央公积金制度覆盖率和账户储蓄数额所反映出的问题，不难理解在今天的新加坡，老年人仍然严重依赖家庭财富转移来养老。表8-4显示，约有60%的老年人由其家庭成员负担其所有的开支。有1/5的老年人是自给自足的，这一群体是政府应该重点关注的。有几乎完全不依靠福利的老年人，也有0.05%的老年人完全依靠福利生活，这与政府努力避免成为一个只会发放福利的国家产生共鸣。还有一些家庭，老年人和其他家庭成员共同分担生活开销，这种情况的老年人约占总数的17%。

表8-4　　　　　　　　　　64岁及以上老年人家庭的生活花费　　　　　　　　单位：%

承担人	比例
被调查者及配偶负担全部生活费用	22.9
被调查者及配偶负担大部分生活费用，其他家庭成员提供部分援助	8.2
其他家庭成员负担大部分生活费用，被调查者及配偶提供部分援助	5.9
其他家庭成员负担全部生活费用	59.4
被调查者和其他家庭成员均等分担生活费用	3.4
依靠福利	0.05
合计	100

资料来源：Chan，2001.

政策的制定者们意识到，未来的老年人将拥有更好的受教育程度、更好的健康状况，其结果是，他们可以更好地照顾自己。下一部分内容我们将要讨论的问题是，在新加坡提高雇用年限的可能性，以及提高雇用年限对老年人保障的影响。

8.5　就业问题

一方面，老年人对于从家庭获得经济支持的依赖程度很大，另一方面，退休储蓄对老年人的经济支持作用微不足道并且是不可持续的。一种解决方法是鼓励人们延长工作年限、推迟退休年龄。新加坡的强制退休年龄已经从 55 岁推迟到 62 岁，政府也积极尝试建立老年雇员的正面印象。目前，新加坡的一些雇主中仍然对雇用老年雇员持有很强的负面观点。为了反驳歧视老年人的观点，政府在 2006 年设立了一个老年员工雇用三方委员会（Tripartite Committee on Employability of Older Workers）。该委员会的三项主要任务：一是帮助老年员工保持就业、避免失业，二是开展制定老年人再就业相关法律的工作，三是提高老年员工的认知能力（Teo et al.，2006）。

老年人有很多资源可以利用，以帮助他们分享新加坡的充满活力的经济成果。40 岁以上的员工，可以在各种由技能发展基金（the Skills Development Fund）和终生学习基金（the Lifelong Learning Fund）资助的技能提升项目中享受优惠的培训学费。各种技能提升项目，如国家继续教育和培训系统（National Continuing Education and Training Framework）、就业能力技能培训系统（Employability Skills Systems），都是易于被低技能者和老年员工理解和掌握，以帮助他们提升技能、增强就业能力的手段（Singapore Ministry of Manpower，2005）。这些技能提升项目是在已有的培训项目基础之上实施。已有的培训项目，如再教育提高员工能力计划（the Worker Improvement through Secondary Education Programme）和基本技能培训教育计划（the Basic Education for Skills Training Programme），并不是特别针对老年员工的项目，但老年员工也可以利用（Teo et al.，2006）。

为鼓励雇主继续雇用老年员工，60~65 岁雇员的中央公积金制度缴费额还不到年轻员工的一半。此外针对老年雇员，国家推行缩减工资额，变工资与年资挂钩为与工作的"价值"挂钩，实行一次性奖金取代定期加薪和其他附加福利等政策（Teo et al.，2006）。

这些政策是否对老年人的就业产生了重要的影响，现在做出判断还为时过早。老年人就业的决定因素是受老年人的个人需求、机会、现存政策共同影响的。在 2006 年，60～64 岁的新加坡居民有 41.9%处于就业状态，这一数值与英国的 42%基本一致，明显高于中国台湾地区的 31%。在日本和美国，有更多的 60～64 岁的老年人就业，比例分别为 52.6%和 51%。泰伊（Tay）在 2003 年做了一个估算，到 2030 年新加坡 30～49 岁的劳动力人口比例将减少 25%。在 2000—2030 年，只有 50～64 岁年龄组的劳动力人口数量增加。这对于一个主要依靠人力资源来实现经济发展的国家来说影响巨大。2005年以后，新加坡总理李显龙一直强调，雇主需要重新调整或重新设计雇用活动，以便雇用更多的老年员工（Teo et al., 2006）。在2007年的"五一"国际劳动节集会演讲中，李显龙强调要教育雇主和雇员改变关于老年人就业的旧的观念。他认为，雇员在年满62岁以后应当接受较低工资、较低工作强度的工作，应当接受较低的职位以便年轻雇员晋升。目前的计划是在2012年前为再就业制度立法，强制雇主为62～65岁的老年员工提供再就业机会，未来就业年龄上限将提高至67岁。当然，雇主不必为老年员工提供和以前一样的职位和薪水。政府也增加了一些措施，以激励老年人继续工作，激励雇主继续雇用老年员工。55岁以上的员工可以享受政府的支付补助，补助额是其工资的20%，例如，一名月薪1 000元的60岁员工，每个月可以从政府得到200元的补助（Loong，2007）。

无论什么形式的计划与方案，都是将新加坡总理李显龙的想法付诸实践，即老年雇员仍然可以为社会做许多贡献，他们需要继续工作为退休后的生活储蓄。为了进一步支持实现其承诺，李显龙总理设立了一个三方委员会调查研究老年人就业的问题。该委员会的工作从对四五十岁的雇员进行登记开始。四五十岁的雇员，一旦被裁员，很难再次获得被雇用的机会。从2002年的数据来看，随着全球性的经济衰退，新加坡的经济状况也不尽如人意，其表现是在上一年被裁员的雇员中，在15个月之后仍然没有找到工作的人有15%年龄超过40岁（Tay，2003）。最近的政府评估显示，受过高等教育的老年人，相对于受教育程度较低的年轻人，更难找到工作（Teo et al.，2006；Straits Times，2005）。

令人担忧的是当老年员工面对技术密集型工作时很难有充分的能力和知识应对。政府已经开展了各种再培训计划，使老年人具有新技能来适应新的经济形势。这些政策的变化是否能够鼓励雇主雇用老年员工还是个未知数（Teo et al.，2006）。人力资源部（the Ministry of Manpower）最近的一项报告显示，在2007年6月，50岁及以上的居民中有47.8%仍然处于就业状态，这一比例比上年增长了1.8%（*Straits Times*，2008a）。最近的一项对新加坡婴儿潮时期出生的人的研究显示，1947—1964年出生的人中几乎有一半不想退休，他们希望工作得越久越好（*Straits Times*，2008b）。

对老年人的定性访谈揭示了这样的一个观点，老年员工较低的中央公积金缴费比例，对于老年员工被认同来说负面影响大于正面影响。老年员工不具备"多产"和"创新"，因此其雇主被要求只需缴存其工资的5%到其个人中央公积金账户，而对于45岁以下的年轻员工，雇主需要缴存其工资的14.5%（Singapore Central Provident Fund Board，2007）。

8.6　为长期照料提供财政支持

当老年人变老之后，他们的担心之一是健康情况的恶化及其导致的健康照料花费。本部分将讨论新加坡的长期健康照料需求和政策回应的相关内容。在新加坡，长期照料（LTC）服务的范围与多数发达国家相似，包括养老院、日间家庭健康照料、临终关怀照料。然而，最常见的长期照料形式是由老年人的成年家庭成员提供的非正式照料。这种形式的照料无法从市场获取，也无法在国民收入核算中计量（Chia et al.，2007）。

由于新加坡的人口老龄化，长期照料服务需求急需得到关注。长期照料（LTC）在几个方面保证了政策的关注，包括长期照料服务的需求、长期照料服务的使用资格和可利用性、提供长期照料服务的机制、长期照料服务需求对个人和其家庭的影响。老年女性尤其需要长期照料服务。已有的对新加坡老年人的研究显示，老年女性比老年男性更容易患有慢性疾病和残疾。老年女性的收入水平和受教育水平相对较低，这增加了其患慢性疾病和残疾的可能性。产生这样性别差异的原因包括：终生获得医疗保健的情况、健康风险行为、新加坡社会的性别角色和行为产生的累积效应（Chan and Jatrana，2007）。另外，男性更容易患有高死亡率风险的急性疾病，如心血管病。因此，75岁及以上的老年人中女性人数多于男性，但这些老年女性的健康状况不佳，需要长期照料服务。

在新加坡，长期照料服务由国家给予补贴，能否得到补贴依据对申请者经济状况审查的结果。补贴直接支付给长期照料的服务提供者，服务提供者用补贴抵消账单。补贴率的多少依据家庭的人均收入、拥有的主要资产、保险索赔和储蓄。表8-5显示了补贴率，其范围从25%到75%，当家庭人均月收入超过1 000新元时，不能享受补贴（Chia et al.，2007）。截至2007年，未经补贴的公共机构长期照料的平均花费是每月1 500新元（8人房间），未经补贴的社区长期照料的平均花费是580新元（Singapore Ministry of Health，2006）。

表8-5　　　　　**新加坡根据家庭人均收入划分的养老院的政府补贴**

接受者的家庭人均收入	补贴率
0～300新元	75%
301～700新元	50%
701～1 000新元	25%
1 000新元以上	0

奇雅等人（Chia et al.，2007）评估了"老年保护"（Eldershield）计划的可能支付情况，这是一项针对40岁以上的人群制定的覆盖长期照料服务支出的全国保险计划。研究发现，当补贴达到75%时，"老年保护"计划就可以支付长期照料服务100%的预期费用。如果没有任何补贴，"老年保护"计划每月将提供300～450新元，可以支付长期照料服务25%～37%的预期费用。最近，政府宣布一项新的数额为28 000新元的可能支付，比现行的18 000新元增加了60%（*Straits Times*，2007c），相当于每月支付400新元，可以连续支付6年。

在与新加坡国立大学的一项联合研究报告中，我们评估了患有老年慢性疾病的老年女性的长期照料服务的财政需求，这些老年女性依赖长期照料才能进行基本的日常生活活动（ADL）。评估结果显示，当前的平均医疗保障账户储蓄水平，不足以支付残疾老年女性的需要（Chia et al.，2007）。例如，由骨质疏松症导致的髋部骨折，需要10年的长期照料，所需要的花费是当前老年女性医疗保障账户平均水平的4倍。75岁以上的老年女性中有40%的人患有骨质疏松症，而且老年女性骨质疏松发病率是老年男性的4倍。50岁以上的女性中髋部骨折的发病率在过去的30年提高了5倍，相比之下，男性提高了1.5倍。在2001年，有2 397人住院治疗髋部骨折，其中83%的人为65岁及以上的老年人，69%的人为女性（Koh et al.，2001）。

对任何群体来说，费用支出仅仅是长期照料需求的一个方面，照顾护理的需求也是非常重要的方面。在新加坡，有大约29%的老年人依靠一名主要照料者满足他们日常生活的需求（Ministry of Community Development，Youth and Sports，2006）。虽然非正式照料中有20%是由付费的家庭护工来提供，但大部分的非正式照料是由家庭成员来提供。照料者的60%由成年子女承担，其中的72%是女儿或者儿媳，还有12%是妻子照料其配偶，只有3%是丈夫照料妻子（Chia et al.，2007）。

目前，照料提供者的负担问题以及照料提供者由于选择在家中照料老年父母而产生的机会成本，还没有得到广泛的承认。最近，已经出现为照料提供者发放津贴的要求，以补偿照料提供者的付出（Straits Times，2007a）。照料提供者也需要情感上的支持，去应对被照料者情感上和行为上的挑战。现在，仅有一个照料提供者中心，是2006年4月建立的，人口老龄化委员会已经提议建立更多这样的中心（Committee on Ageing Issues，2006）。

8.7　政策的影响和建议

对老年人财政上和健康上的支持，是新加坡社会的主要关注领域之一。目前，新加坡的老年人主要由其家庭负责照顾，而很少依靠像中央公积金制度、养老院等正式社会支持系统。之所以如此，部分原因是中央公积金制度发展的性质使然。大量的新加坡人将他们中央公积金账户中的资金用于房屋抵押，导致了"资产富有，现金短缺"，这增加了老年人对家庭资金支持的依赖。然而，由于可以为养老提供支持的家庭子女数量越来越少，以及人口预期寿命越来越长，人们必须要对自己的老年生活有所准备。这就需要对未来的新加坡老年人提供更多的投资教育，并改变他们的原有观念。在政策方面，中央公积金制度在新的形势下需要调整完善。如果一名女性62岁退休，按照当前的平均预期寿命可以活到80岁，中央公积金制度需要调整适应以保障对老年人至少18年的支持。另外，应该允许人们尽可能地延长工作年限。强制退休年龄的制度，通过灌输老年工作者已经结束了其全盛时期这种想法，产生对老年人的歧视。同时也导致了雇主们不愿意雇用老年员工，因为老年员工已经从早先的工作中"退休"了。

　　未来，老年人将会有更高的受教育水平，也会享有更多的资源。老年人在其整个生命历程中将会有更好的健康行为，因此会更加长寿，有更加健康的生活。这些都会提高老年人的工作能力和独立生活能力，因此会减轻家庭老年人长期照料的压力。未来的老年人可能更喜欢独自生活。新加坡住房发展委员会（Housing Development Board）在1997年做了一项调查，结果显示，接受调查的中年父母整体上偏好独自生活，比例达到75%。如果老年人选择独自生活，那么住房政策就需要调整，以便提供更多的包含必要的辅助生活设施的社区，如包含一些医疗设施。应该给老年人提供更多的住房方面的选择。目前，低收入的老年人可以住在一室的小公寓。对未来的老年人，提供装备更加齐全、更加吸引人的住房选择，一定能够使他们产生兴趣。

　　新加坡正在经历的人口变化，包括低生育率，寿命延长，晚婚或不结婚，离婚率增加，还有移民，要求在未来可以利用社会网络为老年人提供家庭照料。人口的变化使得能够帮助老年人的照料提供者越来越少。并且，生活成本的增加将加大有老年人健康照料需求家庭的压力。现在比以往任何时候都更加迫切地需要有助于家庭照料老年人的政府政策。对于正在经历人口老龄化的国家有以下5点主要建议，这些建议不能面面俱到，但是提出了一些急需引起我们注意的关键领域。

　　第一，调整强制退休政策，以适应老年就业者的需要。

　　第二，通过公众教育，减少对老年就业者的歧视。

　　第三，加强人们理财规划的意识，为老年期做好准备。

　　第四，给予照料提供者经济上和健康上的双重支持，以支持老年人的家庭照料。

　　第五，增加长期照料（LTC）服务，以便使长期照料真正成为人们的选择。

　　这些政策建议都是基于未来可能发生的问题而提出，这些政策有助于老年人经济上和社会上的独立。对老年人的需求和愿望仍然需要继续进行研究。基于实证调查研究所制定的政策针对性更强，同时这些政策有助于我们对亚洲人口老龄化进程的理解更进一步。

8.8　参考文献

杜海波.新加坡社会保障体系的特点[J].劳动保障世界，2013（3）.

路云辉.新加坡、香港老年人就业政策及启示[J].特区实践与理论，2013（4）.

杨宜勇，邰凯英.新加坡劳动就业政策及启示[J].中国经贸导刊，2015（3）.

Asher, M.G.（2006）'*Options for Increasing Coverage*', <http.//www.unescap.org/esid/psis/meetings/AgeingJuly2006/OptionsForIncreasingCoverage6.ppt>（accessed 24 November 2008）.

Bloom, D., E.Canning et al. (2003) *The Demographic Dividend: A New Perspective on the Economic Consequences of Population Change*.Population Matters: A RAND Program of Policy - Relevant Research Communication, Santa Monica, CA: RAND.Chan, A. (1999) 'The role of formal versus informal support of the elderly in Singapore: is there substitution?', *Southeast Asian Journal of Social Science* 27 (2): 87–110.

Chan, A. (2001) 'Transition in health, wealth and welfare of elderly Singaporeans: 1995—1999', unpublished survey data.

Chan, A. (2005) 'Aging in Southeast and East Asia: issues and policy directions', *Journal of Cross Cultural Gerontology* 20 (4): 269–284.

Chan, A.and S.Jatrana (2007) 'Gender differences in health among older Singaporeans', *International Sociology* 22 (4): 463–491.

Chia, N.C., A.Chan et al. (2007) 'Feminization of ageing and long term care financing in Singapore', unpublished manuscript.

Committee on Ageing Issues (2006) *Report on the Ageing Population*, available online at<http: //www.mcys.gov.sg/successful_ageing/report/CAI_report.pdf> (accessed 24 November 2008).

Heng, T.C.and M.T.Png (2004) *Singapore's Demographic Trends in 2003*, Statistics Singapore Newsletter, September, Population Statistics Section, Singapore: Singapore Department of Statistics.

Jones, G. (2005) 'The flight from marriage in south-east and east Asia', *Journal of Comparative Family Studies* 36 (1): 93ff.

Koh, L.K., S.M.Saw, et al. (2001) 'Hip fracture incidence rates in Singapore 1991—1998', *Osteoporosis International 2001* 12 (4): 311–318.

Loong, L.H. (2007) *Prime Minister's National Day Rally Speech 2007*, available online at<http: //app.sprinter.gov.sg/data/pr/20070819990.htm> (accessed 24 November 2008).

Ministry of Community Development, Youth and Sports (2006) *Report on the Ageing Population*, available online at <http.//www.mcys.gov.sg> (accessed 24 November 2008).

Singapore Central Provident Fund Board (2007) *CPF contribution and allocation rates*, available online at<http: //www.mycpf.cpf.gov.sg/Members/Gen - Info/Con - Rates/ContriRa.htm> (accessed 24 November 2008).

Singapore Ministry of Health (2006) *Intermediate and Long Term Care in Singapore*, information paper, 2006/014, Singapore: Ministry of Health.

Singapore Ministry of Manpower (2005) *MOM Speeches: Committee of Supply -*

Responses by Minister for Manpower, *Dr Ng Eng Hen to Members of Parliament on Employability of Older Workers and CPF*, available online at<http: //www.mom.gov.sg/ PressRoom/MOMSpeeches/20050310 - EmployabilityofOlderWorkersNCPF.htm> (accessed 24 November 2008).

Straits Times (2005) 'Breaking the age-old barrier', 22 January 2005.

Straits Times (2007a) 'Why caregivers should get an allowance', 15 June 2007.

Straits Times (2007b) 'CPF balance of older members up to $66k but still can't meet needs', 28 August 2007.

Straits Times (2007c) 'Great Eastern gives 60% more total payout, but at higher premiums', 16 August 2007.

Straits Times (2008a) 'Employment of older workers hits record high', 30 July 2008.

Straits Times (2008b) 'Half of the baby boomers don't want to retire', 18 October 2008.

Tay, B.N. (2003) *The Graying of Singapore: Process, Consequences and Responses*, Singapore: Humanities Press.

Teo, P., K.Mehta, L.L.Thang et al. (2006) *Ageing in Singapore: Service Needs and the State*, London: Routledge.

Vasoo, S., T.L.Ngiam et al. (2002) 'Singapore's ageing population: social challenges and responses', in D.R.Phillips (ed.) *Ageing in the Asia - Pacific Region: Issues, Policies and Future Trends*, London: Routledge.

World Bank. (2007) *Sri Lanka: Addressing the Needs of an Aging Popultion*, available online at<http: //www.worldbank.lk/WBSITE/EXTERNAL/COUNTRIES/SOUTHASIAEXT/ SRILANKAEXTN/0, contentMDK: 21893941~pagePK: 141137~piPK: 141127~the SitePK: 233047, 00.html> (accessed 24 November 2008).

第 9 章

马来西亚的人口老龄化：进步与前景

冯辛翁，戴维·R.菲利浦，东古·阿赞·哈米德

9.1 引言

本章更新并延续了 Ong（2002）对于马来西亚老龄化国家政策的分析，并针对当前马来西亚政府为应对人口老龄化挑战所制定的政策和方案进行评论。马来西亚是一个拥有 2 717 万人口的多民族国家（Deparment of Statistics Malaysia，2007），其主要的三个民族为马来族、华人和印度族。马来西亚是工业化快速发展的中等收入国家，2007 年经济增长速度为 6.3%（UNESCAP，2008）。马来西亚的高速发展策略和经济增长将对未来人口老龄化行动方案产生影响；伴随着城市化的发展以及劳动力参与结构的变化，退休年龄将会延迟。此外，女性劳动力市场参与率将会提高，这将影响家庭中照顾老人的女性数量。诸如社区护理发展一类的相关变化将会对个人、家庭和社会如何应对人口老龄化及其相关问题产生深远影响。

尽管马来西亚目前并不是老龄化社会，但老年人口（在当地被定义为 60 岁及以上）比重在 2020 年之前预计将会达到 9.9%（见表 9-1 和图 9-1）。当前私有部门和国有部门的退休年龄分别只有 55 岁和 56 岁，部分地区人口老龄化所带来的影响将会使退休年龄早于官方的年龄 60 岁。与同地区许多国家一样，人口老龄化的成因是医疗的进步、预期寿命的延长、生育率和死亡率的下降（Kinsella and Phillips，2005；McCracken and Phillips，2005）。在老年人口比重增加的同时，15 岁及以下年龄组人口比重逐渐下降。2000 年马来西亚人口年龄中位数为 23.6 岁，在 2020 年之前预计将达到 27.1 岁。

表 9-1　　　　　　　　马来西亚 60 岁及以上老年人口的变动趋势

年份	60 岁以上人数/千人	占总人口比重/%	增长率/%	
			老年人口	总人口
1960	386.6	4.8	—	—
1970	546.1	5.2	3.5	2.6
1980	745.2	5.7	3.1	2.3
1991	1 032.3	5.9	3.0	2.6
2000	1 398.5	6.3	3.4	2.6
2010[①]	2 134.0	7.4	4.2	2.2
2020[①]	3 439.6	9.9	4.8	1.9

①为预测值。

资料来源：Department of Statistics Malaysia，2005：4.

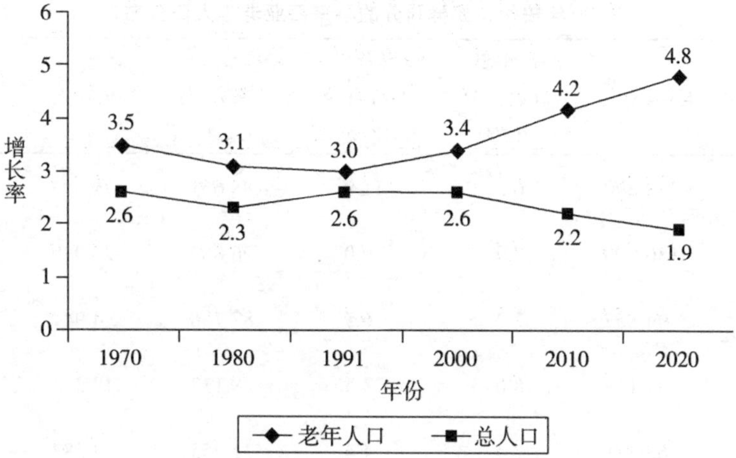

图9-1 马来西亚老年人口与总人口增长率

资料来源：Department of Statistics Malaysia，2005：4.

9.2 马来西亚的人口趋势与人口老龄化

在马来西亚境内，每个州老年人口增长速度不同，因此人口老龄化对每个州所带来的影响大小也不同（见图9-2和表9-2）。位于马来西亚北部的玻璃市、槟州、吉打和霹雳州以及位于马来西亚南部的马六甲，60岁及以上老年人口至少占总人口的7.9%。老年人口比重在城乡间也有差异，总体上乡村地区老年人口比重更高（见表9-3）。城市地区老年人口增长速度相对低一些，部分原因为农村年轻人口向城市迁移以及外国劳动力向城市地区涌入，这一趋势将随着工业化和城市化的发展而进一步发展。

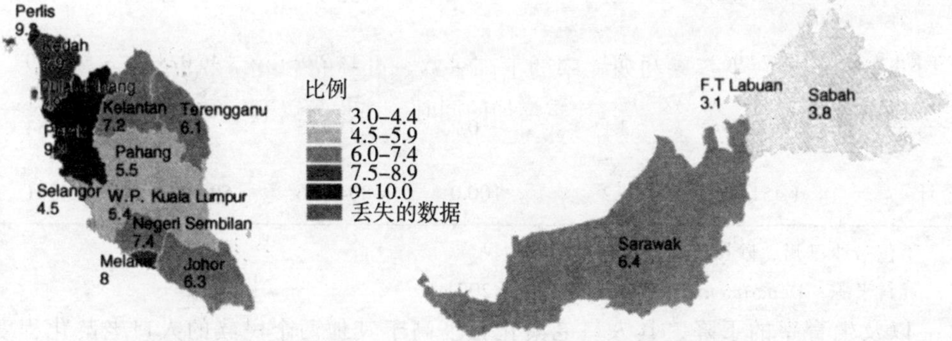

图9-2 马来西亚老年人口（60岁及以上百分比）在各州的分布

在马来西亚三个主要的民族（马来族、华人和印度族）之间，由于民族间社会经济的差异，历史方面、体制方面与经济方面因素的不同，各民族所经历的人口转变也有所不同（Saw，2007）。由于马来西亚华人死亡率的降低、预期寿命的延长

州	老年人/人	占各州总人口数百分比/%	60岁及以上人口百分比/%	马来人/人	华人/人	印度人及其他①/人
表9-2		2000年按州和族群划分的马来西亚老年人口分布				
柔佛州	172 390	6.3	11.9	88 661	70 393	7 931
吉打州	130 900	7.9	9.0	96 863	23 939	6 690
吉丹州	94 857	7.2	6.5	87 706	4 944	249
马六甲	51 115	8.0	3.5	28 117	19 314	2 407
森美兰州	63 378	7.4	4.4	31 955	22 387	7 306
彭亨州	71 385	5.5	4.9	46 273	20 616	2 731
霹雳州	189 763	9.3	13.1	24 184	64 617	12 623
玻璃市州	18 767	9.2	1.3	15 564	2 447	197
槟州	103 605	7.9	7.1	30 734	61 366	8 114
沙巴州	100 168	3.8	6.9	63 657	21 677	3 929
砂拉越州	133 541	6.4	9.2	89 915	41 256	402
雪兰莪州	189 644	4.5	13.0	71 615	80 865	30 309
登嘉楼州	54 856	6.1	3.8	52 037	2 307	100
F.T.K.L.	74 962	5.4	5.2	14 298	46 028	9 440
拉布安	2 334	3.1	0.2	1 323	700	84
合计	1 451 665	6.2	100.0	804 166	501 007	93 861

①包括沙巴州、砂拉越州与拉布安的其他民族。

资料来源：Department of Statistics Malaysia 2001.

　　以及生育率的下降，其人口老龄化程度高于其他两个民族的人口老龄化程度（见表9-3）。这三个因素相结合已经并且将持续对华人群体产生显著影响，因此在2020年之前老年华人占华人群体的比重将达到16.6%。尽管当前马来人和印度人的老年人口占其总人口比重相等，但由于马来人占总人口比重约为65%，因此这两个民族老年人口绝对数量更多一些。

表 9-3　按族群与城乡划分的 60 岁及以上人口（2010、2020 年为预测值）

族群	2000				2010		2020	
	城市比重/%	乡村比重/%	合计/%	人数/千人	%	人数/千人	%	人数/千人
土著人	3.7	7.7	5.7	785.4	6.2	1 117.4	8.0	1 788.6
华人	8.4	11.3	8.8	473.9	12.0	784.4	16.6	1 189.0
印度人	5.6	5.5	5.6	89.5	7.4	146.5	11.6	257.3
其他	3.8	6.1	4.8	11.9	5.4	18.7	8.3	35.1
合计	5.6	7.9	6.5	1 360.7	7.7	2 067.0	10.2	3 270.0
合计（包括非马来西亚人）	5.4	7.5	6.3	1 398.5	7.4	2 134.8	9.9	3 439.6

资料来源：Department of Statistics Malaysia 1998，2001，2005.

与其他地区一样，马来西亚人口老龄化对男性和女性产生不同影响。通常老年男性人数相对于老年女性人数较少这一现象在印度群体中更为常见，这意味着印度群体所面临的与守寡期相关的问题更为严峻（见表 9-4）。与这一地区其他地方一样，人口老龄化的女性化趋势在未来将进一步发展，伴随而来的是家庭护理及其费用所带来的挑战（Cheng et al.，2008；Mujahid，2006；World Health Organization，2007）。在守寡和独自生存频率逐渐产生差异的同时，老年人居住模式也将发生变化。

表 9-4　按年龄和族群划分的 60 岁及以上老年人口性别比（对应 100 名女性的男性数）

年龄	性别比						
	1970	1980	1991	2000	2005	2010[①]	2020[①]
合计（60 岁及以上）	108.4	97.2	89.6	91.4	92.6	93.1	85.2
60~74 岁	112.1	98.2	91.7	94.7	96.6	98.2	89
75 岁及以上	89.5	93.4	82.2	79.2	78.5	74.7	85.2
族群[②]							
马来人和马来西亚土著人	102.8	99.3	91.6	90.7	—	—	83.8
华人	102.8	86.3	79.4	91.5			87.3
印度人	216.6	163.5	114.3	86.8			74.8

①为预测值。

②1970 与 1980 年族群分类不同于 1991 年之后的分类。主要族群在 1991 年人口普查时仅包括马来西亚公民；之前年份的人口普查包括马来西亚公民与非马来西亚公民。

资料来源：Department of Statistics Malaysia，1998，2005；United Nations Department of Economic and Social Affairs，Population Division，2007.

与亚洲太平洋其他地区一样，当前一代马来西亚的老年人总体上没有接受良好的教育，但是未来一代的老年人教育水平将提高。随着当前一代中年人变老，可以肯定老年人的教育程度将发生变化，并且大多数马来西亚老年人将会接受一定的教育。未来一代老年人接受良好教育将会对保存老年人具备的经验知识和鼓励老年人将知识传授给年轻人的劳工政策产生影响。

9.2.1 经济活动

尽管劳动力参与率随年龄增加而递减，但马来西亚老年人口劳动力参与率和老年劳动力绝对数的下降更为显著。在过去的三十年间，马来西亚老年人口劳动力参与率（LFPR）持续下降。然而，年轻老年男性（60～64岁）劳动力参与率略微提升，从1991年的56%提升到2001年的58.6%，在2002年和2004年之间保持在60%左右的水平，这一趋势也呈现在60～64岁老年女性之中。这意味着更多年轻老年人仍然工作的老龄化趋势的开始。这与第九个五年计划（2006—2010）的目标相一致。然而，当前老年人的经济活动仍然映射出过去马来西亚农业在经济中的主导地位。因此，在1991年，约2/3的老年人从事农业活动，尽管在2000年这一比例已下降到51%，在未来仍将呈现下降趋势。值得注意的是，立法者、高级官员和经理之中，60岁及以上的比例高于15～59岁的比例（见表9-5）。

表9-5 马来西亚老年人（60岁及以上）的职业 单位：%

职业	1991年	2000年	总就业人员的分布（15～59岁）2000年
立法者、高级官员与经理人	4.9	8.9	6.8
专业人员	1.0	1.6	5.8
技术人员与准专业人员	10.6	3.1	12.2
文书人员	1.0	1.3	9.9
服务人员、商场与市场销售人员	5.6	11.6	13.1
熟练的农业与渔业人员	60.0	51.0	13.5
手工艺及相关贸易人员	4.5	5.5	9.3
工厂、机器操作与组装人员	3.8	5.5	16.3
基础职业	8.4	11.4	13.0
总计	100.0	100.0	100.0

资料来源：Mat and Taha，2003.

9.2.2 居住模式

马来西亚的家庭结构正逐渐发生变化，更小的家庭规模和对核心家庭的偏好正取代联合家庭（extended family households）结构。年轻人在城乡间的迁移与女性劳动力参与率的提升均对家庭成员照顾老年人产生一定影响。留守在农村地区的老年人，除照顾自己之外，还承担着照顾其（外）孙子（女）的责任。这些压力通常随着诸如丧偶以及个人健康状况的下降一类的生命历程转变所加重。

马来西亚的平均家庭规模在2000年下降到4.6人（见表9-6），尽管核心家庭的家庭规模保持相当稳定，但联合家庭的家庭规模在2000年降低到6.3人。不出所料，核心家庭百分比呈现增加趋势，而联合家庭类型百分比呈现下降趋势，核心家庭百分比在2000年几乎达到2/3，联合家庭百分比降低到仅有1/5。

表9-6　　　　　　　　　　　　马来西亚平均家庭规模和家庭类型

类型	1991	2000
平均家庭规模		
所有家庭/人	4.8	4.6
核心家庭/人	4.8	4.7
联合家庭/人	6.5	6.3
比例		
核心家庭/%	59.9	65.2
城市/%	58.7	
乡村/%	61.1	
联合家庭/%	26.4	20.3
城市/%	27.2	
乡村/%	25.7	
单身家庭/%	7.6	7.1

资料来源：Department of Statistics Malaysia，1998，2005.

Ong等人（2004）对马来西亚半岛城市和乡村55岁及以上的1 356名老年人进行调查，结果发现：

（1）18%的老年人仅与配偶居住在一起，属于核心家庭结构

（2）37%的老年人与子女居住在一起

（3）20%的老年人与已婚成年子女居住在一起

（4）15%的老年人（鳏/寡）与子女居住在一起

（5）6.5%的老年人独自居住

城乡间老年人居住模式没有显著差异。这些结果证实了之前对于城市50岁及以上成年人的研究，该研究表明5%的老年人独自居住，13%的老年人仅与配偶居住在一起，约1/4的老年人与配偶和已婚子女居住在一起（Ong，2003）。55岁及以上成年人的居住模式与此类似，约15%的老年人仅与配偶居住在一起，约1/5的老年人与配偶和已婚子女居住在一起，这反映出联合家庭结构的比例（Ong et al.，

2004）。

9.3   国家老年人政策的发展

1995年之前，马来西亚没有针对老年人的具体政策；在没有专门政策的情况下对与老年人相关问题进行管理，这些相关问题大多被视为与福利相关的问题。1990年马来西亚颁布了国民福利政策，将老年人视为目标群体，此后，马来西亚开始制定老年人政策。在1995年，老年人国家政策（NPE）颁布，旨在"通过最大化发挥老年人自我潜力和确保老年人作为家庭、社会与国家的一员而享受到相应的机会、关怀与保障，以此来为希望实现自我价值和尊严的老年人创造良好社会环境"（Government of Malaysia，1996：571；强调重点）。老年人国家政策致力于提高老年人在家庭、社会和国家之中受到的尊重和尊严；致力于增加老年人的潜力而使得老年人可以继续积极主动且富有成效地为国家发展做贡献；致力于为帮助老年人自食其力创造机会；致力于促进建立具体设施以确保老年人得到关怀和保障以及提升老年人健康状况。

国家老年人政策的制定使得6个附属委员会得以建立，这些委员会从属于1996年6月由社会福利部门设立的国家老年人政策技术委员会。尽管该政策是马来西亚应对向老年社会转变的重要一步，但随后1997年的马来西亚行动计划并没有充分覆盖就业和收入保障。这些问题自然成为个人和国家提高预期寿命的关键。老年人是否可以通过雇员公积金（EPF）得到并保持优厚的生活水平以及充足的养老金和储蓄，逐渐成为焦点问题。

除国家老年人政策外，1996年5月建立的老年人国家咨询与建议委员会（NACCE）也用来帮助政府制定政策以应对人口老龄化。该委员会由8个部、4个政府部门、多个公司/法定机构、非政府组织以及专业研究老年人领域的个人组成。然而，迄今为止，该委员会发挥作用很小，因为它对与老年人相关的各类机构仅有一小部分实际控制权，特别是这些问题牵涉各类部门和机构。当前，妇女、家庭与社区发展部门来监管正处于审查状态中的老年国家政策的实施。然而，该部门更多地被视为处理妇女事务的部门，而不是处理老年人事务的部门。该部门应该优先考虑家庭和社会的发展，将重点置于将对马来西亚社会带来广泛影响的与老龄化相关的问题上。

9.3.1   应对人口老龄化的政策发展与政策变化

1.资金保障与社会援助

在马来西亚，正规社会保障包括1951年建立的雇员公积金、1969年设立的社会保障机构（SOCSO）、针对公务员和军人发放的政府养老金，以及私有部门的储备和养老基金。这些项目为诸如意外伤残、老年人（养老金和雇员公积金）以及死亡等意外事件的发生提供保障。同时，这些项目为一部分就职于正规部门的员工提供保障；而在马来西亚大部分非正规部门，保障不是强制性的。雇员公积金以自愿缴费形式覆盖个体经营者，但参与率仍然很低。因此，就职于非正规部门的老年人不得不依靠自己的储蓄和子女作为收入来保障晚年生活。令人遗憾地，由于缺乏对于非正规部门的统计数据，很难对老年人可得到的保障进行评估。

2.退休金

退休金是针对政府雇员的非缴费型社会保障项目，由联邦政府每年从联邦预算中拨款资助。该项目为老年人提供保障，为在职期间或退休之后死亡的政府雇员的受抚养人提供资金支持，也为在公职中由于受伤和疾病所导致的提前退休的政府雇员提供资金帮助。退休金项目所提供的津贴包括服务退休金和退休时一次性结算津贴。衍生退休金和退职金授予在职期间死亡的实聘官员的受抚养人。这一针对鳏寡夫妇的安全网络对于有高丧偶率的妇女而言，尤为有益。

工龄在25年以上的雇员可领取的退休金数额为最后工资额的一半。然而，低收入雇员的退休金并不充足，可供其领取的退休金总额很少，当他们仍为子女提供教育支出的时候，这一问题尤为突出。一部分领取退休金的人在供养其子女的同时，还要抚养其年老的父母，这给原本就紧张的财政状况增加更大的负担。由于退休金这一固定福利支柱被视为是财政预算的负担，政府很可能进行退休金的改革，并且考虑为保持退休金项目的持续性做出必要的改变。

3.雇员公积金（EPF）

雇员公积金是固定缴费计划，有规定的雇主和雇员缴费率，雇主和雇员的缴费累积起来作为个人账户的储蓄，并且允许在退休时全额取出。雇员公积金对于就职于正规部门的雇员而言是强制性的，同时也允许自营雇员为基金缴费，这是一种鼓励人们为晚年生活进行储蓄的灵活方式。雇主和雇员的缴费率分别为12%和11%，不分雇员年龄大小。2007年之前，雇员公积金法令关于55岁以上的雇员缴费没有规定，尽管一部分雇主酌情缴纳一些费用。2007年5月，雇员公积金（修正）法案得以通过，强制退休后继续工作的雇员对基金缴费；55岁以上雇员缴费减半，雇员减至5.5%，雇主减至6%。这一法案的修正是确保雇员退休后良好的经济状况和鼓励老年人继续工作的积极举措。

在1999年，雇员公积金成员总计有954万，其中约1/2的成员为积极分子。到2004年，成员总计达1 072万人，其中507万人为积极分子。尽管雇员公积金成员数目在增加，其中积极分子的百分比却从1999年的50.1%下降到2004年的47.3%。积极分子占总劳动力的比例也在下降，从1999年的53.1%下降到2004年的48.1%。

雇员公积金最初由三种类型账户构成：账户Ⅰ（储蓄的60%）、账户Ⅱ（储蓄的30%）和账户Ⅲ（储蓄的10%）。每种类型账户是为满足不同需求而设计的，不同类型账户在提取基金时所需满足的条件不同。账户Ⅰ确保成员在退休时可以获得充足的现金储蓄。账户Ⅱ允许成员在买房或建房时提取储蓄一次。账户Ⅲ计划帮助其成员支付重症疾病费用，并且可以覆盖其成员的配偶、子女、父母和兄弟（姐妹）。

自 2007 年 1 月起，雇员公积金账户减至两种类型。账户 I 的功能大体不变，但是比例提升到 70%。新的账户 II 占缴费总额的 30%，本质上是原有账户 II 和账户 III 的结合，主要防止资金的流失以及确保基金的充足。当成员年龄达到 50 岁时，可以提取基金，并且可以用来支付成员及其子女的教育费用。自 2008 年年中开始，账户 II 新的提款方式考虑到成员为自己购买重症疾病保险的因素，但是占总保险额度的上限不同。在 2007 年 9 月，账户 II 每月的提取额被建议用来偿还住房贷款（*New Straits Times*，2007 年 9 月 8 日，第 10 页），这一建议从 2008 年 1 月开始生效。

雇员公积金作为单一资金支持来源的充足性历来备受争议。国际劳工组织公约建议设定至少占最终薪金 40% 的最小支付率。多年来在马来西亚，大多数行业的支付率已经达到甚至超过 40% 的水平（Kumar，1997）。然而，由于在退休前基金的流失，再加上雇员公积金并不是通胀指数基金，其未来保障充分程度受到质疑。

更重要的是，雇员公积金不如马来西亚当前针对老年人口的资金支持那样重要。原因有三：第一，当前老年人中相当多的一部分人就业于非正规部门，而非正规部门的缴费不是强制性的，大多数非正规部门雇员并不对基金进行缴费；第二，如果雇员公积金是资金保障的唯一源泉，那么预期寿命的延长和通货膨胀的影响将会使储蓄贬值；第三，一次性提取基金的风险将导致对长期保险的不正当投资。雇员公积金似乎在提取基金的第三年内通常会全部花光或耗尽。据调查显示，在 2 980 名 60 岁及以上的老年人口中，超过半数表明子女的缴费是其收入来源，仅有 16%（退休金和衍生退休金领取人）表明他们接受退休金（Hamid，2005）。既然雇员公积金未来可能是老年人收入支持的唯一来源，那么基金提取的充足性和适当的管理应成为政策所关注的领域。

4. 社会援助计划

马来西亚政府为贫穷老年人提供名为 SBWT 的"老年人援助计划"，给予财政援助。然而，接受援助的人数并不多，多年来其数目从 1995 年 10 049 人（总计 8 697 630 马来西亚元）逐渐增加到 2006 年 25 524 人（总计 47 369 400 马来西亚元）。作为获得经济援助的资格，申请人必须为 60 岁及以上没有亲属的马来西亚公民，能够进行日常活动，并且没有接受任何其他形式的支持。这些条件表明，对于贫困人口而言，这是有限的社会援助计划。因此，该援助计划必须与无关缴费历史的、对老年人的现金转移的普通社会救济金进行区分。

5. 乡村贫困

除老年贫困人口外，在几乎谈不上退休的乡村农业地区，可以认为存在着乡村贫困老年人口。乡村地区老年人收入通常低于城市地区老年人收入，2005 年的一个调查发现，与 37% 的城市地区老年人比例相比，有 43% 的乡村地区老年人月收入少于 255 马来西亚元（约合 68 美元）。可以认为乡村生活相对低的开销可以抵消低收入带来的不利影响，但居住在乡村地区的贫困老年人口大多是马来人和女性。尽管乡村地区老年人比城市地区老年人平均多几个子女，但他们的家庭规模通常较小（Hamid，2005）。

概括地说，马来西亚老年人口的经济保障基于收入来源大体上可分为三大类：

（1）公务员养老金的固定收益模式的养老金，或者缴费模式的雇员公积金；

（2）来自于投资、储蓄的个人收入，或来自于子女的缴费（最为常见的社会保障网络）；

（3）贫困人群的社会援助。

第一类保障约覆盖正规部门全部劳动力的60%（公务员公积金和养老金）。第二类财政资源的确存在，但其规模难以确定，而第三类保障仅仅局限于贫困人口。这导致了覆盖范围的巨大差异，因为许多就业于非正规部门的老年人没有强制性覆盖。他们的经济保障通常来自于个人收入或代际间的转移。在2007年9月发布的2008年预算声明中提议，20亿马来西亚元债券发放给65岁以上没有固定工作的老年人，以此鼓励老年人进行储蓄并获得良好收益。除这一举措外，一个重要的问题是：政府是否应该继续将雇员公积金、退休金以及诸如代际间转移之类的个人收入作为对未来老年人的收入支持。如果不是，可供马来西亚政府选择的方案有哪些？目前还没有解决方法或答案。

马来西亚政府既可以采取提供更广泛覆盖范围的多支柱系统，也可以制定新的保险项目。当前，马来西亚有部分多支柱系统的特征，"零（雇主支付的）支柱"采取老年人援助计划对贫困人口提供最低保障。此外，马来西亚还有固定津贴（养老金）支柱和固定缴费（雇员公积金）支柱。最重要的是，马来西亚社会仍注重孝道，子女被期待来照料和抚养老人，反之亦然。然而，如果亚洲太平洋地区的其他国家和地区表明这样一种迹象，即孝道处于弱化状态，最坏的情况是其不再是一个养老的长期解决方案。政府因此必须发展经济保障以应对人口转变、预期寿命的延长与高龄人口可能出现的疾病的压力，尤其是在医疗护理需求发生变化的时候（有时费用更昂贵）。

9.3.2　医疗保健：现行政策与方案

在1995年，马来西亚实施针对老年人的医疗保健方案，该方案旨在提升并保持老年人的健康与生活能力；终极目标是降低老年人患有疾病和疾病引起的残疾，以及增强老年人身体和心理功能，从而提高老年人生活质量。该医疗保健方案包括健康促进、预防保健，以及在2000年地区级别和联邦级别所设立的专业老年服务。同时，该方案设想一个全面的培训行动计划与老年人护理的研究需要，以及利用社区资源为老年人提供一流的医疗保健服务。

医疗保健项目在实行之初已取得进展。社区心理健康项目的国民行动计划（1997）与试点项目已在部分州的卫生所实行，提升医护人员技能的培训也在进行之中。健康生活方式的宣传活动致力于预防和控制慢性疾病的发生。说到实际服务，诸如理疗和作业疗法之类的康复服务为老年医疗保健和住院病人提供护理，尽管这些实际服务在农村地区很难获得。一些医疗中心和社区活动也在计划之列，包括医生出诊，对高危人群的健康检查，将病人转交给老年学专家，在锻炼、营养、糖尿病与社会支持需求方面的咨询，家庭变动与康复设施，诸如失禁之类的特殊护理、日间护理以及有关老年人健康的社区教育。

医疗保健在城乡间分布不均，乡村地区通常缺乏相关知识与设施。私有机构为城市地区老年人提供的医疗服务与相关服务，通常不覆盖乡村地区老年人。在乡村地区的医疗中心，老年人被视为门诊病人，患有严重疾病的老年人将被转交给公立医院。这种老年人医疗护理在地理区域上的差别应当消除。人们希望即将实施的医疗保健财政计划能够覆盖所有人群。当前，马来西亚缺乏老年人口专业知识，全国仅有9位老年学专家。

在马来西亚，老年护理始于20世纪90年代中期，医院和康复中心为老年人提供老年服务。例如，森美兰医院（公立医院）提供老年护理，位于吉隆坡的马来亚大学医疗中心设立了老年学部门。在马来西亚，仅有一所私立医院（位于雪兰莪州的沙阿兰）提供满足老年人需求的服务。另一所老年医院在第七个五年计划期间，与其他的几所提供老年服务的医院共同被获批建立（马来西亚第八个五年计划2001—2005）。除公立医院可获得的老年服务外，一些私立医院也开设老年服务项目。

在2005年，城市和乡村地区的610家（总数的71.4%）卫生所，开始设立老年人服务，包括健康促进、教育、健康检查与评估、体检、治疗、咨询、锻炼，并且全国超过200家老年公民俱乐部（Kelab Warga Tua）开展娱乐性社会福利活动。随着提供康复服务的卫生所数量的增加，越来越多的老年人在全国的卫生所中寻求这种服务。在2005年，有255家（或41.8%）卫生所提供康复服务，这相较于之前的服务水平是巨大的进步。

9.3.3　马来西亚老年人的健康状况

尽管马来西亚政府进行过一系列抽样调查，但并没有关于老年人健康状况的国家基线数据。陈等人（Chen et al.，1986）所进行的一项著名研究表明，72%的老年人认为自身健康状况良好。后续的一系列研究也对老年人健康状况进行调查（Ong，2007）。这些调查结果大体上一致，75岁及以上年龄组老年人口的健康状况较差。

哈米德（Tengku Aizan Hamid，2005）研究发现的老年人完成日常生活活动（ADL）和功能性日常生活活动（IADL）的能力，可以表明马来西亚老年人的健康状况和身体独立性。表9-7展现分年龄组和性别的马来西亚老年人功能性日常生活活动的状况。该表数据来源于"马来西亚老年人心理健康与生活质量"跨区域调查，调查了马来西亚13个州以及吉隆坡联邦区的2 980名60岁及以上老年人口。

在2 980名被调查者之中，仅有一小部分（少于10%）老年人无法进行诸如洗澡、穿衣、起床、坐立与站立，以及梳洗之类的个人护理活动（见表9-7）；略超过10%的老年人无法进行诸如爬楼梯、做饭、管理财务、管理家务、洗衣服之类的活动；20%的老年人无法独立服药；近15%的老年人无法购物。很明显，绝大多数老年人可以独立生活。仅有一小部分老年人在特定活动之中需要帮助。

表9-7　　2005年无法进行基本和功能性日常生活活动的老年人比例

活动类型	男性（%）			女性（%）			合计（%）
	60~74岁	75岁及以上	合计	60~74岁	75岁及以上	合计	
洗澡	2.2	9.2	4.1	4.7	14.2	7.4	5.8
穿衣与脱衣	2.1	8.2	3.8	3.8	12.2	6.4	5.0
进食	1.8	6.6	3.1	3.3	9.7	5.1	4.0
卧床与起床	3.2	10.4	5.1	7.4	21.1	11.3	8.2
爬楼梯	5.2	15.4	5.7	12.5	31.3	18	12.9
坐立与站立（椅子）	3.5	11.8	5.7	8.8	22.9	12.9	9.3
梳洗	2.0	8.5	3.7	3.7	12.8	6.3	5.1
制作食物	4.6	19.5	8.6	9.3	31.1	15.6	12.1
购物	4.8	21.3	9.1	13	38.7	20.3	14.7
管理财政	3.6	15.6	6.8	9.1	28.7	14.8	10.9
管理家务	4.3	17.4	7.9	8.6	26.8	13.8	10.9
洗衣服	5.4	21.0	9.5	10.2	23.3	17	13.2
服药	7.3	23.9	11.7	19	42.3	25.8	18.8
样本数量/人	1 083	394	1 477	1 080	423	1 503	2 980

资料来源：Hamid，2005.

然而，老年人在日常生活活动方面存在性别差异。老年男性功能性日常生活活动能力要强于老年女性。说到年龄组之间的差异，很明显75岁及以上老年人口中，有更多的人无法进行功能性日常生活活动。75岁及以上老年女性无法进行功能性日常生活活动的比例剧增，涉及移动的情况尤为明显。她们之中超过30%的人不能爬楼梯、购物、做饭；42%的人无法独立服药；超过1/4的人无法做家务或管理财务。在75岁及以上老年男性之中，略超过1/5的人无法独立服药、洗衣服和购物；约20%的人无法做饭；约15%的人无法管理财务或爬楼梯。与预期的一样，老年人功能性日常生活活动的能力随年龄增加而降低。这些调查数据使得马来西亚与年龄相关的健康状况更容易理解。

心理健康

在之前的研究中，75岁及以上老年人口在心理健康认知测试中得分最低（Chen et al.，1986）。控制年龄的影响，不分性别，认知分数与功能性日常生活活动显著相关（Chia，1996）。认知功能与其他社会经济变量有关，例如，与收入稳定的人群相比，收入不足的人群更容易患有睡眠障碍、失去对生活的热情，往往在认知测试的14道题之中答对少于11个问题（Chen et al.，1986）。

在哈米德（Hamid，2005）的研究当中，2 980名被调查者之中仅有12%的人患有抑郁症；少于2%的人患有焦虑症；约15%的人患有器质性障碍。调查结果表明，被调查的老年人之中，并没有严重的心理健康问题，老年人总体上心理处于非常健康的状态（见表9-8）。

表9-8   **2005年患有精神疾病的老年人比例**

类型	男性（%）			女性（%）			合计（%）
	60～74岁	75岁及以上	合计	60～74岁	75岁及以上	合计	
器质性障碍[①]	7.5	12.1	8.7	14.9	33.1	20.1	14.4
抑郁	6.9	10.9	8.0	14.4	18.0	15.4	11.7
焦虑症	1.5	1.0	1.4	1.6	2.7	1.9	1.6
样本数量/人	1 083	394	1 477	1 080	423	1 503	2 980

①器质性障碍指因器官发生可察觉的生理或结构性改变而对认知功能（如记忆等）产生影响导致的疾病

资料来源：Hamid，2005.

9.3.4 医疗保健资金

第八个五年计划（2001—2005）提及制定和实施医疗保健财政计划，但之后，并没有为私有和公共部门提供资金的提案的相关细节。2006年卫生部向首相署提交设立国家医疗资金机构的提议，并且提议考察医疗资金方案是如何执行的（Chee and Barraclough，2007）。

在2007年，医疗保健资金来源同从前一样，来自于马来西亚政府的拨款、被医疗福利所覆盖的私营部门的雇主为其雇员提供的津贴作为偿还的现金支付、医疗保险，以及最重要的针对个人支出的现金支付资金。对于老年人而言，最重要的是来自政府的拨款与老年人自己的现金支出。退休的政府雇员可以在政府诊所和医院继续享受医疗福利待遇。

每一年的政府预算中都会有一部分资金分配给医疗保健项目，这部分拨款成为医疗保险基金的重要来源。在马来西亚，医疗保险是最近才发展起来的，并不是医疗保健资金的重要来源；通常医疗保险更加吸引有能力购买保险的城市人群。根据对医疗资金方案的推测，医疗保险也许会成为马来西亚所有人群的强制性方案，尽管这一举措将对老年人产生怎样的影响仍是未知。

9.4　马来西亚人口老龄化政策发展的观念与策略

在马来西亚，隶属于卫生部的老年国民健康委员会于1997年建立，该委员会作为监管与老年人健康相关政策的主要机构。根据记载在老年人国家政策之中的老年人健康行动计划，最佳的护理健康设施应包含组织上的、财政上的以及人事上的计划。具体而言，目标应包括加强政府与非政府机构（包括私营部门在内）之间在提供医疗服务时的协调与合作；计划和提供推广性的、有疗效的以及康复性的服务；以及着手为该项目设定适当的实体、人事与金融设施。该计划目的是鼓励社区参与到老年人的护理和康复之中，更重要的是促进关于老年人护理的培训和研究。尽管这一计划在1997年开始实施，但实施的进度很慢，甚至出现停滞状态。政府意识到人口老龄化即将带来的影响，由卫生部起草老年人国家医疗政策（Dasar Kesihatan Warga Emas Negara）。该政策致力于通过向老年人及其家庭和社区传授知识、技能以及创造有利环境，以推广健康的、积极的且富有成效的人口老龄化；并致力于在所有层面和所有部门提供优质医疗保健服务。被提议的行动计划将包含为老年人提供健康护理、医疗与康复服务，健康促进运动，以及相关政策的研究与发展。此外，该行动计划还包括财政方面的内容，这将为医疗护理的发展提供平等的环境。

9.4.1　社会服务与社区照顾

老年人口数量和比例的增加，意味着长期护理需求的增加，以及家庭成员照顾老年人负担的加重，因此社会服务与社区照顾变得越来越重要。在马来西亚，家庭和社区都具有高度的重要性，这一点被强调孝道重要性的根深蒂固的亚洲文化所认同。然而，与其他亚洲国家和地区一样，在马来西亚，大家庭体系的瓦解、未婚配女性数量的减少以及家庭规模的缩小，共同给家庭成员护理老年人增加压力。这一现实情况为机构护理的发展带来机遇。以私人护理院为例，仅仅为能够负担得起护理费用的人群提供护理，并且大体上只设立在城市地区。支持老年人居住在原有社区的观念，预示着针对老年人的社区照顾在马来西亚工业化快速发展的社会中得以产生。

1.社区照顾

在马来西亚，社区照顾实施进展如何备受争议。社区活动对家庭的支持至关重要，因为家庭今后仍将是提供老年人护理的主要来源。在第九个五年计划期间

（2006—2010），政府的政策导向是继续加强家庭和社区养老，构建适应力强的家庭和更加充满关怀的社会（Government of Malaysia，2006：313）。以此为目标，政府采用战略要旨以加强和促进社区发展：强化社会养老交付体系；鼓励当地社区和非政府组织（NGO）更多地参与到社会发展之中；促进社区发展以及民族团结。我们可以设想家庭和社区在供养老年人方面发挥更大的作用。至今为止，家庭仍是在经济、情感以及物质方面为老年人提供支持的主要支柱，尽管家庭成员为老年人提供支持的能力经常遭受质疑。因此，构建社区照顾与社区养老越来越重要，这强调了公民社会所应发挥的作用。

当地社区照顾的主要问题之一是服务的规模和范围，而不是服务本身，因为大多数服务是容易获得的，但并不充足。另一个主要问题是老年人所需援助的评估，其程度由需要援助的老年人数量和功能性能力来衡量，尤其是进行日常生活活动和功能性日常生活活动的能力。这些数据对于计划资源分配和部署是必不可少的。由于人口老龄化在马来西亚不同地区发展速度不同，政府必须收集数据并且确定更加需要援助的州与地区。未来为老年人提供护理的计划应当开创联邦政府、州政府、企业公民和社区（包括家庭和个人）共同努力的局面。

（1）上门护理。在马来西亚，家庭帮助服务和医生出诊十分有限，家庭护理服务由公立与私立部门以及志愿机构提供。这些服务并不是明确针对老年人，除政府资助的诸如农村地区接生和幼儿护理服务外，这些服务覆盖所有有资格的以及负担得起服务费用的人群。马来西亚半岛中央福利委员会（MPKSM）——一个非政府组织，为老年人提供家庭帮助服务。该委员会所提供的其他服务包括医生出诊、医院就诊、职业疗法以及为不方便去医院的病人提供简单医疗测试与咨询。东马来西亚于2000年开设家庭帮助服务。在2006年，家庭帮助服务接受者数目达到520人。然而，全国家庭服务助手数量却从1990年的66人减少到2006年的55人，这意味着家庭服务助手面临着为越来越多的需求者提供服务的压力，同时意味着这一项目并未取得进展。

（2）马来西亚半岛中央福利委员会日间护理中心。马来西亚半岛中央福利委员会经营的日间护理中心与其他日间中心不同。日间中心为能独立生活的老年人进行社会互动提供场所，而日间护理中心为无法进行日常生活活动的老年人提供护理。日间护理中心是为四个或更多的老年人提供每星期至少三天以上的、每次至少持续三小时以上护理的场所。日间护理区别于住院护理，住院护理为居住在其场所内的老年人提供护理。这些日间护理中心的建立将极大改善社区内长期护理设施。日间护理中心所提供的服务使妇女白天可以继续工作，同时在业余时间护理老年家庭成员。当前，马来西亚半岛各地共有15家日间护理中心，估计有600名老年人每天来护理中心（第九个五年计划，2006—2010）；大多数老年人偶尔来护理中心；仅有一小部分老年人整天都在护理中心。一些私人护理院也提供日间护理，但护理院的数量尚不知晓。

2.其他非政府机构对社区护理的参与

协助与鼓励志愿机构为老年人提供护理是马来西亚政府长期奉行的政策。志愿机构可利用补助金一类的援助为老年人提供社区服务。成立于1990年的马来西亚老年国民委员会（NASCOM）是志愿性非政府的、非教派的与非营利性的老年公民联盟组织。该组织当前由28个老年公民协会构成，拥有超过12 000名会员。于1995年建立的老年公民委员会咨询委员会，为促进代际间相互理解与互动而执行计划。在联合国亚太经济与社会委员会（UNESCAP）专家的援助下，马来西亚政府在老年国家政策框架基础上制订了五年行动计划。马来西亚老年国民委员会"鼓励和支持老年人继续参与到主流社会之中，继续充实自己的生活，并且认可老年人所做出的贡献"。为实现这一目标，该委员会为老年人安排课程，帮助老年人习得并提高技能来帮助有工作意愿的老年人就业。同时，该委员会传播公共信息，组织与老龄问题相关的研讨班和论坛，并对社区扩大范围服务的志愿者进行培训。说到对这一目标的支持，委员会推动相关机构为老年人提供全面医疗保健设施与服务，以及雇用更多的老年学专家、专业护理人员和医疗工作者。委员会也提倡建立一个充满关怀的社会，鼓励老年人尽可能地多与家庭成员在一起。

在2007年9月所发布的2008年财政声明中，政府强调社区护理的重要性，并承诺授予非政府组织2 500万马来西亚元来为老年人建立养老院（New Straits Times，8 September 2007，第14页）。这一间接援助老年人福利事业的举措似乎试图将关照转交给社区，并且鼓励社区在福利服务方面发挥更大的作用。

3.机构护理

当老年人的需求超过社区护理可以提供的服务时，马来西亚政府制定一系列机构护理与住院护理模式。这些模式由三方提供：一是政府，政府为低收入人群提供住院护理和长期护理设施；二是私营部门，私营部门以盈利为目的，为负担得起护理费用的人们提供服务；三是非政府组织，非政府组织回应老年人的需求以及政府的计划。

机构护理通常指养老院（Rumah Seri Kenangan）所提供的住处，共有11家（有2家在东马来西亚）由联邦政府管理的养老院。养老院为2 000名老年人提供住宿、咨询与指导、职业康复、宗教仪式设施、娱乐活动与医疗（New Straits Times，8 September 2007，第14页）。在农村地区，老年人可以用得到的援助资金来建造新的房屋或对已有房屋进行翻修，这样他们可以继续居住在原社区，而不用被送到养老院。

也许政府在提供长期护理（LTC）的举措中最明显的就是为患有慢性疾病的老年人建立养老院。目前，有位于雪兰莪和登嘉楼的两家可以容纳150人的养老中心，为60岁及以上患有慢性疾病的老年人提供护理、治疗与保障。服务与设施范围包括医疗、指导与咨询、理疗、宗教仪式指导、宗教活动以及娱乐活动。通常，老年人在这里度过余生。在第八个五年计划期间，在与私营部门联合的情况下，可为40名老年人提供护理的两家养老院得以建立（名为 Rumah Tunas Budi）。

（1）私立疗养院：私营部门的参与。在马来西亚，私立疗养院是典型的长期机构护理。私立疗养院建立在主要城市地区，往往反映市场力量。不同疗养院所提供的护理类型有差异，但基础设施大体相同。私立机构运营的私人疗养院由马来西亚卫生部监管。第一家私立疗养院建立于1983年，到2001年，马来西亚约有20～50家可提供超过40张床位的中型私立疗养院，主要集中在巴生河流域和槟城。然而，有数百家规模较小的疗养院也在运营之中，通常可提供的床位少于10张，这些疗养院改建在平房与其他私人住所基础之上（Ong，2002）。疗养院为有不同需求的老年人与年轻残障人士提供24小时护理服务。如同许多设有私立疗养院的国家一样，疗养院所提供的护理时好时坏。在马来西亚，得到官方批准的私立养老院较少：2001年，仅有188家社会福利部门许可的有资格的护理中心，其中有29家是针对老年人的私立疗养院，可容纳约1 000名老年人；7家养老院由非政府组织运营，其余的由私立部门运营。马来西亚社会福利部门继续处理个体和非政府组织为经营护理中心提交的申请，预计从长远来看，护理的标准与质量将会随着未来激烈的竞争和政府机构严格的监督而提高。

（2）非政府组织提供的长期护理。除马来西亚政府和私营机构提供的机构护理外，还有马来西亚半岛中央福利委员会管理的养老院（被称作 Rumah Sejahtera）。马来西亚的社会福利部门对这些养老院进行监督并定期为其支付补助金。隶属于马来西亚中央福利委员会的养老院（Rumah Sejahtera）所提供的护理服务与社会福利部门经营的养老院所提供的服务相类似。在2001年，马来西亚半岛有约115家共可容纳917人的养老院（Rumah Sejahtera），并且主要为没有严重功能性残疾的人群提供服务。然而事实上，这些养老院被当作为那些在住院期间健康状况恶化却不愿搬迁的老年人提供长期护理的场所。面对这一问题，马来西亚中央福利委员会通常请求社区成员为老年人日常生活活动提供长期护理与援助。

9.5　马来西亚人口老龄化可能产生的影响

如同东亚地区其他国家和地区一样，在马来西亚，经济的发展、医疗的进步、人们获得医疗与社会护理以及学习营养知识，这些因素使人们寿命得以延长。但是，今后所面临的挑战是如何提高人们延长的寿命的质量。如何实现成功的和有活力的人口老龄化是一个重要的有望转变为政策计划的讨论话题，但这似乎是相当大的挑战，因为还存在许多比提高老年人生活质量更加迫切需要解决的问题。事实上，虽然第八个五年计划（2001—2005）提出为老年人提供医疗与护理设施的纲要，但是第九个五年计划（2006—2010）延续的老年人国家政策的政策导向非常有限，这意味着人口老龄化还没能享有国家优先考虑权。在第九个五年计划第15章中，政府应对人口老龄化的政策取向是促进积极与富有成效的人口老龄化。人力资源部提供就业机会，雇主借以要求100%退回其花费的老年人雇员进行再培训费用的税款（第九个五年计划，2006—2010：311）。以此为计划，马来西亚政府为老年人提供接受再培训的机会以适应工作需求的变化。

　　未来人口老龄化政策所面临的挑战可能以马来西亚三个主要民族不同的老年人比例为中心。华人将拥有最高的老年人口比例，而老年人口总数最多的民族将会是马来人。家庭护理的传统在三个种族之间也许会以不同速度发生改变，这也许为提供社区护理、家庭养老与机构护理的地区带来麻烦。目前，这些变化会如何发生尚未知晓，但是仍然需要对这一领域未来社会政策进行研究。预期寿命的性别差异毫无疑问将仍然存在。即使未来的一代马来西亚老年女性将比当前一代教育程度高，但她们的教育水平与获得工作机会的可能性仍然低于男性老年人。但未来老年女性教育水平的提高或多或少会对当地由老年女性提供家庭护理的传统产生影响。未来政策也许应当考虑到老年人对其作为消费者的需求与权力的认识的提高。研究表明，与老年人作为"看不见的消费者"的形象不同，马来西亚的老年消费者已准备好并有能力表达他们的想法与意见。Ong和Phillips（2007：111）指出，老年人"通常确切表达并且透彻思考他们的需求和要求。他们在很大程度上是'精明的消费者'，知道自己想要什么以及如何得到自己想要的东西"。政策制定者似乎越来越需要考虑马来西亚老年人的这一特点。

　　显而易见，社区护理在规模和范围方面都需要进一步发展，无论这种发展如何对文化规范产生冲击，直接护理工作者，而不是家庭成员，将承担护理责任。对核心家庭偏好程度的增大，以及女性越来越多地参与到正规部门就业之中，意味着无论是否对为老年人提供家庭护理进行奖赏，家庭护理将不可避免地被其他形式的护理所替代。政府对给老年人提供再培训的工作人员进行额外的财政鼓励。如果老年人护理仍为家庭和当地社区所承担的责任，那么政府需要为其提供充足的资源。为应对劳动力成本的提升与促进富有成效的人口老龄化，老年人被期望做一些志愿性工作。人口老龄化社会所实施的项目中一个成功典范便是中国香港特别行政区，值得借鉴的是：老年人参与到社区项目之中，老年人之间的相互援助，甚至参与到一些小本生意之中（Chan，Phillips，et al.，待发表）。

9.6　结论与未来发展方向

　　1995年老年人国家计划与近来国家老年健康委员会（始建于1997年）的复兴代表着马来西亚为老年人提供护理和服务的最初里程碑。政府制定老年人国家政策与行动计划来进行评审。马来西亚妇女、家庭与社区发展部门致力于为老年人制定崭新的以及改进的政策。国家政策的评审，将在广义的政策框架范围内，把积极与弹性人口老龄化融入到对老年人的护理和服务之中。

　　在评审中同样重要的是，交付机制必须考虑到地理区域差异因素、城乡间需求和设施的不平等分布，以及不同年龄组人群需求的差异。这些差异包括女性所具有的一定脆弱性，以及高龄人口通常多于年轻老年人的需求。年轻老年人相对来说更具有独立性，并且是社区可以利用的、为更需要依赖的老年人提供老年对老年服务的志愿者。

近年来，老年人护理的发展已取得一定进步，马来西亚、韩国与关岛，被归为率先发展医疗服务事业的国家（WTO，1998）。然而，马来西亚仍是东亚地区将人口老龄化视为"小"问题的国家之一（Mujahid，2006），但对于人口老龄化问题的研究兴趣毫无疑问在增加。人们希望，马来西亚尽快拥有投入使用的老年人护理体系，不仅仅是在医疗领域，同时也是在对提高老年人总体生活质量产生影响的领域。

通常，对于家庭护理的重视历来是东亚文化中的社会准则，这与儒家学说以及马来西亚盛行的伊斯兰教非常相一致。忠孝在几个世纪以来一直发挥引导作用，子女的义务之一就是照顾其年老的父母，以回报儿时父母对他们的养育之恩。这解释了盛行的观念——"子女作为安全网络"为老年人提供护理。马来西亚人口老龄化政策与这一观念相呼应，第九个五年计划中对于家庭和社区护理的强调，意味着人们不应再期待人口老龄化政策朝着公共长期护理方向发展。目前，老年人护理仍然主要是家庭和社区的责任，这也是传统的护理老年人的方式。那么问题就指向可以为家庭护理者做些什么，使得他们可以习得照顾老年亲属的知识与技能。马来西亚中产阶级家庭较容易雇用外籍家庭助手，这个特征将大大延缓机构护理的发展，因为如果老年人雇用家庭助手，那么他们可以仍然留在自己的家里。针对家庭助手的基础性老年护理与社会护理，应当就近在其居住的地方提供。更好的家庭帮助服务对于无法负担家庭助手服务的家庭来说尤为有益，因为这些家庭中的女性可以继续工作，与此同时社区服务为其解决饮食与其他家务问题。

最后一个不确定因素是，所提议的医疗资金方案包含长期护理的可能性有多大。这与受争议的新的老年人医疗护理政策一同，将会成为未来政策发展的重要问题。这些因素与众多马来西亚当今发生的社会经济与人口因素的变化一起，使得老年人的未来充满了不确定性。

9.7　参考文献

Chan，A.C.M.，Phillips et al.（forhcoming）*Active Ageing：Social Protection，Employment，and Lifelong Learning in Hong Kong*，Proceedings of a Conference of the Ageing Research Network of the Asian Development Research Forum，APIAS，Lingnan University，Hong Kong.

Chee，H.L.and Barraclough，S.（eds）（2007）*Health Care in Malaysia*，London：Routledge.

Chen, C.Y.P., Andrews, G.R.et al. (1986) *Health and Ageing in Malaysia: A Study Sponsored by the World Health Organization*, Kuala Lumpur: Faculty of Medicine, University of Malaya.

Cheng, S.T., Chan, A.C.M.et al. (2008) 'Ageing trends in Asia and the Pacific'. *In Regional Dimensions of the Ageing Situation*, New York: United Nations Department of Economic and Social Affairs, pp.35–69.

Chia, Y.C. (1996) 'Primary care in the elderly'.In *Issues and Challenges of Ageing: Multidisciplinary Perspectives*, Proceedings of the First Symposium on Gerontology 1995, Kuala Lumpur: Gerontology Association of Malaysia.

Department of Statistics Malaysia (1998, 2005) *Yearbook of Statistics*, Malaysia, Putrajaya: Department of Statistics Malaysia.

Department of Statistics Malaysia (2001) *Population Distribution and Basic Demographic Characteristics*, Population and Housing Census of malaysia 2000, Putrajaya: Department of Statistics Malaysia.

Department of Statistics Malaysia (2005) *Population Ageing Trends in Malaysia*, Monograph Series Population Census 2000, no.1, Putrajaya: Department of Statistics Malaysia.

Department of Statistics Malaysia (2007) *Yearbook of Statistics Malaysia 2007*, Putrajaya: Department of Statistics Malaysia.

Government of Malaysia (1996) *Seventh Malaysia Plan 1996—2000*, Kuala Lumpur: National Printing Department.

Government of Malaysia (2006) *Ninth Malaysia Plan 2006—2010*, Putrajaya: Economic Planning Unit, Prime Minister's Department.

Kinsella, K.and Phillips, D.R. (2005) 'Global aging: The challenge of fuccess', *Population Bulletin*, 60, 1–40.

Kumar, R.V. (1997) 'The role of Employees Provident Fund (EPF) in financing old age in Malaysia', in *Proceedings of the 1996 Celebrations: National Day for the Elderly*, 17–27 October 1996, Kuala Lumpur.

Mat, R.and Taha, Hajar Md (2003) 'Socio-economic characterstics of elderly in Malaysia: analysis of the 2000 round of censuses', paper presented at the 21st Population Census Conference, 19–21 November 2003, Tokyo, Japan.

McCracken, K.and Phillips, D.R. (2005) 'International demographic transitions', in G.Andrews and D.R.Phillips (eds) *Ageing and Place*, London: Toutledge, pp.36–60.

Nujahid, G. (2006) *Population Ageing in East and South - East Asia: Current Situation and Emerging Challenges*, Bangkok: UNFPA Country Technical Services Team for East and South-East Asia.

Ong, F.S. （2002） 'Ageing in Malaysia: a review of national policies and programmes', in D.R.Phillips and A.C.M.Chan （eds） *Ageing and Long - term Care: National Policies in the Asia-Pacific*, Singapore: Institute of Southeast Asian Studies and Ottawa: International Development Research Centre, pp.107–149.

Ong, F.S. （2003） 'Life events, stress, and consumer behaviour: an analysis of consumption - related lifestyles, brand and patronage preferences among older adults in Malaysia', unpublished PhD thesis, University of Malaya.

Ong, F.S. （2005） *Life Events, Stress and Consumption-related Lifestyle Changes: A Study of Malaysian Adults*, report submitted to IPPP, University of Malaya.

Ong, F.S. （2007） 'Health care and long-term care issues for the elderly', in H. L.Chee and S.Barraclough （eds） *Health Care in Malaysia*, London: Routledge, pp.170–186.

Ong, F.S. and Phillips, D.R. （2007） 'Older consumers in Malaysia', *International Journal of Ageing and Later Life*, 2 （1）, 83–115.

Ong, F.S., Md Nor, O.et al. （2004） *Consumption Behaviour of Oler People in Malaysia*, report submitted to Intensified Research in Priority Areas, Ministry of Science, Technology and Innovation, Malaysia.

Saw, Swee - Hock （2007） *The Population of Malaysia*, Singapore: Institute of Southeast Asian Studies.

Tengku Aizan, H. （2005） 'Mental Health and Quality of Life of Older Malaysians', unpublished survey data, Universiti Putra Malaysia.

United Nations Department of Economic and Social Affairs, Population Division （2007） *World population prospects: the 2006 revision*, available online at<http: //esa. un.org/unpp> （accessed 24 November 2008）.

UNESCAP （United Nations Economic and Social Commission for Asia and the Pacific） （2008） *Economic and social survey of Asia and the Pacific 2008*, available online at<http: //www.unescap.org/survey2008> （accessed 24 November 2008）.

World Health Organization （WHO） （1998） *Guidelines for National Policies and Programme Development for Health of Older Persons on the Western Pacific Region*, Geneva: WHO.

World Health Organization （WHO） （2007） *Women, Ageing and Health: A Framework for Action.Focus on Gender*, Geneva: WHO.

第 10 章

泰国的人口老龄化：挑战与政策回应

侬拉克·帕萨亚皮伯，萨姆瑞特·斯瑞瑟姆·隆索特，卡尼特·邦德汉姆·查隆

10.1　引言

　　泰国是继新加坡之后人口老化程度最高的东南亚国家。像其他许多发展中国家一样，由于死亡率和生育率的下降，泰国人口年龄构成已经发生了变化。始于1970 年的泰国计划生育方案，在促进生育率下降方面起了重要作用（Bundhamchareon，1997）。特别是 1960—2000 年，老年人口数以前所未有的速度增长着（Ananta and Arifin，2007）。泰国 60 岁及以上老年人口数的增长速度快于发达国家相应的增长速度（Jitapunkul and Bunnag，1998）。由于这些变化的迅速发生，泰国没有足够的时间来应对人口变化所带来的社会经济后果。生育率下降主导的人口转变将使泰国在未来 7 年内成为老年型社会（International Monetary Fund，2007）。此外，60 岁及以上老年人口的比例预计将会在 2024 年首次超过 15 岁以下儿童的比例（Institute for Population and Social Research，2005）。

　　人口、经济以及社会结构的改变都影响着老年人的个人情况、居住模式以及抚养网络的改变。家庭规模的缩小、国内与国外迁移以及年轻人生活方式的改变将削弱传统的家庭养老功能（Soonthorndhada，2007）。因此，老龄化是一个严重的问题，政府和社会需要制定政策以应对即将到来的政策挑战，这些挑战包括健康服务需求的增加、长期护理需求的增加、家庭养老功能的弱化以及对收入和社会保障需求的增加。

　　本章首先对泰国老年人口基本情况进行描述，分析老年人口的健康状况、工作条件、家庭结构和家庭养老的变化，以及老年人居住模式的变化趋势。其次，对泰国自实施第一个针对老年人的国家长期计划（1982—2001）至今老龄化政策的发展进行回顾。重点集中于三个领域：老年人在泰国社会中的角色、老年人收入保障，以及老龄化对长期护理需求带来的相关问题。最后，对未来政策的发展进行探讨和总结。

10.2　泰国的人口老龄化

　　人们普遍认为，在亚洲，社会和经济结构的迅速变化将会对未来几代老年人的

生活环境带来深远的影响（Chang，1992）。泰国人口老龄化的进程预计会很快，因为泰国的生育转变和死亡转变所用的时间比西方发达国家所用的时间短得多。本章这一部分描述了泰国老年人的状况和所面对的主要问题，以及未来人口趋势对政策的影响。主要问题可以归结为五类：泰国老年人口比例的变化；泰国老年人健康状况；老年人工作条件；家庭结构与家庭养老的变化；居住模式的变化趋势。

10.2.1　泰国老年人口的转变

泰国老年人口的比重以罕见的速度增长着，在20世纪的后25年间老年人口年增长率为3.7%。这一增长率在东亚和南亚地区处于最高之列，泰国是继新加坡之后人口老龄化程度最高的东南亚国家（United Nations Population Fund，2006）。

泰国老年人口（60岁及以上）的数量和比例从1960年的121万（占总人口4.6%）增加到1990年的402万（占总人口7.36%），2000年增加到570万（占总人口9.5%），到2005年增加到670万（占总人口10.5%）。根据预测在2020年将会达到1 078万（占总人口15.28%），在2025年将会达到占总人口的17%（National Statistical Office，1962，1977，1984，1994；Human Resources Planning Division，1995；United Nations，2006；Ananta and Arifin，2007）。

1.生育率和死亡率的降低

泰国人口转变最重要的因素是总和生育率（TFR）的下降，总和生育率是指平均每1 000名（15~44岁）妇女所生育的孩子数（Jitapunkul and Bunnag，1998）。泰国的生育率转变在亚洲新兴工业化国家和地区中处于速度最快之列。泰国的总和生育率从1950—1955年间的6.4增加到20世纪60年代的6.5，在1970—1974年间大幅下降到5.4，在1975年下降到4.9。到1996年总和生育率为1.9，略低于更替水平生育率。在这之后的出生登记数据表明，总和生育率在更替水平上下平稳浮动。这一发现使我们对之前泰国生育率将会在更替水平以下继续降低这一观点产生质疑。一系列全国性调查表明，越来越多的15~49岁女性倾向于只生育两个孩子（从1969~1970年仅仅19%的比例增长到1993年64%的比例），这与泰国盛行的儿女双全的文化愿望有关（Knodel et al.，1996；Prachuabmoh and Mithranon，2003）。

在包括亚洲国家在内的许多发展中国家，由于健康知识的增加以及西方医疗技术的引进，人口死亡率得以降低（Ogawa，2002）。死亡率下降是引起泰国人口转变的又一因素。年龄别死亡率的下降使得老年人数量增加，寿命延长（Jitapunkul and Bunnag，1998）。

2.预期寿命的延长

作为婴儿死亡率降低和年龄别死亡率降低的结果，泰国人口出生时预期寿命在增加。男性出生时预期寿命从1990—1995年的67岁增加到2000—2005年的68岁，同期女性预期寿命从71岁增加到74岁（National Economic and Social Development Board，1988；Ogawa，2002）。在2006年，女性出生时预期寿命比男性长7岁。男性预计会活到68岁，而女性预计会活到75岁（United Nations Economic and Social Commision for Asia and the Pacific，2007）。在未来20年间男性预期寿命预计会增加到73岁，女性预期寿命预计会增加到78岁（United Nations，2006）。此外，在更高年龄段的老年人中，女性人口将会多于男性人口，这些老年人口通常是鳏寡老人，并且在没有足够养老条件的情况下生活。这些老年女性与老年男性相比，更容易处于不健康和贫穷的状态（Jitapunkul，2000，cited in Jitapunkul et al.，2002b）。

3.老年抚养比的上升

总抚养比是少年儿童人口抚养比和老年人口抚养比的合计。它是用以衡量劳动年龄人口（15~59岁）规模与被抚养的少年儿童人口（15岁以下）和老年人口（60岁及以上）规模之间关系的重要指标。这一比例表明了劳动年龄人口同时抚养儿童和老年人的负担。在泰国，随着出生率的下降，少年儿童抚养比降低，因此使得总抚养比首先下降。在人口老龄化过程中，老年人口抚养比上升（National Statistical Office，1962，1977，1984，1994；Human Resources Planning Division，1995）。这些趋势共同促使总抚养比首先下降，在2010年达到了最低水平，此后，在2020—2050年间将会大幅上升（Jitapunkul et al.，2002b）。在21世纪，老年抚养比会不可避免地高于少年儿童抚养比（Jitapunkul and Bunnag，1998）。老年抚养比水平将会从2000年每100名劳动年龄人口（15~59岁）对应14个老年人（60岁及以上）稳步增长到2005年每100名劳动年龄人口对应16个老年人。预计到2020年每100名劳动年龄人口会对应26个老年人，到2025年每100名劳动年龄人口将会对应31个老年人，这一增长意味着抚养老年人的负担将会更加沉重（United Nations，2006）。

10.2.2 老年人的健康状况

1.泰国老年人健康状况越来越受到慢性疾病的影响

社会进步所引起的健康干预水平的提高以及医疗技术越来越广泛的应用，使得传染性疾病大多在可治疗范围之内。这导致了婴儿死亡率和成人死亡率的下降。然而，许多有关老年人疾病的研究都表明，慢性疾病成为人们生活中需要面对的主要疾病。在泰国，诸如心脏病、癌症以及糖尿病一类的慢性病已经成为人们发病和死亡的主要原因。这一趋势由于不适当的饮食和缺乏锻炼而进一步发展（Wibulpolprasert，2000）。慢性疾病在城市地区的老年人中尤为常见，这意味着生活方式和社会经济发展与泰国老年人患有非传染性疾病有关。泰国女性与男性相比有更高的慢性疾病发病率（Jitapunkul and Bunnag，1998）。由于预期寿命的延长，还可能会导致患有痴呆和其他慢性疾病的老年人数量的增加。作为结果，这些老年人需要长期集中护理。在本章中将会讨论有关泰国老年人长期护理服务发展的政策。

2.泰国老年人的残疾问题

大多数泰国以及其他亚洲国家和地区的老人不受残疾的困扰并且享受多年的积

极生活（United Nations Economic and Social Commission for Asia and the Pacific，under the Japanese Organisation for International Cooperation in Family Planning，1996）。然而，由于女性预期寿命高于男性预期寿命，这使得女性相对于男性会经历更为长时期的残疾期（Jitapunkul et al.，1994b）。引起中度和重度残疾最常见的原因是中风（Jitapunkul et al.，1994a）。重度残疾能导致老年人无法独立生活。残疾也对泰国老年人经济保障带来影响，近一半未受雇的残疾老人认为残疾是他们无法工作的原因（National Statistical Office，1991）。

10.2.3　晚年生活的就业状况

泰国大多数受雇者年龄介于25岁至44岁之间。在2002年，1 780万受雇者年龄介于25岁至44岁之间，占总雇用人数的53.7%。大约25%的受雇者年龄介于45岁至60岁，16%的受雇者处于15岁至24岁。只有170万人，或者说5.28%，年龄在60岁以上（Labour Force Surcey，1993—2002：cited in Mephokee，2003）。基于2001年和2005年第二季度就业调查数据显示，在老年人中，仍然就业的老年人百分比从2001年约30%增加到2005年的37%。总体上这两个年份仍然工作的老年人中61%在农业部门或非正式部门工作。泰国居住在乡村的老年人在经济活动上比居住在城市的老年人更活跃。在农村地区，泰国老年人的经济活动集中于农业部门，许多人依然是自营职业。同时，大多数居住在城市的经济活跃的老年人（2001年为75%，2005年为77%）在非农业部门就业（Soonthorndhada，2007）。虽然那些居住在农村地区的老年人比居住在城市中的老年人在经济上更活跃一些，但低收入者的比例更高。这是由于农业部门与非农业部门相比提供的经济收益更小（Jitapunkul and Bunnag，1998）。这些老年人仍然工作的主要原因分别是"谋生"和"有工作的意愿"（60～69岁男性老年人有96%是为了谋生而工作，77%有工作的意愿；同年龄组女性有94%为了谋生而工作，73%有工作的意愿）（Ministry of Public Health，2006）。

10.2.4　家庭结构和供养的变化

1.婚姻模式的变化

受教育程度的提高推迟了初婚年龄。泰国也因此经历了生育的延迟。这意味着家庭供养向少年儿童倾斜，老年人夫妇在抚养年轻人。更多的资源投入给少年儿童可能意味着可供家庭中老年成员使用的资源在减少。家庭对老年成员需求的重视程度可能会降低，当家庭成员需要照顾一代以上的老年人时，这种问题更加突出。这是由人们寿命延长引起的（Chang，1992）。伴随着人口老龄化的发展，越来越多的泰国中年人（40～54岁）面临同时供养子女和父母的双重负担。泰国2003—2004年健康调查结果显示，近40%的老年人生活在三代同堂的家庭中（Ministry of Public Health，2006）。家庭的这一供养负担预计在21世纪会进一步加重

（Jiapunkul and Bunnag，1998）。

2.家庭结构变化与家庭规模缩小的后果

泰国人口转变对家庭在代际内与代际间的规模数量、类型和亲属特点方面产生影响。家庭结构从联合家庭到核心家庭的转变，将影响到家庭对老年人的照顾和供养。近几十年生育率的降低使家庭平均规模稳步缩小（National Statistical Office，1962，1977，1984，1994）。泰国社会其他方面的变化，诸如晚婚和新雇用模式，都更倾向于家庭规模缩小。联合家庭数量的减少是近来高度城市化地区的家庭规模缩小引起的。总之，统计结果显示，泰国核心家庭已经达到很高的比例，接近家庭数的 70%（National Statistical Office，1994）。同时，有老年人的家庭的比例也在迅速上升，这些家庭中，老年人或者与成年子女及他们的孩子居住在一起，或者独自居住。然而，这一趋势不应该被乐观地视为联合家庭削弱的反映。核心家庭对家庭网络的利用成为了对泰国老年人非正式关照的重要因素（Jitapunkul and Bunnag，1998）。

10.2.5　居住模式的变化趋势

泰国有着非常浓厚的佛教文化，并体现在重视相互关怀与终生尊重的文化规范及信仰体系中（Fox，2005）。然而在过去的 20 年，日本、韩国和泰国三个国家，与子女共同居住的老年人比例呈现下降的趋势。在泰国，与子女共同居住、与子女或子女配偶邻近居住的老年人比例从 1994 年的 74% 下降到 2002 年的 66%，而独居的老年人比例从 1994 年的 3.6% 增加到 2002 年的 6.5%（Soonthornahada，2007）。当老年人被问及更倾向于谁来照顾他们的时候，大多数泰国老年人希望在未来他们更老和需要帮助的时候，他们的孩子可以照顾他们（93%）。只有 9% 的泰国老年人希望在养老院度过晚年生活（National Statistical Office，1994）（见表 10-1）。

表 10-1　　　　　泰国 1994 年和 2002 年不同居住模式的老年人比例　　　　　单位：%

居住模式	1994 年	2002 年
与子女/子女配偶同住	73.6	65.7
仅与配偶同住	11.6	14.0
独居	3.6	6.5
其他	11.2	13.8
合计	100	100

资料来源：National Statistical Office，1995，2003.

相对于其他东亚国家和地区而言，泰国老年人的居住模式更灵活多样。在泰国，对儿子的偏好尤其是与长子共同居住的偏好根深蒂固，与已婚女儿共同居住的老年人比例高于与已婚儿子共同居住的老年人比例，与独生子居住在一起的老年人比例和与独生女居住在一起的老年人比例近乎相等（Ruffolo and Chayovan，2000；
Ofstedal et al.，1999）。在泰国，女性作为老年人的主要照料者有增加的趋势
（Fox，2005）。对泰国4个区域的研究结果表明，家庭中老年人的首要照料者是女
儿。约43%的照料者是女儿，20%是儿子，15%是配偶，8%是子女的配偶，8%是
与非亲属共同居住，还有5%的照料者是朋友和邻居，只有3%是雇用照料者
（Yodpet，2006）。从这一点看，生育率下降对泰国家庭供养系统的影响小于其他同
样有男孩偏好的国家和地区（Prachuabmoh and Mithranon，2003）。然而，在泰国，
对3岁以下儿童的正规日间照料的设施严重缺乏，使有工作的母亲（尤其是在大城
市）很难同时照看孩子和照料年老的父母（Prachuabmoh，1991，Ruffolo，1995，
Ruffolo and Wongboonsin，1996，cited in Prachuabmoh and Mithranon，2003）。

10.3　意识观念与老年人政策的发展

　　与其他东南亚国家相似，在泰国，承担照顾人们晚年生活首要责任的是家庭而
不是政府。泰国人将回报父母视为持续的义务，这个义务从子女们长大开始持续到
其赚钱谋生。这是一种在泰国普遍认同的文化价值观，并且成为泰国主要家庭供养
模式的强有力的行为规范基础。"回报父母义务"的是"Katanyu Katawethi"和
"Bunkun"，这两个概念根植于泰国佛教文化（Chayovan et al.，1999）。这两个概念
都与"引起感激与责任行动的报答"有关。"Katanyu Katawethi"这一概念通常特指
父母-子女关系，而"Bunkun"则引申到生活中的许多领域。老年父母与成年子女
对于这一责任感有着相同的观点，并体现在所有的宗教思想中，超越经济地位和城
乡差异（Knodel et al.，1995；Myankert，2006）。

　　目前，泰国的福利分为非正规和正规两种。家庭和宗教机构积极为人们提供福
利。延续以家庭为单位照顾老年人的需求这样一个假设，可以使政府承担很小的一
部分为公民提供福利的责任。然而，从第七个国家经济与社会发展计划期间（1992
年至1996年）开始，政府在福利提供方面的重要性逐渐提升。之前早期的国家发
展计划不包括直接针对老年人福利的具体措施，只存在一个公共支援项目，并且老
年人被视为典型的弱势群体（Whangmahaporn，2003）。

　　根据1982年维也纳老龄问题世界大会的倡议，泰国制定了"第一个老年人国
家长期计划（1982—2001）"。然而，直到10年之后老年人政策与行动工作委员会
成立，政府才在实施方面取得一点点进展。该委员会制定了"老年人长期计划与措
施 基 本 点 （1992—2011） "， 从 而 加 速 促 进 政 府 组 织 的 福 利 行 动 进 程
（Kummuansilpa et al.，1999；Jitapunkul et al.，2002a；Whangmahaporn，2003：
Knodel et al.，2005）。"老年人长期计划与措施基本点（1992—2011）"颁布之
后，几项主要针对老年人的政策得到实施。这些政策包括为老年人提供的免费医疗
护理，按月发放针对贫困老年人的福利津贴，成立老年人社会服务中心、老年人俱

乐部，以及通过"老年人"和"家庭日"宣传敬老和增强家庭观念。如图10-1显示，可看出政府针对老年人福利支出的增加。1992—2001年间政府支出的增加主要是由于月福利津贴和免费医疗护理项目的普及。2002年政府支出的剧增是实施全民健康护理覆盖政策的结果。

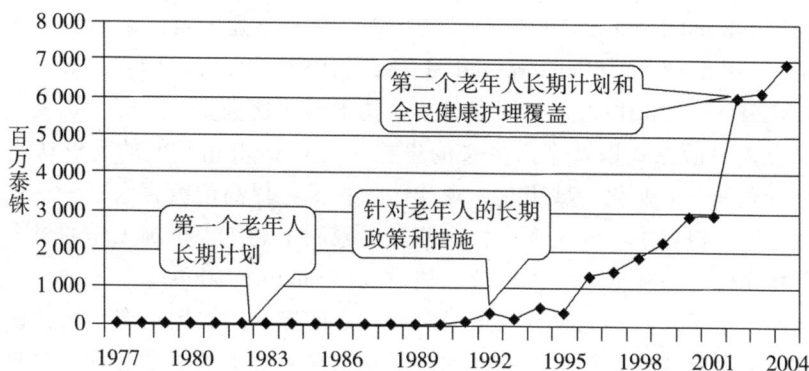

图 10-1　1977—2004 年泰国政府为老年人的预算支出

对第一个老年人国家长期计划（1982—2001）主要的批评是，这一计划没有采取长远视角来提出适当的政策帮助人们度过晚年生活（Jitapunkul and Bunnag，1998）。第二个老年人国家长期计划（2002—2021）从第一个计划的不足之处中吸取了教训。第二个计划基于2002年马德里老龄问题国际行动计划的发展目标，确定了针对老年人发展和保护的政策框架（Pimolvitayakit and Aruntippaitune，2007）。该计划关注高质量老龄化的准备情况、聚焦老年人的福利、社会保障、管理体系和员工发展以及监督和评估。这一计划包括定期评估实施情况的标准，由此解决了第一个计划中所忽略的问题。以上提及的针对老年人的政策方案加上老年人条例（2003），为促进和保障全国老年人的福利提供了政策支持。

10.4　老年人在社会中的角色：支柱还是负担？

泰国遵循国际上促进高质量的老龄化、鼓励老年人为社区做贡献并参与到社区中去的指导原则。政府采取相应的措施来响应这些原则以提升老年人的社会价值。在第二届联合国老龄问题世界大会上得到认同的2002年马德里老龄问题国际行动计划，通过促进所有年龄人群的发展来迎接21世纪人口老龄化所带来的机遇与挑战。设立的三个优先目标为：老年人与发展、促进老年人健康与良好状态，以及确保可能的支持环境。这些目标强化了这样一种认识——老年人不是社会的负担，而是社会以及国际社会的财富，同时也是可持续发展的资源（United Nations，2002）。同时，世界卫生组织（WHO）"积极的老龄化"框架提出了使老年人能够达到独立、参与、关怀、自我实现与尊严的联合国准则的三个支柱。这三个支柱包含保障、健康和参与（WHO，2002）。这三个支柱是相互依赖、相互支撑的，因此参与的前提是老年人的健康与保障，这些是老年人拥有良好状态的首要决定因素。

在泰国，年龄是决定地位的一个基本要素（Cowgill，1972）。对老年人的尊重是自然而然形成的，这种尊重需要通过作为语言、手势、行为和仪式一部分的礼节体系来表达（Knodel et al.，2005）。现代社会，受一系列因素的影响，对老年人的尊重程度在逐渐降低（Palmore and Maeda，1985；Palth，1987；Wada，1995；cited in UNESCAP，2001），这些因素包括：技术的快速进步，年轻一代人教育水平的提高，现代生活方式以及个人主义的思想。与Cowgill相类似的观点认为，与发展有关的因素——工业化、城市化、现代医疗技术、提高的教育水平——往往降低老年人的地位。相对于年轻人而言，这些发展限制了老年人得到工作的机会，使老年人与家庭分离，并降低老年人的社会地位（Hermalin，2000）。

在过去，老年人对其他家庭成员通常有一定的影响力，因为老年人往往拥有如土地和家族企业这样的生产资源。因此，老年人在家庭中被给予尊重、关照，并拥有一定的地位（Chang，1992）。然而，现在核心家庭越来越多，尤其是在城市地区。城市化和工业化的后果是为年轻一代人提供了在别处工作的选择而不是在家族企业里工作。年轻人的生活方式越来越独立于老人。在某些情况下，年轻人对老年人的感情与他们对老年人资源的占有程度紧密相关。当他们觉得自己更加独立的时候，就会减少对老年人的关照和抚养。

与其他城市化快速发展的亚洲国家一样，在泰国，工资和薪水雇用越来越普及。同时，随着以家庭为基础的农业和手工业的衰落，家庭已经或者逐渐失去作为主要生产单位的职能（National Statistical Office，1994）。因此，作为传统家庭权威人物的老年人，对家庭事务掌控的权力降低了。在快速变革的社会中，由于老年人的知识和资源的重要性逐渐降低，因此，家庭内部年轻人和老年人之间的抚养关系发生了逆转（Jitapunkul and Bunnag，1998）。泰国已制定一系列提高老年人地位以及给予老年人尊重的政策计划。

第二个老年人国家长期计划（2002—2021）鉴于"为老年人愿意充当对国家有价值的经济社会资源做准备"，强调老年人的价值和感恩的传统。此外，这一政策强调家庭和社区是老年人的立足点，并且致力于加强家庭和社区供养老年人的能力（Jitapunkul et al.，2002a）。只有在老年人无法与其家人和社区居住在一起的情况下，政府才会为老年人提供令他们满意的高质量的生活服务。

10.4.1　老年人作为家庭和社会支柱的角色

尽管快速的老龄化被认为将逐渐加重社会的负担，但将老年人视为家庭和社会供养的提供者的认知也逐渐增加（Hermalin et al.，1998；Andrews and Hennik，1992）。老年人在家庭中充当给予者，包括照顾（外）孙子孙女，代表多代际家庭的顶梁柱，以及在经济危机来临时（例如年轻人失业）提供支持（Schroder-

Butterfill，2002）。

在 2006 年，泰国约 60% 的老年人在其家庭中处于户主地位（National Statistical Office，2007）。老年人的地位不仅是作为房主和地主，他们所得到的生活补贴在一些情况下也用来供养（外）孙子孙女（Srithamrongsawat et al.，2007）。

10.4.2　提升老年人社会地位的政策

如本章前文所提及，第二个老年人国家长期计划（2002—2021）强调并认可老年人的价值，强调子女对父母感恩的传统思想观念。与此对应，各个政府机构通过一系列具体措施来提升老年人的社会价值，例如褒奖对当地和国家文化作出突出贡献的老年人，褒奖将文化知识通过内部或外部教育机构传播给年轻一代的老年人；加强老年人在当地节日游行队伍和宣传活动中的参与程度（National Commission of the Elderly，2006）。老年人在一些领域所体现出的价值也得到认可，例如老年人所提的建议、教义、以及他们帮助其子女和社区做的决定。有技术的、有专业资质的老年人扮演着很重要的角色，这些老年人被邀请去参与到文化部建立的许多文化机构当中。约 5 000 名老年人参与到省级的、地方的以及综合性的各个级别的文化委员会当中。

在家庭之外，有三个主要的不同代际间相联系的生活领域：工作场所、社区和政治生活（UNESCAP，2001）。老年人俱乐部、老年人国家基金的建立、终身教育与人才库是提升老年人自主权的关键策略，其目标是帮助老年人充分利用他们的经验、知识和技能为社区和社会做贡献。

自第一个老年人国家计划实施之后建立起来的老年人俱乐部用以鼓励社区集会。老年人俱乐部致力于在 2004 年之前在全国所有村庄设立俱乐部。2005 年，大约有 8 582 家从属于泰国老年委员联合会的俱乐部/社团。除此之外，各种独立的俱乐部和社团在政府机构、教育机构、国有企业以及地方行政机构的支持下得以建立。

政府认为老年人可以用其智力为社会做贡献。因此，政府建立了"老年人才库"作为中心来汇集当地老年人的知识。同时他们也有支持参与社会活动的目标，该目标是帮助老年人融入到社区团体和网络之中。省级社会发展与人力保障局被定为地方主要的调解中心来广泛宣传老年人的技能，为有需求的人群和机构服务。

10.5　老年人的收入保障

在泰国，子女和工作是老年人两大收入来源。主要的收入来源是来自于老年人的子女（儿子和女儿，包括女婿和儿媳），居住在农村地区的女性老年人尤其如此。然而，来自子女的收入支持从 1994 年的约 85% 下降到 2002 年的 77%（见表 10-2）。第二个收入来源是老年人的工作，在同期（1994—2002 年）基本保持在

38%的水平。居住在农村地区的男性和老年人比居住在城市地区的女性和老年人更有可能从工作中获得收入。老年人的平均工作收入约为每月5 000泰铢（约120美元）。其中，在农业领域工作的老年人所获得的收入相对更低（National Statistical Office，2005）。储蓄和利息收入对于城市老年人也很重要。居住在城市地区的男性和老年人比居住在农村地区的女性和老年人更有可能获得养老金，来自于政府养老金的收入在一段时期内会小幅增长，然而，总体上只有4%的人从养老金中得到定期的收入（National Statistical Office，2005）。

　　基于国家经济与社会发展委员会的贫困标准，泰国约有110万贫困老人，占全部贫困人口的15%（Soonthorndhada，2007）。国家统计局数据显示，2006年有13%的60～69岁的老年人和16%的70岁及以上的老年人生活在贫困线以下（占生活在贫困线以下的总人口数的比例）。此外，约35%的老年人认为，他们的收入不足以支撑其自身和家庭的开销（Jitapunkul et al.，2001；Knodel et al.，2005）。针对更加贫困人口的"月福利津贴"发放范围的扩大增强了生存救济金的重要性，尤其是对居住在农村地区的高龄老年人口而言。

表10-2　　　　　　　　　　1994年和2002年获得各种收入支持的老年人比例　　　　　　　单位：%

收入来源	合计		2002					
	1994	2002	性别		年龄		地区	
			男性	女性	60～69岁	70岁+	城市	乡村
儿子/女儿	84.5	77.2	72.8	80.9	73.3	83.9	71.2	79.9
工作	38.0	37.7	48.9	28.2	50.2	16.7	27.9	42.1
配偶	21.4	17.4	16.5	18.1	22.9	8.2	15.8	18.1
利息/个人储蓄	17.1	18.0	19.7	16.5	18.9	16.5	27.9	13.5
亲属	8.0	5.3	3.9	6.5	4.0	7.5	5.2	5.4
兄弟/姐妹	6.9	3.5	2.6	4.2	3.3	3.8	3.1	3.7
养老金	4.1	4.3	6.9	2.1	4.7	3.7	9.7	1.9
其他	3.3	2.6	2.2	3.0	2.2	3.3	3.0	2.5
月福利津贴	0.5	3.0	2.7	3.3	1.7	5.2	1.8	3.6

资料来源：Knodel.，2005.

　　针对老年人劳动市场参与的政策被写入老年人条例（2003）（第11条）和第二个老年人国家长期计划（2002—2021）之中。这一政策的目的是"促进和支持老年人继续工作以及为得到合适工作而接受训练"：

　　有能力且有意愿工作的老年人更有可能被鼓励继续工作，甚至是在退休年龄之后为自己提供生活资金。因此，政府和相关机构应当制订详细的实施计划，通过为有资格的老年人提供就业机会来促进和支持老年人继续工作和增加收入。

这一政策的推行由省级就业办公室负责，但是，政策中涉及的优先地区和预算分配，几乎都没有得到实施。

为了促进和加强家庭对老年人的供养，泰国政府引进减税优惠政策来促进和支持子女照顾老年父母或岳父岳母。子女每人被给予总额不超过 30 000 泰铢的免税额。这样的政策自从 2004 年起就开始实施。

10.5.1 收入保障方案

目前，泰国有各种形式的由政府建立的老年收入保障方案。这些方案包括社会保障基金、政府养老金基金、储备基金、退休基金、贫困老人月津贴等。一些社区建立了以社区为基础的储蓄方案，以现金和（或）实物形式为成员提供津贴，包括对老年人的福利。私人公司的生命保险是为晚年生活进行储蓄和帮助保障老年人收入的另一个机制。本节继续讨论由政府提供的收入保障方案。

泰国的社会保障体系从 2006 年起就已包括"老年"津贴。这一"老年"特征是 1991 年实行的原社会保障体系的延伸，原社会保障体系仅提供五种津贴：工作外疾病与伤害、怀孕、残疾、死亡和婴儿津贴。为了获得老年津贴，受雇人必须缴纳不少于 180 个月（或 15 年）的社会保障基金；社会保障基金领取人至少年龄要达到 55 岁并且不再继续工作。领取这一老年津贴方案所涉及的养老金和津贴是有规定的。关于养老金，受雇人和雇主分别缴纳相当于受雇人月工资的 3%，并且政府追加 1%。在退休之前的 60 个月，人们获得占平均工资 15% 的月养老金。对于缴纳社会保障基金超过 180 个月的人而言，养老金比率会从 15% 增加到 25%。该保障方案自实行以来，在 2006 年覆盖了 847 万社会保障成员。2014 年将成为受雇人开始领取老年津贴的第一年，意味着在当前社会保障体系下全部老年津贴在 2014 年之前不会完全发放（Soonthorndhada，2007）。

政府养老金基金是固定的养老金津贴。它是完全由政府提供资金支持的原养老金计划的延续。为减轻未来公共支出的负担，政府于 1996 年将原有体系改革为现收现付养老金计划。政府官员可以选择转换到新的现收现付制系统，或者依然保留在旧系统，因此这两个并行的系统同时在运行。在新系统之中，政府和公务员分别为基金贡献出 3% 的工资。在退休时人们有权利选择一次性领取养老金或者按月领取养老金。基金部分来源于政府预算，但是捐助过基金的那些人也将从投资收入和特殊税收减免中获得津贴。

储备基金是一个特定类型的由私人管理的养老金，由国企退休者自愿储蓄、自治和半自治机构和私有学校的缴款构成。养老金均等地来自于雇主和受雇人，并且不少于工资的 3%，但也不超过工资的 15%。每个基金由雇主代表和受雇人代表所组成的基金委员会监管和控制。在 2006 年有 540 个覆盖约 200 万受益人的储备基金。受益人在 5 年后或退休时获得一次性收入。这些收入对于受雇人是免税的，所以对于雇主一方而言是可以减免税额的。由于这一基金缺乏灵活性和运行机制，在受雇人换工作之时无法将养老金计划从一个项目中转移到另一个项目中去。这对于方便老年时期对长期储蓄的使用显然是个问题。例如，受雇者不得不自己决定如何对一次性收入进行投资。实际上，一次性收入往往成为满足临时需求的一部分，例如子女的教育和抵押贷款，而不是留存一笔钱用作老年期的收入。

退休相互基金旨在为想取得额外养老金和津贴的受雇者提供自愿退休储蓄的一种方式。受雇者可以在特定风险和收益的不同投资组合之中进行随意选择。人们需要投资不少于5年，在到达55岁退休年龄之前撤资会招致税收惩罚。在这一项目中有一些税收特权，包括对投资收入和来自基金的退休养老金的税收减免。

贫困老人月福利津贴是针对缺乏来自家庭养老的贫困老年人口的一种非分担的养老金系统。该政策于1993年开始实施，在每个村落中每月为3～5名老年人提供200泰铢。月津贴在1999年增加到300泰铢，此后又增长到2007年的500泰铢（约15美元）。在2004年，只有6.4%的老年人获得该项津贴，但这一比例在2005年增加到8.1%，并且在2006年和2007年分别剧增到16.5%和25%（见图10-2）。

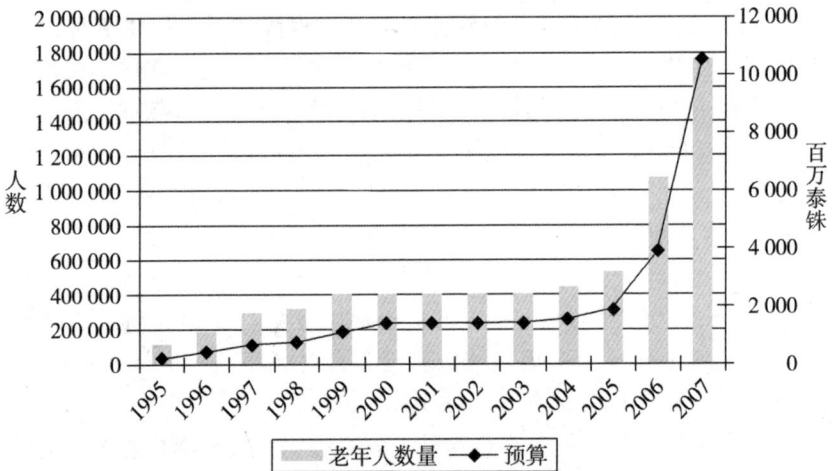

图10-2　1995—2007年得到月津贴的老年人数量和泰国政府预算支出
资料来源：Department of Local Administration, Ministry of Interior.

10.6　泰国长期护理的提供

子女照顾年老的父母在泰国文化中根深蒂固，并且在泰国社会中受到高度重视。对父母的照顾包括陪伴、帮助父母处理家务、提供食物、资金帮助以及亲自照料年老衰弱和需要依靠的父母。子女愿意照顾年老父母主要源自于泰国的社会价值观，子女将照顾父母作为感恩的形式。社区管理者认为，家庭应该在照顾老人方面承担主要责任，而社区应当积极回应老年人的需求，提供相应的服务，甚至提供覆盖所有老年人的免费服务（National Commission of the Elderly，2006）。

当家庭承担照顾老年人首要责任的时候，会涉及一些决定居住模式的因素。这些因素包括：子女向城市地区的迁移、子女的婚姻、家庭可用空间和经济地位。如果家庭照料者自己的孩子年幼时，父母也需要照顾，那么资金上的支持会变得更难一些。对家庭照料者自己的孩子而言，在某种意义上讲，孩子和老年人的需求会处于"竞争"状态。此外，家庭照料者在他们自身年老时的身体健康状况也会成为一个问题（Bundhamcharoen，1997）。

10.6.1　长期护理服务的可获得性

在泰国，社会提供的长期护理（LTC）非常有限。公共住宅提供给能独立生活的人。然而，对于有多种医疗需求的人而言，公共护理并不是很容易获得。2000年，只有不足4 000名老人居住在公共住宅和私立养老院。因此，老年人倾向于接受由子女或亲属提供的非正规护理（Jitapunkul，2000）。

有三种类型的公共住宅：

（1）对贫困老人提供"免费"服务；

（2）对能付得起月租的人提供"旅舍"服务；

（3）对能买得起自己房子的人（房子位于建筑群之中）提供"私人房屋"服务。在房屋所有者及其配偶去世后，其房屋归公共福利部门所有。

住宅提供健康护理服务、医学治疗、物理疗法、适当运动与锻炼、信息与教育活动、营养、社会工作以及娱乐与宗教活动，还包括对没有亲属的人提供葬礼帮助。有权利选择这种住宅的人数越来越多，但是仅有一小部分老人住在其中。在泰国75个省份中只有20个住宿之家，其中有7个由社会和福利发展部门监管，其余的由当地行政机构管理（见表10-3）（National Commission of the Elderly，2006）。

表10-3　　　　　　　　　　　泰国正规长期护理供给情况　　　　　　　　　　单位：个

环境/类型	数量	接受者的数量
公共管理的：		
住宅	20个	3 000[1]
社会服务中心	18个	—
移动住房	—	—
家庭健康护理	100%省级医院（95个）和65%社区医院（469个）	—
家庭照看志愿者	23个地区	10 300[2]
免税	—	—
多用途中心	8个试验地区	—
私人管理的：		
护老院	19个[1]	—
付费护理援助	—	—

[1]仅代表注册的护老院（Sasat and Pukdeeprom 2007）。

[2]约为2005年的数量。

大多数护老院由私人运营，并且只在曼谷和一些大城市才有。由慈善机构运营的护老院数量很少，其中有一小部分在乡村地区，由佛教寺庙运营。

一些机构提供上门照顾老人的专业护理人员。这些服务通常很昂贵，因此只有中上层阶级的人能负担得起。目前，对于这样的机构还没有来自医疗卫生机构的管理和控制。教育部受托对培训护理人员的专业学校进行登记和监管。现已有人对护理协会管辖范围之下护理的质量和违背护理专业标准的现象表示担忧（Chuharas and Bundhamchareon，2003）。其他社区服务包括"社会服务中心"，它为老年人安排各种活动；还有一些针对老年人的特殊项目和计划，包括移动住房服务、月生活补贴、与佛教寺庙合作来为老年人建立服务中心，以及设立拥有家庭护理志愿者的地区。

2004年，社会发展与人力保障部制定了"家庭护理志愿者"项目。该项目致力于训练村落中的志愿者习得照顾老年人的知识和技能。志愿者提供社会供养而不提供私人护理。支撑这一项目的前提是，以社区为依托的家庭护理服务被认为是提升老年期良好状况的最有效途径之一。每个社区都被期望为其老年成员提供护理。2005年有2 073个家庭护理提供者履行职责，并且帮助约10 300个老年人和有照料需求的人（National Commission of the Elderly，2006）。

另一个重要进展是建立在泰国8个省份的"多用途中心"。多用途中心建立在以综合服务模式为基础，致力于解决生活在社区中的老年人的福利服务问题。该中心为老年人提供一个平台，以方便老年人组织自己的包括获得收入、娱乐在内的活动，也为社区组织提供一个平台来为老年人安排活动和服务（Yodpet，2007）。

公共卫生部提供"家庭健康护理"来供养患有疾病和残疾的人们。家庭健康护理团队提供建议性监管，并且为家庭照料者提供训练，从而使得家庭照料者有能力承担护理任务。训练服务在区域内、省内和社区医院提供，它的目标是将其服务延伸至所有医院。

总之，泰国对老年人提供的正规长期护理在服务范围和数量方面都非常有限。政府认为家庭在照顾老年成员方面承担主要责任；然而，家庭护理者得到来自于政府的支持非常有限。除了直接的医疗费用，家庭还要完全承担昂贵的护理费用，这使得有限的政府支持作用更小。

10.7 讨论与结论

泰国近年来经历了快速的人口老龄化和流行病转变。泰国见证了由于非传染性疾病和伤患引起的残疾负担的加重。传染性疾病，特别是艾滋病病毒感染和艾滋病使上述难题在生育年龄组人口之中更加恶化。人口老龄化对泰国社会各方面都产生重大影响，涉及经济增长、储蓄水平、劳动力市场、投资和消费、养老金、税收、代际间转移，以及健康和提供社会护理。

与其他年龄段人群相比，患有慢性疾病的老年人对卫生和社会护理有着越来越强烈的需求。老年人数量的增长导致特殊服务需求的增加以及其费用的增长。虽然老龄化是不可避免也不可逆转的，但这些不断恶化的情况以及不健康行为和危险环境所带来的长期累积后果是可以预防和延迟的。为预防晚年慢性疾病，需要鼓励中青年人养成健康的生活方式。

子女照顾年老父母在泰国文化中是根深蒂固的。即使有证据显示以这种方式照顾父母的子女人数在减少，但在社会中仍然受到高度重视（Chayovan et al.，1999；Myanket，2006）。现已制订了由家庭为老年人提供照顾的计划，然而，由社会经济发展所引起的家庭结构和家庭功能的变化将不可避免地对这些政策带来进一步的挑战。诚然，这需要来自于社区、地方政府和中央政府的支持。政府的一个重要举措是促进乡村基金建设、加快社区经济发展、提升"Katanyu Katawethi"与文化和宗教事件相关的社会价值，并且强化社区和政府在供养家庭和老年成员方面的责任。

来自于子女的资金支持是泰国老年人主要的收入来源。有养老金的老年人数量非常有限，但这一数目将会在 2014 年养老金社会保障项目实施后逐渐增加。然而，目前仍然有 2/3 劳动年龄人口没被任何养老金计划项目覆盖。值得注意的是老年人收入保障不仅仅是为了保障日常生活，同时也使老年人在家庭中扮演给予者的角色（Srithamrongsawat et al.，2007）。因此，为晚年提供收入保障将维持老年人的社会地位与社会角色。考虑到家庭养老的一些变化和制约，泰国已采取各种举措来建立国民养老基金。这一基金目前仍在发展当中。

不足的是，长期护理在泰国仍不完善。只有一些主要集中在曼谷的为需要抚养的老年人提供的私人服务。近来社区老年人健康和社会服务的发展仅仅针对能独立的老年人群。针对同时需要医疗和社会服务的患有慢性疾病的老年人的服务非常有限。此外，医疗服务和社会服务之间的协调也存在一些问题，因为二者属于不同部门管辖范围。为确保独立的老年人在他们的社区居住，社区服务和家庭护理计划需要进一步发展进而完善长期护理制度。

10.8　参考文献

Ananta, A.and Arifin, E.N.（2007）*Financing Issues for Ageing Societies in Southeast Asia：A Conclusion*.Financing Ageing Population in the ASEAN Community, Singapore：Institute of Southeast Asian Studies.

Andrews, G.and Hennink, M.（1992）'The circumstances and contributions of older persons in three Asian countries：preliminary results of a cross-national study.' *Asia-Pacific Population Journal*, 7（3）：127–146.

Bundhamcharoen, K.（1997）'Supporting the carers：a study of problems of carers of frail elderly in Prasart Neurological Hospital and Institute: Thailand.' Unpublished PhD theis, Department of Social Policy and Social Work, York: University of York.

Chang, T.P. (1992) 'Implications of changing family structures on old-age support in the ESCAP region.' *Asia-Pacific Population Journal*, 7 (2): 49-66.

Chayovan, N., Ofstedal, M.B.et al. (1999) *Intergenerational Support and Gender: Comparison of Four Asian Countries.*Report no.99-54, Ann Arbor, MI: Population Studies Center, University of Michigan.

Chuharas, S.and Bundhamcharoen, K. (2003) 'Thailand case study.' In World Health Organization, *Long - term Care in Developing Countries*: Ten Case - Studies. Geneva: WHO.

Cowgill, Donald O. (1972) . 'A theory of ageing in cross-cultural perspective.' In D.O.Cowgill and L.D.Holmes (eds) *Ageing and Modernization.*New York: Meredith Corporation.

Cowgill, Donald.O. (1974) 'Aging and modernization: a revision of theory.' In F. G.Jaber (ed.) *Late Life*: Communities a*nd Environmental Policy.*Springfield, IL: Charles C.Thomas.

Fox, N.J. (2005) 'Cultures of ageing in Thailand and Australia. (What can an ageing body do?) ' *Sociology*, 39 (3): 481-498.

Hermalin, A. (2000) *Ageing in Asia: Facing the Crossroads.*Report no.00-55, August 2000, Ann Arbor, MI: Population Studies Center, University Of Michigan.

Hermalin, A, Roan, C.et al. (1998) *The Emerging Role of Grandparents in Asia.* Elderly in Asia Research Report no.98-52., Ann Arbor, MI: Population Studies Center, University of Michigan.

Human Resources Planning Division (1995) *Population Projections for Thailand 1990—2020.*Bangkok: Human Resources Planning Division, National Economic and Social Development Board.

Institute for Population and Social Research (2006) *Population Projections for Thailand, 2005—2025.*Nakhonpathom: Instiute for Population and Social Research, Mahidol University (in Thai) .

International Monetary Fund (2007) 'IMF Concludes 2006 Article IV Consultation with Thailand.' Public Information Notice (PIN) 07/39, Washington, DC: IMF.

Jitapunkul, S. (2000) *Current Status of Thai Older Persons and National Actions on Ageing.*Bangkok: Faculty of Medicine, Chulalongkrin University (in Thai) .

Jitapunkul, S.and Bunnag, S. (1998) *Ageing in Thailand: 1997.*Bangkok: Thai Society of Gerontology and Geriatric Medicine.

Jitapunkul, S., Kamolratanakul, P.et al. (1994a) 'Disability among Thai elderly living in Klong Toey slum.' *Journal of Medical Association Thai*, 77 (5): 231–238.

Jitapunkul, S., Kamolratanakul, P.et al. (1994b) 'The meaning of activities of daily living in a Thai elderly population: development of a new index.' *Age Ageing*, 23 (2): 97–101.

Jitapunkul, S., Chayovan, N.et al. (2002a) 'National policies on ageing and and long-term care provision for older persons in Thailand.' In David R.Phillips and A.C.M. Chan (eds) *Ageing and Long-term Care: National Policies in the Asia-Pacific*.Ottawa: International Development Research Center (IDRC) and Singapore: Institute of Southeast Asian Studies; available online at<http: //www.idre.org> (accessed 24 November 2008).

Jitapunkul, S., Chayovan, N., et al. (2002b) *Ageing in Thailand 2001: Key Issues and New Challenges*.Madrid, Bangkok: Preparatory Committee for the Second World Assembly on Ageing/National Committee on the Elderly.

Knodel, J., Chayovan, N.et al. (2005) *Thailand's Older Population: Social and Economic Support as Assessed in 2002*.PSC Research Report no.05-471, Ann Arbor, MI: Population Studies Center, University of Michigan.

Knodel, J., Ruffolo, V.P.et al. (1996) 'Reproductive preferences and fertility trends in post-transition Thailand.' *Studies in Family Planning*, 27 (6): 307–318.

Knodel, J., Saengtienchai, C.et at. (1995) 'the living arangements of elderly in Thailand: views of the populace.' *Jurnal of Cross-Cultural Gerontology*, 10 (1–2): 79–111.

Kumnuansilpa, P., Wongthanavasu, S.et al. (1999) *Health Policy Evaluation for the Elderly*.Khonkhaen: Khonkhaen University.

Mephokee, C. (2003) *Thai labour market in transition toward a knowledge-based economy*, available online at<http: //www.ide.go.jp/English/Publish/Asedp/pdf/0666_cap 1.pdf> (accessed 24 November 2008).

Ministry of Public Health (2006) *Thai Health Survey 2003–4*.Bangkok: Minstry of Public health.

Myankert, V. (2006) *Value and Expectations of Older Persons and Younger Generations*.Bangkok: Thai Health Foundation (in Thai).

National Commission of the Elderly (2006) Situation of the Thai Elderly 2005. Bangkok: Ministry of Social Development and Human Security.

National Economic and Social Development Board (NESDB) (1998) *Population Projection for Thailand (1980—2015)*.Bangkok: Human Resources Planning Division, NESDB.

National Statistical Office（1962）*Population Census Thailand 1960, Whole Kingdom*.Bangkok：Office of Prime Minister.

National Statistical Office（1977）*Population Census Thailand 1970, Whole Kingdom*.Bangkok：Office of Prime Minister.

National Statistical Office（1984）*Population Census Thailand 1970, Whole Kingdom*.Bangkok：Office of Prime Minister.

National Statistical Office（1991）*Report of the Health and Welfare Survey 1991*, Bangkok：Office of Prime Minister.

National Statistical Office（1994）*Population Census Thailand 1990, Whole Kingdom*.Bangkok：Office of Prime Minister.

National Statistical Office（1995）*Report on the 1994 Survey of Elderly in Thailand.* Bangkok：Office of Prime Minister.

National Statistical Office（2001）*The 2001 Thailand Labor Force Survey, the Second Quarter*.Bangkok：Office of Prime Minister.

National Statistical Office（2005）*The 2005 Thailand Labor Force Survey, the Second Quarter*.Bangkok：Office of Prime Minister.

National Statistical Office（2007）*Survey of Elderly in Thailan*.Bangkok：Office of Prime Minister.

Ofstedal, M., Knodel, J.et al.（1999）*Intergenerational Support and Gender: A Comparison of Four Asian Countries*.Comparative Study of the Elderly in Asia, Report no.99-54, Ann Arbor, MI：Population Studies Center, University of Michigan.

Ogawa, N.（2002）*Ageing Trends and Policy Responses in the ESCAP Regin.*, Bangkok：Fifth Asian and Pacific Populaiton Conference.

Palmore, E.B.and Macda, D.（1985）*The Honoralbe Elders Revisited*, Durham, NC：Duke University Press.

Pimolvitayakit, O.and Aruntippaitune, S.（2007）*The Elderly Policy Development of Thailand*.Expert Group Meeting on the Regional Preparations for the Global Review of Madrid International Plan of Action on Ageing, 27-29 March 2007, Bangkok：Economic and Social Commission for Asia and the Pacific.

Plath, D.（1987）'Ecstasy years old age in Japan.' In J.Sokolovsky（ed.）*Growing Old in Different Societies: Cross - Cultural Perspective*.Acton, MA：Copley Publishers.

Prachuabmoh, V.and Mithranon, P.（2003）'Below - replacement fertility in Thailand and its policy implications.' *Journal of Population Research*, May 2003.

Ruffolo, V.P.and Chayovan, N.（2002）*Consequences o f Low Fertility and Policy Responses in Thailand: Low Fertility and Policy Responses to Issues of Ageing and Welfare.*

Seòul: Korea Institute for Health and Social Affairs and United Nations Population Fund, pp.246-72.

Sasat, S.and Pukdeepron, T. (2007) *Nursing home system in Thailand*: Final Report.Bangkok: National Health Research Fund (in Thai).

Schröder-Butterfill, E.M. (2002) 'Pillars of the family: support provided by the elderly in Indonesia.' Paper presented at the IUSSP Regional Population Conference, Bangkok, Thailand, 10-13 June 2002.

Soonthorndhada, K. (2007) 'Social security in Thailand: the future challenges of ageing society.' Paper presented at the ISEAS International Workshop on Financing Issues for an Ageing Society in Southeast Asia, Singapore, 3-5 September 2007.

Srithamrongsawat, S., Bundhamcharoen, K., et al. (2007) *Community Care Model for Older Persons*.Nonthaburi: International Health Policy Development Foundation (in Thai).

Suwanrada, V.and Cumvachirapitak, A. (2007) *The Current Situation of The Non-Contributory Old-age Allowance System of Thailand*.Bangkok: Yhai Health Foundation.

United Nations (2002) 'Political declaration.' In *Report of the Second World Assembley on Ageing*.New York: United Nations, available online at<http: //www.un.org/esa/socdev/ageing/madrid_resolutions.html> (accessed 24 November 2008).

United Nations (2006) *World Population Prospects, the 2004 Revision*.New York: United Nations.

United Nations Economic and Social Commission for Asia and the Pacific (UNESCAP) under the Japanese Organisation for International Cooperation in Family Planning Inc (1996) *Population Ageing in Asia and the Pacific*.New York: United Nations.

UNESCAP (2001) *Policies and Programmes for Older Persons in Asia and the Pacific: Selected Studies*.Social Policy Paper no.1, Geneva: United Nations.

United Nations Economic and Social Commission for Asia and the Pacific (2007) *2007 ESCAP Population Data Sheet*.Bangkok: UNESCAP.

United Nations Population Fund (2006) *Population Aging in East and South-East Asia: Current Situation and Emerging Challenges, Population Aging 1*.Bangkok: UNFPA.

Wada, S. (1995) 'The status and image of the elderly in Japan: understanding the paternalistic ideology.' In M.Featherstone and A.Wernicks (eds) *Images of Aging: Cultural Representations of Late Life*, London: Routledge.

Whangmahaporn, P. (2003) *The Government Policy on Older Persons in Thailand*. Bangkok: Faculty of Political Science, Chulalongkorn University.

Wibulpolprasert, S. (2000) *Thailand Health Profile 1997—1998*.Bangkok: Printing Press.

World Health Organization (2002) *Active Ageing: A Policy Framework*.Geneva: World Health Organization.

Yodpet, S. (2006) *Home-based Long-term Care for Older Persons: Final Report*. Bangkok: National Health Research Fund (in Thai).

Yodpet, S. (2007) *Strategies and Operations of Multipurpose Senior Centre for Older Persons in Community*.Bangkok: Mister Copy (in Thai).